ABRAHAM ACHAB
ANANIAS
BARNABAS BATSEBA
CORNELIUS DAVID
ELIFAZ ELISA
EVA GABRIEL
HANNA HERODES
JAKOBUS
JOAS JOB JOËL
JOZEF JOZUA

Dienstag 25. Oktober 2022

Westbroek – NL

Sterke verhalen

Lily Burggraaff

ILLUSTRATIES
Henk Pietersma

Sterke verhalen

KENNISMAKING MET DE BIJBEL

Sterke verhalen
Kennismaking met de Bijbel

Lily Burggraaff
Illustraties Henk Pietersma

Redactieraad: Lily Burggraaff, Nynke Dijkstra-Algra, Arnold van Heusden, Klaas van der Kamp, Koos van Noppen, Henk Pietersma

ISBN 978-90-6539-343-2
NUR 700

Boekverzorging: Murk Pietersma
Landkaartjes achterin: Buitenspel, Meppel

© 2010 Uitgeverij Jongbloed – Heerenveen
Alle rechten voorbehouden.

Uitgeverij Jongbloed is onderdeel van Uitgeversgroep Jongbloed te Heerenveen
www.jongbloed.com

Gedrukt in Maleisië

Inhoud

Verantwoording 6

Oude Testament
1. De schepping 8
2. Noach 13
3. Abraham 16
4. Jakob 22
5. Jozef 29
6. Mozes 33
7. De woestijntocht 40
8. Het gouden kalf 43
9. Grote Verzoendag 48
10. Jozua 51
11. Gideon 55
12. Simson 58
13. Samuel 62
14. Saul 65
15. David 69
16. Psalmen van David 76
17. Salomo 80
18. Elia 83
19. Elisa 86
20. Job 90
21. Hooglied 93
22. Jesaja 96
23. Jeremia 100
24. Jona 104

Nieuwe Testament
1. Jezus' geboorte 108
2. Johannes de Doper 111
3. Begin van Jezus' optreden 114
4. Een toespraak van Jezus 117
5. Ruzie met de geestelijke leiders 120
6. Gelijkenissen 123
7. Zacheüs 126
8. Wonderen als tekenen 128
9. Jezus' weg naar het kruis 131
10. De kruisiging 136
11. Pasen 141
12. De Emmaüsgangers 144
13. Pinksteren 147
14. De roeping van Paulus 150
15. Hoe Cornelius christen werd 153
16. De zendingsreizen van Paulus 157
17. De eerste brief van Paulus aan de gemeente te Korinte 161
18. De brief van Paulus aan de Galaten 164
19. Hebreeën 167
20. Op het laatst: Openbaring 170

Beeldverantwoording 176
Landkaartjes 178
Register 182

Verantwoording

Deze bundel is geschreven vanuit de overtuiging dat de bijbelse verhalen het waard zijn om gelezen te worden. De Bijbel is niet voor niets het meest verkochte boek in de geschiedenis van de mensheid!
Maar de Bijbel is geen boek voor een quick scan. De omvang en de grote kloof in tijd en cultuur belemmeren de kennismaking. Deze bundel biedt daarvoor een handreiking.

Om in een notendop zo'n (omvang)rijk boek als de Bijbel te presenteren, heb ik keuzes moeten maken. Nynke Dijkstra-Algra, Arnold van Heusden, Klaas van der Kamp en Koos van Noppen vormden een groep kritische meelezers die me daarbij geholpen hebben. Ik dank hen hartelijk voor hun inzet.

We kozen voor één band, mooi vormgegeven en zo mooi mogelijk geïllustreerd. Het moest handzaam blijven, geschikt om cadeau te geven; ook qua prijs.
Dat betekent dat er een selectie gemaakt moest worden, want er staan veel meer prachtige verhalen in de Bijbel dan er in één handzame band kunnen worden opgenomen.
Het werden ongeveer 50 hoofdstukjes, variërend in lengte, met verhoudingsgewijs meer Nieuwe Testament dan Oude Testament. Uit dit laatste spreekt dat wij de God van de Bijbel hebben leren kennen door de persoon van Jezus Christus.
Onze selectiecriteria zijn aanvechtbaar. Gedurende het hele wordingsproces hebben we onder elkaar gestoeid over de gemaakte selectie. Want 'waar blijft Jona? Jona moet er ook in'. En 'Paulus kan echt niet zonder schipbreuk'.

We kozen voor die verhalen die volgens ons tot de kern behoren. Ook woog mee welke personen of uitdrukkingen in onze taal een vaste plaats hebben gekregen en welke uit de hoogtepunten van de kunstgeschiedenis niet zijn weg te denken.
Daarbij wilden wij het ons zelf (en de lezer) niet te gemakkelijk maken: in de Bijbel staan nu eenmaal weerbarstige verhalen, moeilijke gedeelten en strenge woorden.
Deze selectie hebben we toegankelijk willen hervertellen voor volwassen mensen, in voor iedereen begrijpelijk Nederlands. Om een aantal grote lijnen te trekken, zijn de verbindende teksten cursief gedrukt, en vet aan het begin van een hoofdstuk.

De bundel werd op mijn naam gezet, maar is volop resultaat van teamwerk. Denken, schrijven, herschrijven, corrigeren, controleren.
Op onze zoektocht om de bundel zo mooi mogelijk te illustreren, kwamen we uit bij de schilderijen van Henk Pietersma. Hij maakt kunstwerken die ontleend zijn aan bijbelse thema's. Veel van zijn werken zijn ontstaan vanuit de verbeelding van de psalmen.
Alhoewel de hier afgebeelde kunstwerken niet als rechtstreekse verbeeldingen van de 'sterke verhalen' zijn ontstaan, troffen we toch een treffende relatie aan tussen de verhalende tekst en afgebeelde werken. Deze verbinding is aangegeven door middel van een in blauw afgedrukte tekst.
Prof.dr. Riemer Roukema heeft als bijbelwetenschapper alle teksten grondig doorgenomen op exegetisch verantwoord gehalte. Overbodig om te zeggen dat we goed naar hem geluisterd hebben.

Lily A. Burggraaff

Ooit is het begonnen. De aarde is niet zomaar ontstaan. God heeft alles geschapen. Door te spreken. Krachtig zijn Gods woorden. Zij scheppen de werkelijkheid. Vanuit de chaos maakt hij met zijn woord orde: een plek om te wonen. Zo is het begonnen.

1 De schepping
Het veelbelovende begin

Genesis 1

'Laat er licht zijn!' spreekt God. En er is licht!
God begint met het licht. Eerste voorwaarde voor alle leven. De duisternis is niet langer overheersend. Die wordt teruggewezen en krijgt een grens gesteld.
Dan gaat God verder om de chaos te bedwingen. Want het is één en al water op de aarde.
'Ik wil dat er droog land tevoorschijn komt!' zegt God. En zo schept hij land tegen de dreiging van het water van de oervloed in, grond onder je voeten.
In die grond kunnen planten geplant worden. En dat gebeurt. Op die grond kunnen dieren worden uitgezet, in al hun verscheidenheid. En ook dat gebeurt. God strooit allerlei vormen van leven gul en ruimhartig uit over de aarde. Daar is hij zes dagen mee aan het werk.
En ten slotte maakt God de mens, man en vrouw, als kroon op de schepping. Uniek. Gods beelddragers.
Man en vrouw krijgen ook de opdracht om de aarde goed te beheren. Samen met God moeten zij de chaos onder controle houden.
Zo is het begonnen. Een plek om te wonen is gecreëerd. Een goede, veelbelovende aarde. En de mens mag op deze aarde leven, als verantwoordelijk wezen.
God kijkt en zegt: 'goed werk'. De zevende dag neemt God rust. Een gezegende dag.

Tot zover het begin van het eerste bijbelboek, Genesis, het eerste hoofdstuk. In het tweede hoofdstuk wordt de schepping vanuit een andere invalshoek verhaald. Die van de grondstructuur van heel Gods schepping: relatie. De mens leeft in relatie met God, die hem de opdracht gaf om goed voor zijn schepping te zorgen. De mens is ook bedoeld om te leven in relatie tot medemensen. Hij is niet alleen op de wereld. Als Adam een medemens mist, een 'tegenover', een partner, die bij hem past, dan is dat een terecht verlangen.

Een tuin. Die lijkt helemaal 'af' te zijn. Een lusthof, door God zelf aangelegd in Eden. Speciaal voor de mens. Toch ontbreekt er iets. Iemand eigenlijk. Want Adam wandelt er als enige mens. Dat is niet zoals het bedoeld is.
'Het is niet goed dat de mens alleen is', zegt God. Onder al de dieren om Adam heen blijkt hij geen maatje te vinden.
Adam slaapt. God neemt een rib uit zijn lijf en boetseert daaromheen als een prachtig kunstwerk een vrouw voor Adam. Eva. Net als Adam is zij beelddrager van God zelf.

Genesis 2

Een maatje voor het leven.
Adam begint te zingen als hij Eva ziet. Een liefdeslied.
'Eindelijk een ander mens!
En wat voor ander mens!
Het prachtigste wezen dat God heeft gemaakt!
Zij is het helemaal!'

De zondeval

Genesis 3 *De eerste liefde is geboren, in de paradijselijke tuin, waar ze wonen. Adam en Eva, oervader en -moeder van de mensheid.*
Dan gaat het mis. De relaties worden verbroken. De chaos slaat weer toe. Wat gebeurt er?

In de tuin klinkt op een kwade dag een andere stem dan de stem van God. Adam en Eva kennen Gods stem. Ze zijn met hem vertrouwd. Nu is er opeens een stem die twijfel zaait aan Gods goede bedoelingen. De stem van de slang. Waar komt hij vandaan? Niemand weet het.
'Eva, weet je zeker dat God het goede voor jullie wil?' fluistert de slang. 'God heeft je verboden van alle bomen te eten, hè?'
'Nee', zegt Eva, 'alleen van die ene heeft God gezegd: niet eten.'
'Ja, en als je dat doet, komt de dood. Zegt God. Maar het is anders. Als je van díe boom eet, word je net als God. Het is de boom van kennis. Eet nu maar, kijk hoe lekker de vruchten zijn!' Eva eet. En ze laat Adam ook eten.

In de avond, als het koel wordt, wandelt God door de tuin van de schepping.
'Adam, waar ben je?'
Maar Adam en Eva hebben zich verstopt. Ze schamen zich. Ze zijn tegen Gods woorden in gegaan en beseffen dat terdege. God roept hen ter verantwoording.
'Kom tevoorschijn, vertel. Wat is er gebeurd?'
Dan gaan ze elkaar en de slang beschuldigen.
'Hij heeft het gedaan!'
'Zij heeft me verleid!'
'Schuld? Nee hoor, ik kan het uitleggen.'
'Als er al sprake is van schuld, dan niet bij mij.
Die ander ...'

> *God roept hen ter verantwoording.*
> *'Kom tevoorschijn, vertel'*

Kaïn en Abel

Genesis 4 *Alle relaties raken verstoord. Die tussen Adam en Eva, maar nog erger en ingrijpender: die tussen de mens en God. Dat is niet zomaar weer 'over'. Het is het begin van het einde. Zonder God ademt deze wereld niet langer. Dan treedt de dood in. En toch ... niet alles is verloren. God belooft herstel en een nieuw begin. De stem van de slang zal ooit voorgoed tot zwijgen worden gebracht. Tot die tijd is het paradijs voorbij. Gods goede schepping is verstoord. Verdriet, pijn, schuld en allerlei ellende doen hun intrede.*
Was het een veelbelovend begin? Jazeker. Vol schoonheid? Ook dat. Maar vanaf nu mét de dood. Ondanks dat alles gaat het leven verder.

Adam heeft gemeenschap met Eva, zijn vrouw. Ze wordt zwanger en baart een zoon: Kaïn. 'Met hulp van de Heer heb ik het leven geschonken aan een man!' roept ze uit. Later krijgen ze nog een zoon, Abel.
Kaïn, de oudste, wordt landbouwer, Abel schaapherder. Kaïn is een sterke vent, Abel een schriel figuur. Zijn naam zegt het al, Abel, 'een zuchtje adem'.

Kaïn nodigt Abel uit om het veld in te gaan en daar slaat hij zijn broer dood.

Als broers zijn ze samen opgegroeid, maar dan komt er strijd tussen die twee. Want Kaïn wordt jaloers op zijn jongere broer, als blijkt dat God met meer genoegen naar Abel kijkt dan naar hem.
Dan vraagt de HEER God aan Kaïn: 'Waarom kijk je zo boos? Is je woede terecht? Ik daag je uit groter te zijn dan de boosheid die je voelt!'
Maar Kaïn luistert niet naar God. Hij nodigt Abel uit om het veld in te gaan en daar slaat hij zijn broer dood.

'Waar is je broer Abel?' vraagt God.
'Weet ik veel', antwoordt Kaïn, 'moet ik soms waken over mijn broer?'
'Wat heb je gedáán?' roept God. 'Hoor! Het bloed van je broer schreeuwt tot mij van de aarde. Weg jij, verdwijn uit dit land! Het zal je niets meer opbrengen! Voortaan zul je over de aarde zwerven.'
'Nee, HEER, dat niet', roept Kaïn. 'Dat is te zwaar, dan ben ik vogelvrij.'
God antwoordt: 'Ik zal je beschermen'. Hij geeft Kaïn een belofte. Niemand zal hem aanraken, laat staan doodslaan. Kaïn gaat bij de HEER vandaan en woont voortaan in het land Nod. Dwaalland.

Het kwaad woekert zo voort, dat God er spijt van krijgt dat hij de schepping gemaakt heeft. Hij wil er een eind aan maken. Er komt een grote watersnood, waarin al wat leeft verdrinkt. Hoewel ... bijna al wat leeft. Zó erg is het – God zij dank – niet. Noach en zijn familie vinden genade in Gods ogen.

2 Noach
De zondvloed

Genesis 6:5-9:17

Als de HEER God zijn schepping overziet, stemt het hem droef. Zijn schepselen staan elkaar naar het leven en het gaat van kwaad tot erger. Dit was de bedoeling niet. God wil korte metten maken met al dit kwaad en een einde maken aan al het leven op aarde. Dat is zijn plan.
Maar het lukt God toch niet dat plan zomaar uit te voeren. Want er is één man die leeft zoals God de mensen heeft bedoeld, Noach. Voor hem en zijn hele gezin wordt een uitzondering gemaakt. En als er dan toch een ontsnappingsclausule komt, waarom dan niet ook de dieren daarin meegenomen? Zulke mooie schepsels. Die dieren zijn tenslotte niet verantwoordelijk voor al dat kwaad dat de mensen deden. God kan het niet over zijn hart verkrijgen om alles en iedereen te laten omkomen.

Tijdens één van de wandelingen met Noach maakt God zijn plan bekend.
'Noach, ik heb het besluit genomen om schoon schip te maken met mijn goede schepping. In verband daarmee heb ik voor jou een vreemde opdracht. Bouw een boot, een ark.'
Een vreemd formaat moet die boot hebben. Lengte, breedte en hoogte staan tot elkaar als 10:6:1. Een doodskist bijna, dat formaat. Maar het wordt een boot, die het leven op aarde zal bewaren.

Noach doet wat God hem heeft gezegd. Zomaar ergens op het droge begint hij die boot te bouwen. Hij wordt er de plaatselijke dorpsgek mee. Intussen hamstert hij grote hoeveelheden voedsel, voor zijn gezin en voor de dieren.
Op een dag is het zover. De boot is klaar. Alle schappen aan boord zijn gevuld met proviand. 'Noach, het is tijd', zegt God. 'Jij gaat de boot in, samen met je hele gezin. Al die dieren, twee aan twee, zullen jullie volgen en als iedereen binnen is, doe ik zelf de deur dicht.'

De watersnood is ongekend groot. Water van boven, water van beneden, water overal vandaan. De boot van Noach dobbert als een notendopje op de wilde baren van de wereldwijde zee. Zal het knutselwerk van Noach schipbreuk lijden in de kolkende watermassa? Dagenlang raast de grote vloed over de aarde; er lijkt geen einde aan te komen.

Dan, na veertig dagen, komt het water tot rust. De boot van Noach strandt op een berg. Alle opvarenden, mensen en dieren, hebben het er levend afgebracht.
Na afloop van het drama wandelt God weer met Noach over het droge. De dieren zoeken hun weg op de schoongespoelde aarde. In de wolken schittert een regenboog. Zonnestralen dalen neer op het dak van de ark.

'Dit was eens, maar nooit weer', zegt God. 'Daar zal deze boog in de wolken míj aan herinneren. Wat voor puinhoop jullie mensen er van gaan maken op mijn goede aarde, zo'n forse ingreep komt er niet nog een keer.'

Aan die belofte heeft God zich gehouden. Tot op de dag van vandaag.

Zonnestralen dalen neer op het dak van de ark.

Abraham is in de Bijbel een belangrijke figuur. Hij is niet alleen de stamvader van het volk Israël, dat in het Oude Testament centraal staat. In het Nieuwe Testament wordt hij zelfs de vader van alle gelovige mensen genoemd.

In het bijbelboek Genesis staat de stamboom van Abraham. Hij was een zoon van Terach, die weer een zoon was van Nachor, die weer… enz. Hij groeide op in Ur, een stad in het huidige Irak.

3 Abraham

'Abraham, trek weg uit je land, verlaat je familie en ga naar het land dat ik je zal wijzen.' Abraham hoort een stem, die hem roept. Hoe hij weet dat het de HEER God is, wordt niet verteld. Hij krijgt een opdracht met een belofte: Abraham zal de stamvader van een groot volk worden en God zal hem zegenen.

Genesis 12:1-9

'Abraham, ga!'
En Abraham gaat. Alsof het de gewoonste zaak van de wereld is. Omdat hij door deze roeping een rondtrekkende woestijnbewoner wordt, neemt hij op zijn tocht alles en iedereen mee: zijn vrouw Sara, zijn neef Lot, zijn vee, zijn personeel, alles. Want onderweg moet er wel geleefd worden. En wie weet hoe lang de reis zal duren.

De reis duurt en duurt. Genoeg avonturen te beleven. Bange tijden en mooie ontmoetingen wisselen elkaar af. Maar die belofte dat uit Abraham een groot volk zal voortkomen, komt geen stap dichterbij. Sara blijft onvruchtbaar en wordt ook een dagje ouder.
Abraham klaagt zijn nood in de nacht bij de HEER.
'Ik blijf maar kinderloos. Die belofte van u, wat komt daar nu van terecht?'
God herhaalt zijn woorden. 'Kijk eens omhoog. Zie je de sterren? Tel ze, als je kunt. Zo talrijk zal jouw nageslacht zijn.'
Daar doet Abraham het mee. Hij gelooft God.

Genesis 15:1-6

'Abraham, ga!'
En Abraham gaat.

Sara wil niet langer wachten, ze heeft een praktische oplossing.
'Wees even reëel, Abraham. Het zit er niet in dat ik nog zwanger zal worden. Maar ik heb een idee. Als je het nu met mijn slavin Hagar probeert, dan zullen we misschien via haar die beloofde uitbreiding van ons gezin krijgen.'
Abraham laat zich overhalen en Hagar wordt zwanger. De slimme zet lijkt gelukt. Maar het komt de sfeer in Abrahams tent niet ten goede. Hagar pronkt met haar dikke buik en dat steekt de kinderloze Sara vreselijk. 'Moet je zien, Abraham, wat jij mij hebt aangedaan! Dat mens steekt me de ogen uit!'
Abraham zucht. 'Sara, zij is jouw slavin, jij kunt doen wat je wilt.'

Genesis 16

Sara pakt Hagar zo gemeen terug, dat Hagar de woestijn in vlucht.

Uitgeteld bereikt Hagar een bron, waar ze tot rust probeert te komen. God geeft haar een teken dat de gebeurtenissen hem niet zijn ontgaan. Hij zendt haar een engel, die Hagar aanraadt terug te gaan. Ook krijgt ze de belofte dat haar zoon de stamvader wordt van een groot volk. Hagar keert terug naar de tenten van Abraham. Ze krijgt een zoon en noemt hem Ismaël.

Ondertussen blijft Sara onvruchtbaar. De jaren gaan voorbij. De HEER God laat weer van zich horen. En weer herhaalt hij zijn beloften over dat grote volk. Abraham denkt er het zijne van.
'Kunt u uw plannen niet ten uitvoer brengen met Ismaël?'
'Nee, Abraham, Sara zal een zoon krijgen, die moet je Isaak noemen en op hem zullen al mijn beloften overgaan', zegt de HEER. Abraham lacht in zijn vuistje, want hij is ondertussen 100 jaar oud en Sara tien jaar jonger. Onmogelijk!

Genesis 18:1-1

Bij een volgende ontmoeting tussen Abraham en de HEER moet ook Sara in zichzelf lachen. Vanuit haar tent heeft ze stiekem meegeluisterd, hoe de belofte nu concreet klinkt: 'Over een jaar zul je een zoon hebben!'
'Ja ja', denkt Sara, 'met mijn oude lijf zeker ...'
Dat vangt de HEER op. 'Onmogelijk, inderdaad', zegt hij, 'maar denk je nu echt dat voor míj iets onmogelijk is?'

Een jaar later krijgt Sara een zoon. Isaak wordt hij genoemd. 'Hij lacht', betekent die naam. Het is dan ook een geboorte die met veel gelach is omringd! Eerst dat ongelovige lachen vanbinnen, nu de schaterlach van vreugde. 'Iedereen die dit onmogelijke verhaal hoort, lacht met mij mee!' roept Sara. 'Want dit is nog nooit vertoond! Ik heb op mijn oude dag een zoon gebaard.'
Daarna komt er nog meer gelach, een smalend en neerbuigend gelach. Het is de spotlach van Ismaël over dat kleine jochie, Isaak. Dat krenkt Sara als moeder. Ze beklaagt zich bij Abraham. 'Doe er iets aan! Ik vind die snotneus onverdraaglijk! Stuur hem weg, met zijn moeder!'
Abraham zucht, want hij was van Ismaël gaan houden. Dan komt de HEER God tussenbeide: 'Abraham, luister nu maar naar Sara, want met Isaak ga ik verder. En vertrouw mij, ik zal goed voor Ismaël en zijn moeder zorgen.'

Genesis 21:1-2

Weer doet Abraham wat God van hem vraagt. Hij stuurt Hagar weg, met Ismaël, zijn zoon. Hij geeft ze wat eten en drinken mee. Maar hoelang zullen ze het daarmee uithouden in de woestijn? Vast niet lang, vreest Abraham. En terecht.
Maar God blijkt zijn belofte niet vergeten te zijn. Ze redden het, Ismaël en zijn moeder. De woestijntocht is een uitputtingsslag, maar een onverwachte waterput biedt uitkomst. En ook na de woestijn blijft Gods zorg hem omgeven. Door de zegen van God vindt Ismaël een bestaan, sticht een gezin en heeft een heel lang leven.

Dat gezin van Ismaël zal uitgroeien tot een ware dynastie. Een gezegend mens dus, deze Ismaël, in de taal van de Bijbel. Later, als Abraham gestorven is, staan de broers Isaak en Ismaël zij aan zij om het lichaam van hun vader te begraven.

Sodom en Gomorra

Genesis 18:16-19:29

Na het vertrek van Ismaël en zijn moeder is de rust in de tenten van Abraham weergekeerd. Maar niet voor lang ...

De HEER God en Abraham hebben samen een hele geschiedenis doorgemaakt. Ze gaan al zo lang vertrouwelijk met elkaar om, dat God denkt: Waarom zou ik mijn vriend Abraham niet laten delen in mijn plannen?
Die plannen van God betreffen de steden Sodom en Gomorra. Het zijn oorden van onrecht en kwaad, waarin iedereen denkt ongestraft zijn eigen gang te kunnen gaan. De weinige gelovigen bidden al een hele tijd tot God of er geen einde mag komen aan al die vreselijkheden. Tot nu toe heeft God zich ingehouden en groot geduld getoond met al die mensen die goed zijn in schurkenstreken en het als een carrière beschouwen daarin steeds beter te worden.

Onrecht en uitbuiting, geweld en onderdrukking zijn schering en inslag in Sodom en Gomorra. Geen mens is er veilig op straat. Geen gast wordt er gerespecteerd. Groepsverkrachting wordt er normaal geacht. Het is een slechte plek om te wonen als je niet behoort tot de bovenlaag, die zich heer en meester waant.

De HEER God vat het plan op om eindelijk de gebeden van die paar gelovigen te gaan verhoren en af te rekenen met de steden. Het gedrag van de bewoners staat zó ver van Gods bedoelingen af, dat hij ze het liefst in één beweging van de kaart wil vegen. Hij deelt dat plan met Abraham. 'Maar HEER!' protesteert Abraham, 'als er nu vijftig mensen in die steden wonen die oprecht zijn, moet u dan niet dat plan van u laten varen?'
'Je hebt een punt, voor vijftig oprechte mensen zal ik mijn plan laten varen.'
'Voor vijfenveertig ook?'
'Jazeker, vijfenveertig zullen mij ook genoeg zijn om de beide steden te sparen.'
'HEER, misschien ben ik erg brutaal, maar zouden veertig oprechte mensen ook volstaan? Ja? En dertig dan? Ja? Twintig ook? Ja? En tien?'
'Tien oprechte mensen zouden mij genoeg zijn, Abraham.'
Dan doet Abraham er het zwijgen toe.

Lot, Abrahams neef die was meegegaan toen Abraham Gods stem had gevolgd, woont met zijn gezin in Sodom. Zal ook hij dan omkomen? Nee, dat is Gods bedoeling niet. Hij stuurt engelen op pad om Lot te waarschuwen en hem aan te sporen de stad te verlaten. De boodschappers maken tijdens hun missie aan den lijve mee wat in Sodom gangbaar is.
'Vers vlees, Lot heeft vers vlees, geef ons vers vlees, heerlijk om te pakken, verrukkelijk om ons mee te vermaken', schalt het door de straten. De inwoners likken hun lippen en bonken massaal tegen de deuren van het huis, waar Lot onderdak had geboden aan engelen van de HEER. In de ogen van de inwoners van Sodom zijn dat mensen om te misbruiken.
Lot reageert dan volstrekt verknipt. Hij biedt zijn dochters aan. Alsof je kwaad met kwaad kunt bestrijden. Maar de engelen weten beter. Zij doen de deur stevig dicht. En de schallende menigte wordt zó verblind dat ze helemaal de kluts kwijt zijn. Ze zien zelfs niet meer waar de deur van Lots huis zich bevindt en druipen af.

De volgende morgen is er haast geboden.
'Vluchten! Meteen! Ren voor je leven en kijk niet om!' zeggen de engelen.
Maar niet iedereen in het huishouden van Lot gelooft hen, de aanstaande schoonzoons voorop. 'Zo'n vaart zal het toch niet lopen? Moeten we dan alles achterlaten?' Ook Lot begint te treuzelen. De mannen van God grijpen hem en zijn vrouw en zijn dochters en sleuren hen de stad uit. Niet bepaald zachtzinnig, maar wel levensreddend. Want Lot en zijn gezinsleden zijn nog niet weg of het eerste echte gesodemieter begint! De steden worden vernietigd door vuur uit de hemel. De volgende ochtend zijn nog slechts dikke rookwolken te zien.

> *Ook Lot begint te treuzelen.*

Abraham en Isaak

Eén episode uit het leven van Abraham is veelvuldig terug te vinden in de schilderkunst. Ook Rembrandt heeft deze gebeurtenis diverse malen geschilderd: de binding van Isaak. Het verhaal behoort tot de top tien van moeilijk te begrijpen en uit te leggen bijbelgedeelten.

Genesis 22

Abraham zit bij zijn tent, met Sara en de kleine Isaak.
'Roep morgenochtend je zoon Isaak, ga met hem naar de berg Moria. Daar moet je hem aan mij offeren.'
Wonderlijke opdracht van God. Maar Abraham gehoorzaamt. Hij staat de volgende morgen vroeg op, zadelt een ezel, hakt brandhout, roept Isaak en gaat met twee knechten op pad, richting Moria. Op de derde dag van hun reis, aan de voet van de berg, zegt Abraham tegen zijn knechten: 'Blijven jullie hier. Wacht tot wij terugkeren.' Abraham trekt verder met zijn zoon naast zich. Isaak mag het hout dragen, Abraham steekt een mes en vuur bij zich. Isaak mag dan jong zijn, dom is hij niet:
'Vader, we hebben vuur bij ons en hout. Maar waar is het lam dat we gaan offeren?'
'Ach, mijn jongen, God zelf zal voor dat lam zorgen.'
Zo gaan ze samen verder, die vader en zijn zoon.

Als ze ter plekke komen, bouwt Abraham een altaar en schikt het hout erop. Hij bindt Isaak erbovenop en heft zijn mes. Waarschijnlijk met zijn ogen dicht.
'Abraham, niet doen, ik weet genoeg!' klinkt het uit de hemel. 'Raak de jongen niet aan. Je hebt hem niet voor jezelf willen houden, je krijgt hem gezond en wel van mij terug!'

Abraham slaat zijn ogen op. Hij ziet een ram die verstrikt is geraakt in de struiken. Hij pakt dat dier, neemt Isaak van het altaar af, legt die ram erop en slacht het beest als offer.
'Zei ik niet, mijn zoon, dat God zelf voor het offer zou zorgen? Want zo is God.'
Samen gaan ze, de vader en zijn zoon, terug naar huis. Onderweg pikken ze de twee knechten op. En ze worden weer welkom geheten door Sara, vrouw en moeder.

Wat Sara van dit doodenge avontuur geweten heeft, vertelt de Bijbel niet. Maar vrouwen en moeders hebben vaak meer in de gaten dan je zou denken …
Abraham sterft in hoge ouderdom.

Isaak, de zoon van Sara en Abraham, trouwt met Rebekka. Na lang wachten en veel bidden krijgen ze een tweeling. Maar het wordt geen ideaal gezin. De twee kinderen zijn elkaars tegenpolen. Esau, de oudste, is ruig behaard, een buitenmens, die houdt van jagen. Jakob, de jongste, is een binnentype, met een glad huidje. De één is voluit een vaderskind, de ander echt een moedersjochie.

4 Jakob

Jakob is aan het koken. Er staat een pan op het vuur met lekker geurende soep. Zijn broer Esau komt juist terug van de jacht.

Genesis 25:29-34

'Mmm ... wat ruikt dat verrukkelijk! Schep voor mij ook een bord op!'
'Da's goed, maar dan wil ik wel eerst zaken met je doen. Voor wat hoort wat. Gelijk oversteken: ik geef jou een bord soep, jij geeft mij jouw eerstgeboorterecht.' (De eerstgeborene krijgt namelijk een dubbel deel van de erfenis.)
'Afgesproken. Dat eerstgeboorterecht kan ik niet eten. Schep nog wat bij.'

Esau laat zich het bord soep heel goed smaken. Denkt hij dat zijn broer het voor de gein heeft gezegd? Je eerstgeboorterecht verkopen, dat kan toch niet zomaar?

Jaren later lijkt Esau zijn terloopse toezegging glad vergeten te zijn. Isaak is dan al oud en bijna blind geworden. Hij is aan bed gekluisterd.

Genesis 27-28:1-5

'Esau, ik heb zo'n trek in een lekker mals boutje, zoals je laatst nog voor me bereidde. Kun je niet wat gaan jagen? Als ik dan gegeten heb, zal ik jou de zegen geven die jou als eerstgeboren zoon toekomt, want ik voel dat ik niet lang meer zal leven.'
Rebekka hoort dat gesprek. De zegen voor Esau? denkt ze, dat nooit!
In allerijl roept ze Jakob bij zich. 'Luister, dit heb ik net gehoord en dit is mijn plan. Haal snel een paar geiten uit onze kudde, dan zal ik daar het lievelingsgerecht van je vader van bereiden. Breng dat maal bij je vader en doe alsof je Esau bent. Je vader is toch bijna blind, dus hij is gemakkelijk voor de gek te houden. Als we het samen slim aanpakken, kun jij die zegen ontvangen.'

Hij ziet een enorme ladder die hemel en aarde verbindt.

In dat plan gaat Jakob maar al te graag mee. Want hij is die deal bij de soepkom natuurlijk niet vergeten. En terwijl Esau op jacht is, maakt Rebekka de schotel met eten klaar. Ze vermomt Jakob zo goed mogelijk als Esau door huiden van dieren over zijn armen en zijn hals te binden en hem de beste kleren van zijn broer aan te trekken. Zo voelt en ruikt hij als Esau.
Dan gaat Jakob met die lekkere schotel eten naar zijn vader en doet alsof hij Esau is.

Hij liegt zonder blikken of blozen.
'Esau, jongen, ben je nu al terug van de jacht?'
'Ja vader, de HEER uw God was met mij, daarom is mijn jacht heel voorspoedig verlopen.' 'Kom wat dichterbij, jongen, ik wil je graag nog een keertje aanraken en kussen voordat ik sterf.'
Isaak is even van zijn stuk, want hoewel hij weliswaar bijna niets meer kan zien, kent hij de stemmen van zijn zonen. Het is verwarrend: hij hoort Jakobs stem, maar hij voelt en ruikt Esau …

Na de maaltijd neemt Jakob de zegen in ontvangst die zijn vader aan zijn oudste te geven heeft. Geen kleine zegen. De zegen lijkt op de zegen die de HEER God destijds aan Abraham gegeven had. 'Vervloekt wie jou vervloekt, gezegend wie jou zegent!'

Jakob is de tent van zijn vader nog niet uit of Esau dient zich aan.
'Vader, hier is het stuk wild dat ik voor u heb klaargemaakt. Laat het u smaken, put er kracht uit en geef mij dan mijn zegen.'
Isaak schrikt hevig.
'Hè? Wie ben jij?'
'Esau, uw oudste zoon!'
'Nee toch … jongen … dan is je broer er met jouw zegen vandoor … '
Esau is de wanhoop nabij. 'Zegen ook mij, vader!'
'… dat kan niet …'
De ruige jager begint te huilen. 'U hebt voor mij toch ook nog wel een zegen te vergeven? Ik bid u, vader, zegen ook mij!'
Geen beste zegen schiet er voor Esau over: 'Je zult leven van je zwaard en dienstbaar zijn aan je broer.'
Geen wonder dat Esau zijn broer vanaf deze dag nog meer haat. Wacht maar, denkt Esau, zodra onze vader gestorven is … mijn wraak zal zoet zijn.

Rebekka heeft die moordplannen van haar oudste zoon wel in de gaten. Ze ziet zijn ogen, ze hoort hem voor zich uit mompelen. Ze is er allesbehalve gerust op. Met die grote, sterke Esau valt niet te spotten.
'Zolang Esau met deze plannen rondloopt, kun jij maar beter uit z'n buurt blijven', zegt ze tegen Jakob. 'Maak je uit de voeten. Zoek onderdak bij mijn familie.'
En Jakob vlucht. Met de zegen.

Onderweg krijgt Jakob een droom. Hij ziet een enorme ladder die hemel en aarde verbindt. Engelen lopen die ladder op en af. Boven aan die ladder ziet Jakob God. 'Ik ben de HEER, de God van je grootvader Abraham en de God van je vader Isaak. Ik zal met je meegaan en je zegenen.'
Diep onder de indruk wordt Jakob wakker. Hij siddert er helemaal van. Zo'n droom en zo'n belofte! Genesis 28:10-22

Jakob komt veilig bij de familie van zijn moeder aan. Daar krijgt hij een koekje van eigen deeg: zijn oom Laban bedriegt hem. Tot en met. Zeven jaar moet hij werken om te mogen trouwen met Rachel, de jongste dochter van Laban. Maar de zeven jaar zijn voor hem als was het één dag, want Jakob is tot over zijn oren verliefd. Als hij in het ochtendlicht na de Genesis 29-30

huwelijksnacht wakker wordt, ligt Jakob naast haar oudere zus, Lea.
Een week later mag Jakob van Laban op herhaling met Rachel. Vervolgens moet hij wel weer zeven jaar werken. Als tegenprestatie. Weer: geen ideaal gezin, het gezin dat Jakob krijgt met zijn twee vrouwen en twee bijvrouwen. Een hele hoop ellende.

Israël

Twaalf zonen krijgt Jakob. De twaalf naar wie voortaan de 'stammen' van Israël genoemd zullen worden. Maar de naam 'Israël' is tot nu toe nog niet gevallen. Die naam kun je misschien het beste vertalen met: 'hij die strijdt met God'. Die duikt pas op als Jakob met zijn hele gezin en al het vee dat hij zich bij schoonvader Laban heeft verworven, terugkeert naar zijn ouderlijk huis. Jakob vertrekt omdat Laban en zijn zonen jaloers zijn geworden op zijn zakelijke succes.
Maar terugkeren betekent ook: een ontmoeting riskeren met Esau, die hij eerder had bedrogen ... Is dat kwaad verjaard, of koestert zijn broer nog altijd moordplannen?

Genesis 32:4   Jakob knijpt 'm flink. Hij is dicht in de buurt gekomen van de plek waar zijn ouders
Genesis 33   wonen. Er zijn heel wat jaren voorbijgegaan sinds zijn overhaaste vlucht. Maar Jakob durft er voor geen cent op te vertrouwen dat de woede van Esau is geluwd. De gedachte alleen al dat hij de confrontatie met Esau moet aangaan ... Zijn hart klopt in zijn keel.
Jakob heeft zijn knechten vooruit gestuurd, met een weloverwogen bericht. Daarin noemt hij zichzelf 'uw dienaar Jakob'. En hij laat zeggen dat hij hoopt dat 'zijn heer Esau' hem welgezind zal zijn. Maar die boden keren terug met het nieuws dat Esau met vierhonderd man sterk Jakob tegemoetkomt. Dat kan niet veel goeds betekenen!

Het zweet breekt Jakob uit. Hij bedenkt een plan waar de angst vanaf druipt. Hij splitst zijn hele reisgezelschap in twee groepen. Als Esau het ene kamp te grazen neemt met die vierhonderd man, kan iedereen uit het andere kamp zich hopelijk nog uit de voeten maken, is de gedachte.
Dan gaat Jakob bidden. 'God, op uw advies ben ik teruggegaan. Nu ziet het er allesbehalve goed uit. Esau komt eraan met vierhonderd man. Ik ben doodsbang dat hij ons gaat aanvallen en uitmoorden. Red ons, alstublieft! U hebt toch immers beloofd dat u mijn nakomelingen tot een groot volk zou laten uitgroeien. Als we allemaal worden uitgemoord kan er van die belofte niets terechtkomen!'
Vervolgens zendt hij een geschenk vooruit om Esau gunstig te stemmen. Daarin is Jakob niet karig. Het is veel te spannend om nu zuinig te zijn. Er hangt te veel van af. Het wordt een geschenk dat bestaat uit tweehonderd geiten en twintig bokken, tweehonderd ooien en twintig rammen, dertig kamelen plus jong, veertig koeien, tien stieren, twintig ezelinnen plus tien hengsten. De grote veestapel deelt Jakob op in verscheidene kuddes. En aan de knechten die deze kuddes moeten begeleiden geeft hij de opdracht ruime afstand van elkaar te houden. Eén voor één moeten ze Esau benaderen. En dan moeten ze tegen Esau zeggen: 'Ik ben een knecht van uw dienaar Jakob en dit alles is een geschenk voor u. Uw dienaar Jakob zelf komt achter ons aan ...'

Als de geschenken onderweg zijn, helpt Jakob zijn gezin en de rest van zijn vee naar de overkant van de rivier de Jabbok. Zelf blijft hij helemaal alleen achter. Het wordt geen rustige nacht voor Jakob. En dat niet vanwege de angst voor wat er gaat komen. Zomaar uit het niets duikt een figuur op die met Jakob begint te worstelen. Zonder reden, lijkt het. Wie is deze figuur in het donker van de nacht? Waarom begint hij deze vechtpartij? Jakob heeft geen idee. Hij vecht wel en vasthoudend ook. De worsteling duurt de hele nacht. Het lukt de figuur niet om Jakob te overmeesteren. Jakob houdt er wel letsel aan over. Door een tik op zijn heup schiet deze uit de kom.

De dageraad dient zich aan.
'Laat mij gaan, want het wordt dag', zegt de figuur.
'Nee, ik laat u niet gaan tenzij u mij zegent.'
'Hoe heet je?'
'Jakob.'
'Je krijgt een nieuwe naam: Israël. Want je hebt gevochten met God en mensen en je hebt gewonnen.'
'Wie bent u?' vraagt Jakob op zijn beurt.
Er komt geen antwoord op die vraag. Wel ontvangt Jakob de zegen. Dan weet hij genoeg.

'Laat mij gaan, want het wordt dag', zegt de figuur.

Niet alleen Jakob krijgt op die vroege morgen een nieuwe naam Israël, de plaats van dit gevecht ook. Jakob noemt die plek Pniël, 'Gods gezicht'. 'Want,' zegt Jakob, 'hier heb ik Gods gezicht gezien en ben ik toch in leven gebleven.'
Dan steekt hij de rivier over om zich te voegen bij zijn reisgezelschap. In het oosten gloort het morgenlicht hem al tegemoet. Een nieuwe naam, een nieuwe zegen, een nieuwe dag.
Een nieuwe toekomst ook?

Nieuw is voor Jakob, nu Israël geheten, in ieder geval dat hij mank is geworden vanwege die tik op zijn heup. En mank zal hij blijven. Het was dan ook een gevecht om nooit te vergeten. Hij is nooit meer dezelfde als voorheen.

In het licht van de opkomende zon ziet Jakob stofwolken dichterbij komen. Esau nadert met zijn troepen! Of Jakob na dat nachtelijke avontuur daarbij nog de schrik om het hart slaat? – het lijkt van niet. Hij blijft een strateeg. Hij verdeelt zijn hele gezin in een aantal groepjes en zet die groepjes op volgorde. De twee die hem het liefste zijn, Rachel en haar zoon Jozef, helemaal achteraan. De veiligste plek bij zo'n riskante ontmoeting. Zelf gaat Jakob in zijn eentje helemaal aan de kop van de karavaan, de gevaarlijkste plaats mocht het onverhoopt misgaan …

Maar het gaat niet mis. Jakob treedt Esau tegemoet en buigt zich neer. Esau springt van zijn paard, rent naar Jakob toe en omhelst Jakob. Nota bene. De mannen vallen elkaar in de armen en kussen elkaar! Ze beginnen allebei te huilen, van pure ontroering om deze ontmoeting.

Over een nieuwe toekomst voor Jakob gesproken! Weg zijn de angstige nachtmerries die het verleden laten herleven.

Met een lichter hart kan Israël verder. Als een mank mens, dat wel.
De verzoening tussen beide broers betekent niet dat ze voortaan samen gaan optrekken. Ieder van de twee gaat zijn eigen weg. En die wegen verschillen nogal.
Wel staan ze alsnog samen broederlijk naast elkaar bij het graf van hun vader Isaak. Alsof de oude man al die jaren op deze verzoening had gewacht, om zo in vrede te kunnen sterven …

Jozef is één van de zonen uit het samengestelde gezin van Jakob. Lange tijd is hij de enige zoon van Rachel, de vrouw van wie Jakob het meeste houdt. Daardoor heeft Jozef een speciaal plekje in het hart van zijn vader. Maar dat komt de verhoudingen met de andere broers niet ten goede.

5 Jozef

Genesis 37-50

'Ik heb vannacht gedroomd', zegt Jozef tegen zijn broers.
'Ja hoor, jij weer', zeggen zijn broers. Jozef droomt wel vaker. Het zijn meestal fantastische verhalen waarin hij zelf de hoofdrol speelt en alle anderen aan hem ondergeschikt zijn. Een meesterdromer vinden zijn broers hem, maar niet heus. Wat verbeeldt dat joch zich wel? Lievelingetje van vader en ook nog lievelingetje van God, zeker? Nou, mooi niet! Typisch het gedrag van een verwend kind ...

Op een dag stuurt Jakob Jozef naar zijn broers, die ver van huis hun schaapskudden hoeden.
'Daar heb je hem weer, met z'n praatjes', mompelen ze onderling, als ze hun broer in de verte zien aankomen. 'Weet je wat, we smijten hem hier in een put. Geen haan die ernaar kraait!'
Zo gezegd, zo gedaan. Om hem het leven te sparen, verkopen ze hem als slaaf, aan handelaren van een langstrekkende karavaan. De kleren van Jozef dompelen ze in bloed en sturen ze naar vader Jakob. 'Dit vonden we in het veld. Jozef is vast te grazen genomen door een wild dier ...' Jakob is ontroostbaar, bij de aanblik van de gescheurde kleren.

Intussen belandt Jozef in Egypte. Hij komt als slaaf te werken in het huis van een voornaam heer, ene Potifar. Jozef doet het heel goed in het huishouden. Opvallend. Hij mokt niet, zoals je van verwende jongetjes zou verwachten. Hij doet wat zijn hand vindt om te doen en daar rust zegen op. Totdat mevrouw Potifar roet in het eten gooit. Zij ziet die knappe jongen wel zitten als minnaar en laat dat goed merken. Maar Jozef weigert haar zijn gunsten te verlenen, vanwege het vertrouwen dat Potifar in hem stelt. Zijn standvastige weigering voelt bij mevrouw Potifar als een belediging. En zij zal hem dat betaald zetten.

'Die huisslaaf van jou, Jozef, heeft me aangerand', zegt ze tegen haar man.
Zonder vorm van proces onderneemt Potifar actie en gooit Jozef in de gevangenis. Kan het erger?

Jozef in de gevangenis.

Kan het erger?

Maar ook daar in de gevangenis doet Jozef het weer heel goed. Weer opvallend. Opnieuw gaat hij niet zitten mokken in een hoekje. En al evenmin trekt hij zich terug in

een slachtofferrol. Hij doet wat zijn hand vindt om te doen en daar rust zegen op. Hij blijkt vervolgens niet alleen een meesterdromer te zijn, maar ook een meester in het uitleggen van dromen. Een paar hoge ambtenaren van de koning van Egypte, een bakker en een schenker, vallen in ongenade en belanden bij Jozef in de gevangenis.
Zij vertellen van hun dromen, die hen achtervolgen. Jozef legt ze uit. En de tijd wijst uit, dat zijn uitleg blijkt te kloppen. Niet dat Jozef daar baat bij heeft. Hij wordt gewoon vergeten, daar in de gevangenis, zelfs nadat de schenker weer in zijn oude functie aan het hof terug mag keren.

Jaren later krijgt de koning van Egypte dromen. Geen van zijn deskundigen is in staat ze uit te leggen. De opperschenker herinnert zich opeens de tijd die hij had willen vergeten, zijn gevangenis, en de jongeman die zijn dromen verklaarde.
'Farao', zegt hij tegen de koning van Egypte, 'ik weet nog iemand die uw dromen misschien wel kan uitleggen.' Met wagens en paarden wordt Jozef overgebracht van de gevangenis naar het hof.

De jarenlange gevangenschap heeft hem niet gebroken. Hij vertelt de farao niet alleen de uitleg, maar ook de droom zelf. Het gaat over de toekomst van het land. Er zullen zeven jaren komen van rijke oogsten en daarna zeven jaren van misoogsten. Daarom, adviseert Jozef, moet de koning zorgen dat een deel van de goede oogsten wordt opgeslagen, zodat er ook genoeg zal zijn voor de magere jaren.
De koning is zo ingenomen met de raad van Jozef, dat hij deze gevangen slaaf tot onderkoning benoemt.

Het gaat zoals Jozef heeft gezegd. Na zeven jaren van overvloed, breken de zeven jaren van hongersnood aan. Niet alleen in Egypte, ook in de omliggende landstreken. Oók in het ouderlijk huis van Jozef. Als vader Jakob hoort dat de graanschuren van Egypte nog gevuld zijn, stuurt hij zijn zoons eropuit om koren te kopen.
De mannen melden zich bij het paleis en maken een diepe buiging voor de onderkoning.
'Wij komen uit Kanaän, om koren te kopen.'
Jozef herkent zijn broers, maar hij doet alsof hij een vreemde voor hen is en overlegt met hen via een tolk.
'Jullie zijn spionnen!'
'Nee,' antwoorden de broers, 'wij zijn eerlijke lui, zonen van Jakob. We waren thuis met z'n twaalven. Onze jongste broer, Benjamin, is nog thuis en één broer is niet meer ...'
Maar Jozef stelt zich bars op. Hij neemt één van de broers, Simeon, in gijzeling en stuurt de anderen terug naar huis om Benjamin te halen. 'Breng hem hier, dan zal blijken of jullie de waarheid spreken ...'

Jakob is ten einde raad, als zijn zoons thuiskomen.
'Jozef is dood, nu is Simeon er niet meer en nu wil je ook Benjamin nog meenemen? Als dat gebeurt zal ik sterven van verdriet ... Waarom hebben jullie die Egyptenaar dan ook verteld dat je nog een broer thuis had?!'
'Omdat hij uitvoerig navraag deed naar onze achtergrond.'
Ruben, de oudste zoon, praat op zijn vader in. 'Laat Benjamin meegaan, ik zal er persoonlijk voor instaan dat hij terugkeert.'

De hongersnood is zo ernstig, dat ze wel terug móeten.

De broers worden met alle égards ontvangen. Ze kopen het koren en reizen weer af. Om hen op de proef te stellen, had Jozef opdracht gegeven zijn zilveren beker in de bagage van Benjamin te verstoppen. Onderweg worden de broers achterhaald door enkele dienaren van het hof, die hen betichten van diefstal. Tot hun verbijstering wordt de beker van de koning aangetroffen in de bagage van Benjamin ...

'Waarom hebben jullie dat gedaan?' barst Jozef los. 'Zie je wel dat jullie niet te vertrouwen zijn?'
'Wat kunnen we hiertegen inbrengen? We zullen allen uw slaven zijn.'
'Niks daarvan,' zegt Jozef, 'alléén degene bij wie de beker is gevonden.'
'Nee, alstublieft, dat zal onze vader niet overleven', pleit Juda, namens de broers. 'Ik heb beloofd borg te staan voor Benjamin. Laat mij in zijn plaats als slaaf achterblijven. En laat de jongen alstublieft met mijn broers heengaan ...'

Als Jozef dat hoort, kan hij zich niet langer bedwingen. Hij barst in tranen uit en zegt: 'Ik ben Jozef! Leeft mijn vader nog?'
De broers staan perplex en zijn niet bij machte een woord uit te brengen. Van schrik deinzen ze terug.
'Kom toch dichterbij', zegt Jozef. 'Ik ben het. Jullie hebben me als slaaf verkocht. Maar wees niet verdrietig, want om jullie in het leven te behouden heeft God mij voor jullie uit gestuurd.'

De broers vrezen voor hun leven, maar het komt tot verzoening. 'Jullie hebben mij veel kwaad toebedacht', zegt Jozef vergevingsgezind, 'maar God heeft dat voor ons allemaal ten goede gebruikt.'

Jozef nodigt zijn hele familie uit om naar Egypte te komen. Huilend omhelst vader Jakob zijn verloren zoon. De farao vindt het goed dat de familie van Jozef zich in Egypte vestigt. Ze mogen van hem gaan wonen in het gebied dat Gosen heet. Zo wordt het nageslacht van Israël in het leven bewaard.

Tijdens het leven van Jozef zijn de zonen van Jakob met al hun nageslacht naar Egypte gekomen. Het vergaat hun daar aanvankelijk erg goed. Ze groeien uit tot een heel volk, al blijven ze in Egypte wel op zichzelf.

Eeuwen later wordt de farao, de toenmalige Egyptische heerser, bang voor deze bevolkingsgroep. Straks zullen ze de Egyptenaren in aantal overtreffen. Nog even en ze willen hier de dienst uitmaken! In een poging om dat te voorkomen bedenkt de farao allerlei maatregelen. De Israëlieten krijgen slavenarbeid te verrichten. Ze worden mishandeld. Om de bevolkingsaanwas de kop in te drukken, moeten alle pasgeboren jongetjes meteen worden gedood.

6 Mozes

Exodus 2:1-10

Een klein rieten mandje wordt aan de oever van de rivier de Nijl tussen de waterplanten gelegd. In het mandje ligt een klein jongetje. Nog niet zo lang geleden geboren, maar het kan inmiddels een keel opzetten van heb ik jou daar. Op een onderduikadres is het niet te handhaven, met zijn geschreeuw brengt het zichzelf en zijn omgeving in levensgevaar. Vanwege het bevel van de farao.
De moeder van het jochie heeft dit plan bedacht. De baby drijft aan de oever van de rivier in het mandje. Zijn zusje Mirjam stelt zich verdekt op tussen het riet, om te kijken hoe het verdergaat. Wat zij hoopten gebeurt. De prinses, de dochter van de farao, loopt hier met haar hofdames langs, om te gaan baden in de Nijl. Ze ontdekt het mandje met de baby. Hij huilt. De prinses is diep ontroerd door de aanblik. Het is een mooi kind! 'Het zal wel een Hebreeuws kind zijn', zegt ze. 'Een laatste poging van de moeder om hem te redden.'

Als Mirjam dat hoort, komt ze tevoorschijn.
'Zal ik een vrouw zoeken om het te voeden?' vraagt ze.
'Goed idee', zegt de prinses.
Dan haalt Mirjam haar moeder.
'Neem het kind mee en voed het voor mij', zegt de prinses tegen haar. 'Ik zal je ervoor betalen.'
Dat doet de moeder maar al te graag. Totdat het jochie van de borst af is, zorgt ze voor hem. Daarna brengt ze hem bij het paleis. Want de prinses heeft hem officieel geadopteerd.

Zo belandt Mozes aan het hof van Egypte. Daar groeit hij op.
Op een dag ziet hij een Egyptenaar een Israëliet in elkaar slaan. Mozes mengt zich in dat gevecht en doodt de Egyptenaar. Als dat bekend wordt, moet Mozes vluchten. Hij vlucht naar het land Midjan. Daar wordt hij opgenomen in het huishouden van Rehuël. Hij trouwt met Sippora. Vele jaren werkt hij als herder bij de kudden van zijn schoonvader. Tot die ene dag, die zijn leven op z'n kop zet ...

De roeping van Mozes

'Mozes! Mozes!'
Een stem uit een doornstruik. Met die struik is iets wonderlijks aan de hand. De struik brandt, maar verteert niet. Als Mozes zijn naam hoort roepen is hij één en al aandacht.
'Ik luister.'
'Ik ben de God van je vader, de God van Abraham, Isaak en Jakob.'
Mozes schrikt en bedekt zijn gezicht. Hij durft niet naar God te kijken. God gaat verder. 'Ik heb gezien hoe ellendig mijn volk er in Egypte aan toe is. Ik hoor het elke dag zuchten. Ik weet hoe erg het gebukt gaat onder het geweld van de farao. Daar ga ik wat aan doen. En daarvoor heb ik jou nodig. Jij moet naar Egypte teruggaan. Zeg tegen de farao dat hij mijn volk moet laten vertrekken. Jij gaat het uit Egypte leiden.'

Exodus 2:11-
Exodus 4

'Ik? Wie ben ik dat ik naar de farao zou gaan en de Israëlieten uit Egypte zou leiden?' vraagt Mozes. Hij was kind aan huis geweest aan het Egyptische hof en kent de macht van de farao. Bovendien: als ze hem herkennen, zouden ze hem wel eens kunnen doden. Hij ziet het niet zitten.
'Ik ga met je mee', zegt God.

Maar Mozes heeft nog meer aarzelingen.
'Stel nu eens dat ik tegen de Israëlieten zeg: "De God van jullie voorouders heeft mij gestuurd". Dan zullen ze vragen: "Huh? Wie is dat dan? Wat is zijn naam?" Dan weet ik niet eens wat ik moet zeggen.'
'Mijn naam is: Ik ben die er zijn zal', zegt God. 'Als het volk je ernaar vraagt, moet je zeggen dat "IK ZAL ER ZIJN" je gestuurd heeft, want zo wil ik heten. En ik heb besloten de Israëlieten uit hun ellende te bevrijden.'

Met vier Hebreeuwse letters, JHWH, wordt de naam van de God van Israël in het Oude Testament gespeld. Die vier letters hangen samen met het Hebreeuwse werkwoord 'zijn'. Maar de precieze betekenis van JHWH (en dus de juiste weergave in het Nederlands) weten we eigenlijk niet. In deze bundel worden de vier letters (in navolging van de Nieuwe Bijbelvertaling) weergegeven met 'HEER'. Dat is een oude traditie, waar het Joodse volk mee begonnen is.

Mozes blijft bezwaren opwerpen.
'Wat nu als ze mij gewoon niet geloven?'
Dan krijgt hij van God twee tekenen tot zijn beschikking om dat bezwaar uit de wereld te helpen. 'Gooi je herdersstaf op de grond.' Het hout verandert op slag in een kronke-

lende slang. Zodra Mozes zijn staart grijpt, verandert het beest weer in een staf.
'Steek je hand in je kleren en haal hem er weer uit.'
Als Mozes dat doet, zit zijn hand vol uitslag.
'Doe het nog eens.'
De hand is weer gezond.
'Met deze twee tekenen zal het volk geloven dat ik je gestuurd heb, Mozes. Ga nu en doe wat ik zeg.'

Nóg is Mozes niet gewonnen voor het plan.
'Neemt u mij niet kwalijk, HEER, maar ik ben geen goede spreker. Dat ben ik nooit geweest en dat zal ik nooit worden ook. En dan stuurt u míj met zo'n opdracht op pad? Kies toch iemand anders, die geknipt is voor deze taak!'
Dan heeft de HEER schoon genoeg van Mozes en al zijn bezwaren. 'Hou nou eens op met je gezeur! Neem dan maar je broer Aäron mee om het woord te voeren. Jij gaat. Punt uit!'

Langzaam dringt het tot Mozes door. Hier is geen ontsnappen aan. Hij gaat. Thuisgekomen vertelt hij dat hij na zoveel jaren graag terug wil naar zijn eigen volksgenoten, om te zien of ze nog leven. Hij zadelt de ezel, en vertrekt met zijn vrouw en zonen uit Midjan, richting Egypte.
Onderweg voegt zijn broer Aäron zich bij zijn reisgezelschap. Samen gaan ze naar de Israëlieten. Aäron voert het woord en vertelt van de opdracht die Mozes van de HEER heeft gekregen. Mozes laat de twee tekenen zien die God hem had gegeven. En het volk gelooft hen. Wat een verrassing, dit nieuws! God gaat hen bevrijden! Spontaan danken ze God op hun knieën, omdat hij zich hun lot heeft aangetrokken.

De uittocht uit Egypte – de verlossing uit de slavernij

Maar dan volgt de teleurstelling. De farao heeft aanvankelijk helemaal geen oren naar de oproep van God en diens boodschapper Mozes. Integendeel. Om zijn ongenoegen te uiten, verzwaart hij het regime waarmee hij het slavenvolk Israël onder de duim wil houden. Het moet er hard tegen hard aan toe gaan, tussen de HEER God en de farao, voordat de Israëlieten mogen vertrekken.
Tien keer krijgt Egypte ontzagwekkend op zijn donder; met misoogsten, natuurrampen, enge ziekten; tien 'plagen' (Exodus 7-13). Pas na de tiende keer geeft de farao zich gewonnen: de Israëlieten mogen gaan, graag zelfs! Geef ze al je goud en je zilver mee, áls ze maar vertrekken, deze ongelukbrengers!
En ze gaan, de Israëlieten, de vrijheid tegemoet. Die uittocht wordt door het Joodse volk nog steeds elk jaar feestelijk gevierd. Met Pesach, het joodse Pasen.
Ze gaan dus, de Israëlieten, midden in de nacht. Ze trekken massaal uit het land waarin ze onderdrukt werden.

Exodus 14 en 15

'Alle Israëlieten zijn 'm vannacht gesmeerd, heer koning', krijgt de farao van Egypte de volgende ochtend te horen. 'Ze hebben vrachten Egyptisch goud en zilver meegenomen.'
De farao kijkt er deze zonnige ochtend anders tegenaan dan in het donker van de

afgelopen nacht. Hij trekt zijn haren uit zijn hoofd van spijt.
'Hoe heb ik dit ooit toe kunnen laten? We moeten er iets aan doen en wel meteen!'
Het hele leger wordt ogenblikkelijk gealarmeerd. Alle eenheden worden in staat van paraatheid gebracht. En daar gaat de farao, met heel zijn legermacht, zijn slaven achterna. Want hij zal hen met zo'n legermacht wel even terug in hun hok jagen. Denkt hij.

In de Bijbel wordt deze spijt van de farao beschreven als een actie van God. Alsof de Israëlieten nog meer wonderen moesten beleven om hun geloof te verankeren. En op alles wat ze net hebben meegemaakt, volgt er waarachtig nóg een ervaring die gedenkwaardig is!

'Moet je die stofwolken zien,' zeggen de Israëlieten tegen elkaar, 'we worden achtervolgd! Wedden dat dat de farao is!'
De doodsangst slaat hun om het hart. En terecht. Ze staan vlak voor de golven van de Rietzee. Achter hen rukken de paarden en wagens van de farao op. Wat nu? Geen enkele uitweg!
'Had ons toch in Egypte laten sterven, Mozes! Daar wisten we tenminste waar we aan toe waren! Maar nu? Wat staat ons nu aan ellende te wachten?' roepen ze.
'Wees niet bang', zegt Mozes. 'Let op, de HEER zal ons redden. Die legermacht van de farao zien we nooit meer terug!'

De HEER God zegt tegen Mozes: 'Die herdersstaf in je hand, houd die uitgestrekt over het water van de zee vóór jullie. Dan zal het water uiteengaan. En jullie zullen dwars door de zee gaan, over droog land. De legers van Egypte zullen jullie achternakomen, maar die zullen met man en muis, met paard en wagen verdrinken. Ze zullen het weten, de Egyptenaren, dat ik de HEER ben!'

Aan de overkant wordt gezongen, en hoe!

Zo gebeurt het: Mozes heft zijn staf, het water van de zee splijt, de Israëlieten trekken over het droge. Als de legermacht van de farao hen achternajaagt sluit het water zich. Wagens en paarden verzuipen. Alle man en macht van Egypte verdrinkt. Aan de overkant van de zee wordt gezongen, en hoe! Een uitbundig loflied voor de HEER. Want wat een uitredding was dit! Nog nooit vertoond!

De tien geboden

Na de verlossing uit Egypte en de wonderlijke tocht door de Rietzee wacht de Israëlieten een lange weg door de woestijn. Geen onverdeeld genoegen. En dat laten ze merken ook. Ze mopperen bij het leven. Ze zijn weliswaar vrij, maar erg ontevreden.

In de woestijn komt de berg Sinai in zicht. Het volk Israël slaat zijn kamp op aan de voet van die berg. Mozes klimt de berg op. Daar is hij door de HEER ontboden. God begint al te spreken voordat Mozes boven is. 'Zeg tegen de Israëlieten: "Jullie hebben gezien wat ik met de Egyptenaren gedaan heb en hoe ik jullie als op vleugels gedragen heb om jullie hier te brengen. Als jullie naar mij luisteren, zal ik mij aan jullie verbinden als jullie God."'

Exodus 19 en 20

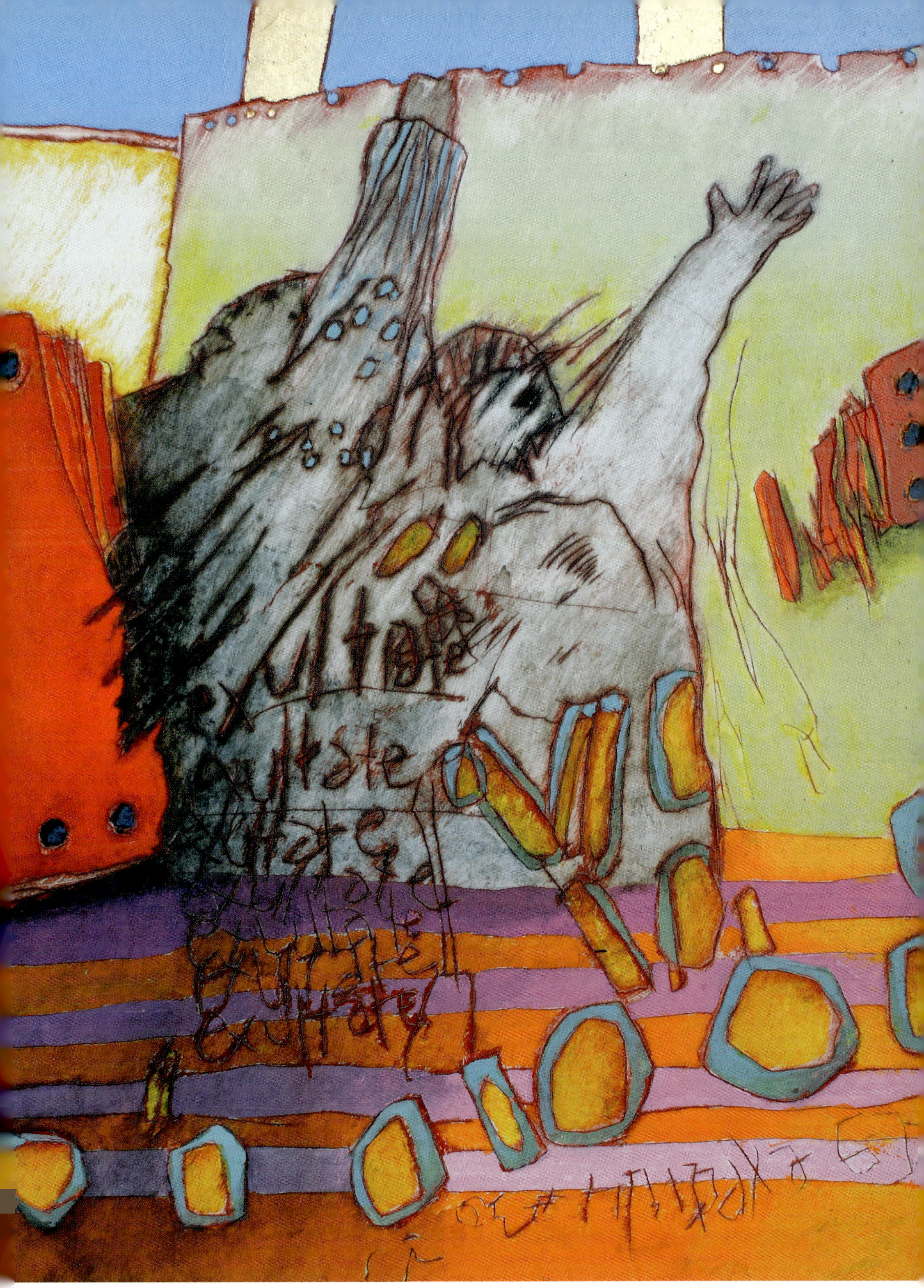
exultate
exultate

Mozes brengt die boodschap aan het volk over. Eenparig roepen ze dat ze helemaal bereid zijn om naar de HEER te luisteren: 'Déze God zal voortaan onze God zijn!'

Het bondgenootschap tussen de Israëlieten en de HEER God wordt groots gevierd. Ter voorbereiding van de feestelijkheden moet iedereen zich wassen en schone kleren aandoen.
En dan is het zover. Een overweldigend schouwspel met donder en bliksem en vuur uit de hemel is het, als God naderbij treedt om zijn belofte te bekrachtigen. Mozes hóeft niet eens meer te zeggen dat de Israëlieten een beetje uit de buurt van de berg Sinaï moeten blijven. Dat doen ze als vanzelf al. Indrukwekkend is het, angstaanjagend ook.

Later zullen ze zeggen: 'Mozes, dat was eens maar, alsjeblieft, nooit weer! Te heftig, deze ontmoeting. We benoemen jou tot bemiddelaar: sta voortaan tussen ons en deze geweldige God!'

Tien leefregels krijgen stem als God zijn voorwaarden stelt. Tien woorden zijn genoeg.
Ik ben de HEER, de God die jullie bevrijd heeft uit het slavenhuis dat Egypte voor jullie was geworden. Ik duld geen andere goden naast mij. Als jullie mij willen dienen, moeten jullie mij alleen als God hoog houden.
Beelden maken verbied ik en daarvoor knielen ook.
Ik eis dat jullie respectvol omgaan met mijn naam. Waag het niet die naam te gebruiken voor je eigen doeleinden. Dan maak je mij tot tegenstander!
Heb oor voor dat wat je ouders kunnen vertellen over mij. Luister daarnaar. Het zal je wijzer maken en je leren hoe je met mij mag omgaan.
De zevende dag van de week moeten jullie vrijhouden. Niet werken, maar vieren dat jullie dankzij mij geen slaven meer zijn.
Ik wil dat jullie elk ander mens het leven gunnen.
Ik wil dat jullie gaan voor de trouw die je bij je huwelijk aan elkaar beloofd hebt.
Ik wil dat jullie afblijven van dat wat anderen hebben.
Ik wil dat jullie andere mensen niet zwartmaken.
Ik wil dat jullie je niet ertoe laten verleiden om ook alles te willen hebben wat je buurman heeft.

Tien leefregels krijgen stem als God zijn voorwaarden stelt.

Ze blijken een samenleving goed te doen, deze leefregels. Een heel aantal van deze tien is in onze westerse wereld opgenomen in de landelijke wetgeving. Als erfenis van de vele eeuwen dat het Oude Testament gelezen is.
In de praktijk blijkt de haalbaarheid van alle tien erg tegen te vallen. Daar hoef je ook in de Bijbel niet lang op te wachten ...

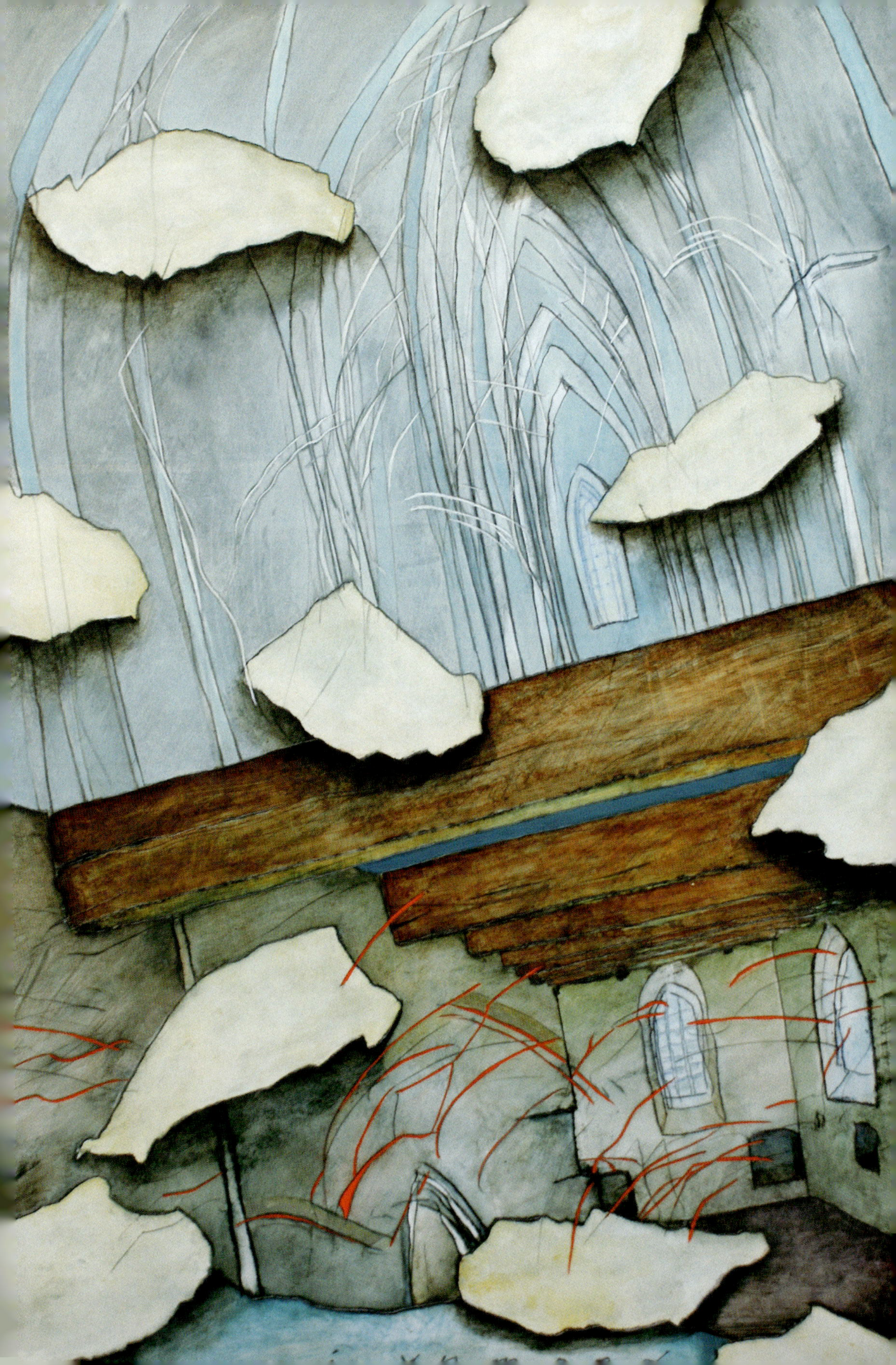

De Israëlieten zijn bevrijd van hun slavernij in Egypte. Aan de overkant van de Rietzee wacht hun de Sinaiwoestijn. Een dor en uitgestrekt land; geweldige rotsformaties, afgewisseld met zand, eindeloos veel zand.

7 De woestijntocht

Eindelijk een bron! Het nieuws verspreidt zich snel onder de voortsjokkende meute. Na drie dagen zeulen in de verzengende hitte, eindelijk water! Gisteren waren ze nog gaan slapen met de gedachte in deze woestijn te sterven van uitputting. Maar nu blijkt er toch water! Wie nog energie overheeft, rent erop af.
Maar wat valt dat tegen! Het is niet te drinken. Ze hadden het kunnen weten. 'Mara' wordt de bron genoemd en dat betekent: 'bitter'. Ondrinkbaar.
'We sterven van de dorst!' schreeuwen de Israëlieten tegen Mozes. 'Doe er wat aan! Jij bent onze leider.'
Het enige wat Mozes weet te doen is de HEER God vragen. God geeft hem een vreemd advies: 'Zie je dat stuk hout? Gooi het in de bron.'
Als Mozes het stuk hout in de bron gooit, wordt het water drinkbaar.

Exodus 15:22-27

Zo'n week of zes zijn ze nu onderweg. De HEER God trekt als een soort wolkkolom met hen mee. Heel de weg. Dat had hij immers beloofd.
Maar ondertussen raakt hun mondvoorraad op. En nergens ook maar iets in die woestijn wat ze eten kunnen. 'Mozes, als jij van plan bent ons hier van de honger te laten sterven, had je ons beter in Egypte kunnen laten! Daar waren de vleespotten tenminste gevuld en hadden we volop brood!'
Mozes begrijpt dat er wat moet gebeuren. Weer legt hij de nood aan de HEER voor. En de HEER zegt: 'Mozes, ik beloof je dat ik het zal regelen. Vanavond hebben jullie vlees en morgenvroeg brood op de plank. Ik zal laten zien dat ik de Israëlieten uit Egypte bevrijd heb en voor hen zal zorgen.'
Die avond worden de Israëlieten verrast door grote zwermen kwartels die in hun kamp neerstrijken. Een gemakkelijke buit om te pakken en lekker mals gevogelte om van te kluiven. De volgende ochtend ligt er in de hele wijde omtrek van het tentenkamp een laagje vreemd spul.
'Wat is dit nu?' zeggen de Israëlieten tegen elkaar. Ze snappen er niets van.
'Dit is manna, brood uit de hemel, dat God jullie te eten geeft', zegt Mozes. 'Dit brood zal er voortaan elke ochtend liggen. Gods bedoeling is dat jullie iedere morgen net zoveel van het spul verzamelen als genoeg is voor je hele gezin voor één dag.'
Sommigen vertrouwen niet dat het manna er de volgende ochtend weer zal zijn en ze graaien veel meer bij elkaar dan hun gezin voor één dag nodig heeft. Als een voorraadje voor de zekerheid. Maar dat voorraadje bederft in de loop van de nacht. Het wemelt de volgende morgen van de wormen en het stinkt een uur in de wind. Mozes

Exodus 16:1-3 en Numeri 11:4-32

De Heer trekt als een soort wolkkolom met hen mee

MASSA MERIBA

wordt boos, als hij daarachter komt. 'Verzamel genoeg voor één dag – heeft de HEER gezegd, of niet soms? Deze stank wil ik niet nog eens ruiken!'
De Israëlieten leren zo te vertrouwen op God. Hij zorgt voor hen, van dag tot dag. Het manna lijkt op korianderzaad, maar dan wit. En het smaakt als honingkoek, net zo lekker!

Elke dag verzamelen ze wat ze nodig hebben. Met uitzondering van vrijdag. Dan ligt er dubbel zoveel en moeten ze voor twee dagen verzamelen, want de zevende dag van de week, zaterdag, is de sabbat, de rustdag voor de HEER.
Het manna, met zijn zoete smaak, is heerlijk. Met de dagenlange honger nog vers in het geheugen is het nog verrukkelijker. Maar dag in dag uit, maand in maand uit, jaar in jaar uit steeds maar weer dit manna eten en nooit eens iets anders …

'Mozes, dat manna komt ons onderhand de neus uit!
Elke dag precies hetzelfde. Uitermate eentonig. Kijk, vroeger in Egypte hadden we vlees en dan weer vis, en dat konden we klaarmaken met ui en knoflook, met kommersalade en meloen …'
Het gemor zwelt aan, de onvrede neemt met de dag toe. Crisis wordt het. God wordt kwaad op de Israëlieten en Mozes kwaad op God.
'Is dit zooitje ongeregeld soms míjn verantwoordelijkheid?' tiert Mozes, als de gemoederen hoog oplopen. 'Het is úw pakkie-an! U moet zich er maar mee zien te redden. Ze zeuren mij de oren van het hoofd om iets anders te eten te krijgen dan dat manna. Maar waar moet ik iets anders vandaan halen in deze woestijn? Ik heb het gehad, HEER, met dit volk van u. Het is me te veel. Laat me maar gewoon doodgaan; ik heb allang de leeftijd … Ben ik meteen van al deze ellende af.'

Het is alsof God ervan schrikt.
'Mozes, schakel versterking in. Jij hebt te veel lasten op je schouders.'
God belooft de Israëlieten vlees te geven. Niet zomaar een beetje: 'Vlees zúllen jullie te eten krijgen! Niet één dag. Niet twee dagen. Niet tien, niet twintig, maar een hele maand lang! Dan zal dat vléés jullie vast weer de neus uit komen!'
'HEER, zeshonderdduizend mensen tel ik in ons kamp en u gaat al die mensen vlees te eten geven midden in deze woestijn?'

De vogels van de hemel worden bevolen door de Heer van hemel en aarde. Zij komen weer in grote zwermen aanvliegen. Ze vallen neer in het kamp en in de wijde omtrek van het kamp. Te veel om meteen op te eten. Het vlees wordt gedroogd om te kunnen worden bewaard.

De tocht door de woestijn lijkt een aaneenschakeling van tegenslagen en uitreddingen. Eén van de grote crises is de dans rond het gouden kalf.

Het volk Israël heeft het kamp opgeslagen in de woestijn, aan de voet van de berg Sinai. Mozes is op de berg, in gesprek met God, buiten het zicht van het volk. De HEER God geeft Mozes allerlei aanwijzingen hoe hij door de Israëlieten gediend wil worden. Dat gesprek duurt maar en duurt maar. Veertig dagen en veertig nachten. Het volk wordt ongeduldig. Waar blijft die man! Dan gaan ze met elkaar over tot actie.

8 Het gouden kalf

Exodus 32:1-29

'Aäron, je broer Mozes heeft ons in de steek gelaten! Wij kunnen hier toch niet eindeloos op hem blijven wachten? Misschien komt hij nooit meer terug en heeft hij het leven gelaten, daar op die berghellingen ...'
In die onrustige periode smeden ze een plan dat ze Aäron voorleggen: 'Jij moet voor ons een god maken, die ons verder kan leiden.'
Aäron snapt het meteen. 'Verzamel al jullie gouden ringen en geef die aan mij.'
Iedereen doet mee. Van al dat goud giet Aäron een beeld dat de vorm heeft van een stierkalf. Het volk is helemaal enthousiast. 'Israël', roepen ze elkaar toe als ze dat gouden kalf zien, 'dit is de god die jullie uit Egypte bevrijd heeft!' Aäron ziet dat het volk in de ban is van het beest. Hij bouwt een altaar en kondigt voor de volgende dag een groots feest aan, ter ere van dat kalf. En feest wordt het, uitbundig!

De HEER ziet het feestgewoel aan de voet van de berg. Woedend is hij. Hij zegt tegen Mozes: 'Daal af, want het volk dat jij hebt uitgeleid uit Egypte gaat nu al helemaal de fout in! Ze hebben nota bene een gouden kalf gemaakt en roepen verrukt tegen elkaar dat dit hun god is en dat dit stomme beest hen uit Egypte heeft bevrijd. Wat een schaamteloze vertoning! Het is over en uit tussen mij en dit volk. Weet je wat, Mozes? Ik maak er een einde aan en begin opnieuw. Alleen met jou.'
Mozes protesteert. 'HEER, wat zullen ze er in Egypte wel niet van zeggen, als u alle Israëlieten nu hier in de woestijn wegvaagt? U zult over de tong gaan als de aanfluiting van de eeuw! De God van Israël? 'n Mooie God is dat! Die bevrijdt zijn volk om het in de woestijn een massagraf te bereiden. Nee, HEER, dat kunt u niet maken! En denk aan uw belofte, die u hebt gegeven aan Abraham en Isaak en Israël. U hebt hun toch gezworen dat hun nakomelingen de sterren aan de hemel in aantal zouden overtreffen? Zou u die belofte niet nakomen?'

Het protest van Mozes raakt God in het hart. Hij keert op zijn schreden terug en laat het plan varen. Mozes heeft gelijk. Met dit volk zal hij toch verdergaan. Op voorspraak van Mozes.

Mozes gaat de berg af met een bang voorgevoel over wat hij in de vlakte zal aantreffen. In zijn handen heeft hij stenen platen die God zelf beschreven heeft. Het zijn de basisregels van het bondgenootschap tussen de HEER en het volk Israël. Zo kostbaar als wat, die platen. Onvervangbaar.
Vanuit de diepte stijgt het rumoer van het volk op. Geen krijgsrumoer, maar feestgedruis. Mozes weet niet wat hem overkomt, als hij het tentenkamp in zicht krijgt. Het volk is uitzinnig. Iedereen danst en springt en zingt rondom dat gouden kalf.
Bij die aanblik raakt Mozes buiten zichzelf van woede. Hij smijt de twee stenen platen op de grond en stampt ze aan gruzelementen. Dit volk verdient dat kostbare geschenk niet! Hij grijpt het gouden kalf, steekt het in de fik en verpulvert wat er overblijft tot stof. Dat goudstof gaat in het drinkwater, iedereen moet ervan drinken. Het kalf, dat eventjes voor een god is aangezien, wat blijft ervan over?

Met zijn broer Aäron heeft Mozes een stevig appeltje te schillen.
'Hoe heb je dit kunnen doen?'
Aäron voert aan dat hij alleen maar geluisterd heeft naar de wensen van het volk. 'Zíj riepen: "Maak voor ons een god, want Mozes heeft ons in de steek gelaten". Het was niet mijn idee, hún idee, dit kalf. En het werkte meteen, dat kalf. De stemming sloeg acuut om. Al het gemopper was verdwenen, alle onzekerheid was van de lucht, het werd één en al feest. Uitermate goed voor het moreel!'

De scène die dan volgt, is erg bloedig. Mozes laat de Israëlieten kiezen. Wie van hen vóór de HEER is moet zich rondom Mozes verzamelen. Slechts een fractie van het volk maakt die keuze. De rest lijkt te zeer lamgeslagen om bewust te kiezen. Degenen die wel gekozen hebben krijgen de opdracht met hun zwaard op de rest los te slaan. Dat kost die dag drieduizend mensen het leven. Exodus 32:30-33:7
Zulke bloedige gebeurtenissen tref je vaker in de Bijbel aan. Dat zijn niet de eenvoudigste gedeelten, helemaal niet voor eenentwintigste-eeuwse christenen die het Oude Testament lezen en ook aan die verhalen een plek willen geven in hun verstaan van de HEER God (trouwens, ook voor christenen in vroeger eeuwen is dat moeilijk geweest).

Na het bloedbad zoekt Mozes de HEER weer op. Hij heeft de overgebleven Israëlieten nog eens ingepeperd hoezeer ze de fout in waren gegaan. Maar hij zou voor hen gaan pleiten bij de HEER God. 'HEER, het was vreselijk fout wat het volk gedaan heeft met dat gouden kalf, maar alstublieft, vergeef het hun! En als dat niet tot de mogelijkheden behoort, schrap míj dan uit uw plannen!'

'HEER, het was vreselijk fout...'

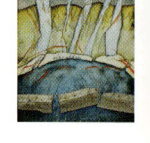

Dat pleidooi zet God klem. Weer besluit hij gehoor te geven aan dat wat Mozes inbrengt.
Maar het is allesbehalve koek en ei. Want God zegt: 'Trek nu met het volk verder, Mozes. Ik zal weer een engel met jullie mee sturen, maar ikzelf doe niet meer mee aan dit avontuur. Dat zou voor het volk veel te gevaarlijk zijn. Deze ramp was meer dan

februar

genoeg. De volgende keer overleeft niemand het. En die volgende keer komt er zeker als ikzelf met jullie meega, want dit volk is één grote ramp voor een God als ik ben!' Die boodschap brengt Mozes over aan het volk. Het volk rouwt om dit bericht.

Uiteindelijk trekken ze verder, de Israëlieten. Mozes bouwt een prachtige grote tent, die bij elke pleisterplaats wordt neergezet, buiten het kamp. Hij noemt het de 'ontmoetingstent'. Iedereen die de HEER zoekt is in de tent welkom. Vooral Mozes zelf is er kind aan huis. Hij voert er vrijwel dagelijks vertrouwelijke gesprekken met God. Ze spreken met elkaar als waren zij vrienden. En dat zijn ze eigenlijk ook. Door dik en dun.

In de tent staat ook de 'ark van het verbond'. Dat is een houten kist, prachtig met goud overtrokken. Boven op het deksel bevinden zich twee grote engelen, cherubs, ook van goud. Van tussen die twee gestalten spreekt de HEER met Mozes. In de kist wordt een aantal kleinoden bewaard, onder andere de nieuwe platen met Gods geboden.

Een houten kist, prachtig met goud overtrokken

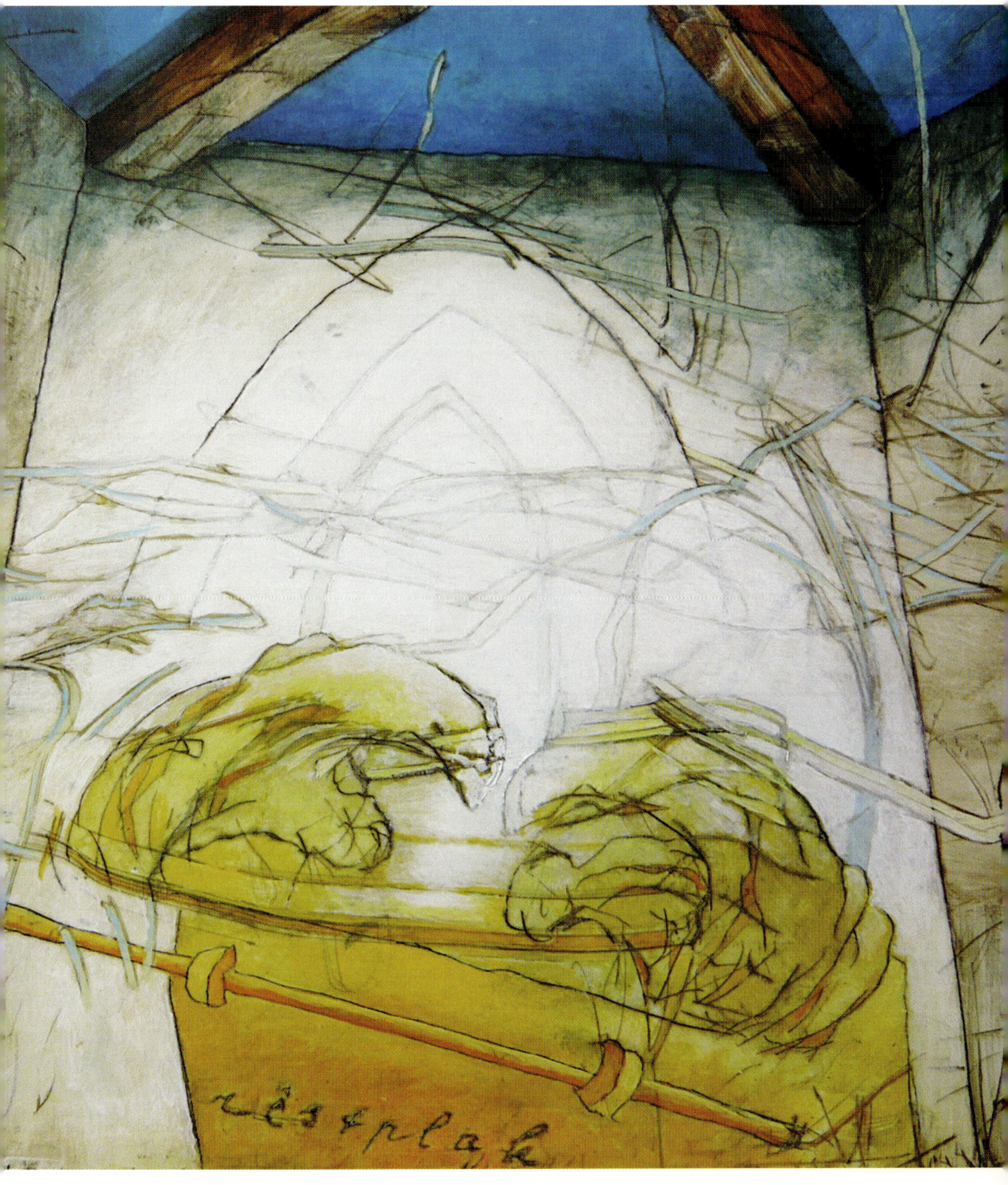

In onze taal kennen we het woord 'zondebok'. Het wordt gebruikt voor iemand die door anderen de schuld krijgt toegeschoven. Het is beeldspraak, die ontleend is aan de Bijbel. Om precies te zijn aan het ritueel op Grote Verzoendag.

9 Grote Verzoendag

Een dag van tevoren controleert Aäron of alles er klaar voor is. Liggen al zijn gewijde kleren schoon en gestreken op hun plaats? Zijn linnen tuniek, de linnen broek, de linnen gordel en zijn linnen tulband. Samen het volle ornaat van de hogepriester op het hoge feest van morgen. Hebben de Israëlieten de juiste dieren aangeleverd? Twee bokken en een ram. Staan zijn eigen dieren klaar? Een jonge stier en een ram.
Als dat alles in orde is bevonden, blijft voor Aäron ter voorbereiding nog over dat hij grondig moet baden. Misschien dat hij ook nog eens het 'draaiboek' voor het hele ritueel dat hem wacht, doorneemt. Want het is maar eenmaal per jaar 'Grote Verzoendag' en het ritueel is ingewikkeld.

Leviticus 16:1-18

Die dag was ingesteld door de HEER na een drama waarbij twee zonen van Aäron waren gestorven. Zij hadden zich toen als priesters gebrand aan de heiligheid van God. 'Hoe dichter je bij mij in de buurt komt', had de HEER al eerder gezegd, 'hoe meer je zult ervaren dat ik heilig ben'. De twee waren in Gods directe nabijheid geheel op eigen initiatief te werk gegaan en hadden daar verkeerd aan gedaan. Om alle volgende priesters en hogepriesters te beschermen, is dit ritueel ingevoerd. Ook priesters en hogepriesters mogen voortaan niet zomaar Gods directe nabijheid binnenwandelen. Uit veiligheidsoverwegingen.

Nadat hij zich grondig heeft gewassen, trekt Aäron zijn gewijde tenue aan. Hij weet wat hem te doen staat. Eerst offert hij de jonge stier en de ram aan de HEER voor zichzelf en zijn familie, omdat geen mens perfect is tegenover Gods heiligheid. Hoezeer je ook je best doet en je van geen kwaad bewust bent, perfectie in Gods ogen kan niemand bereiken. Die stier en die ram zijn er om dat ook als hogepriester te erkennen en te verzoenen.

Dan neemt Aäron de twee bokken van de Israëlieten in ontvangst. De ene zal worden geofferd aan de HEER, de andere zal daarna de woestijn worden ingejaagd. Aäron werpt het lot. De bok die voor de HEER bestemd is, wordt geofferd. Om verzoening te doen voor alle Israëlieten die hun best hebben gedaan, die zich van geen kwaad bewust waren en het er toch niet perfect van afgebracht hebben.
Op deze ene dag in het jaar treedt Aäron met het bloed van deze bok en met dat van zijn eigen offerstier Gods directe nabijheid binnen. Hij brengt beide in het allerheiligste deel van het heiligdom. Daar mag Aäron zelf anders ook niet komen, behalve op deze gedenkwaardige dag. Hij sprenkelt druppels bloed op het deksel van de ark, het symbool van

De ark, het symbool van Gods aanwezigheid

Sterke verhalen

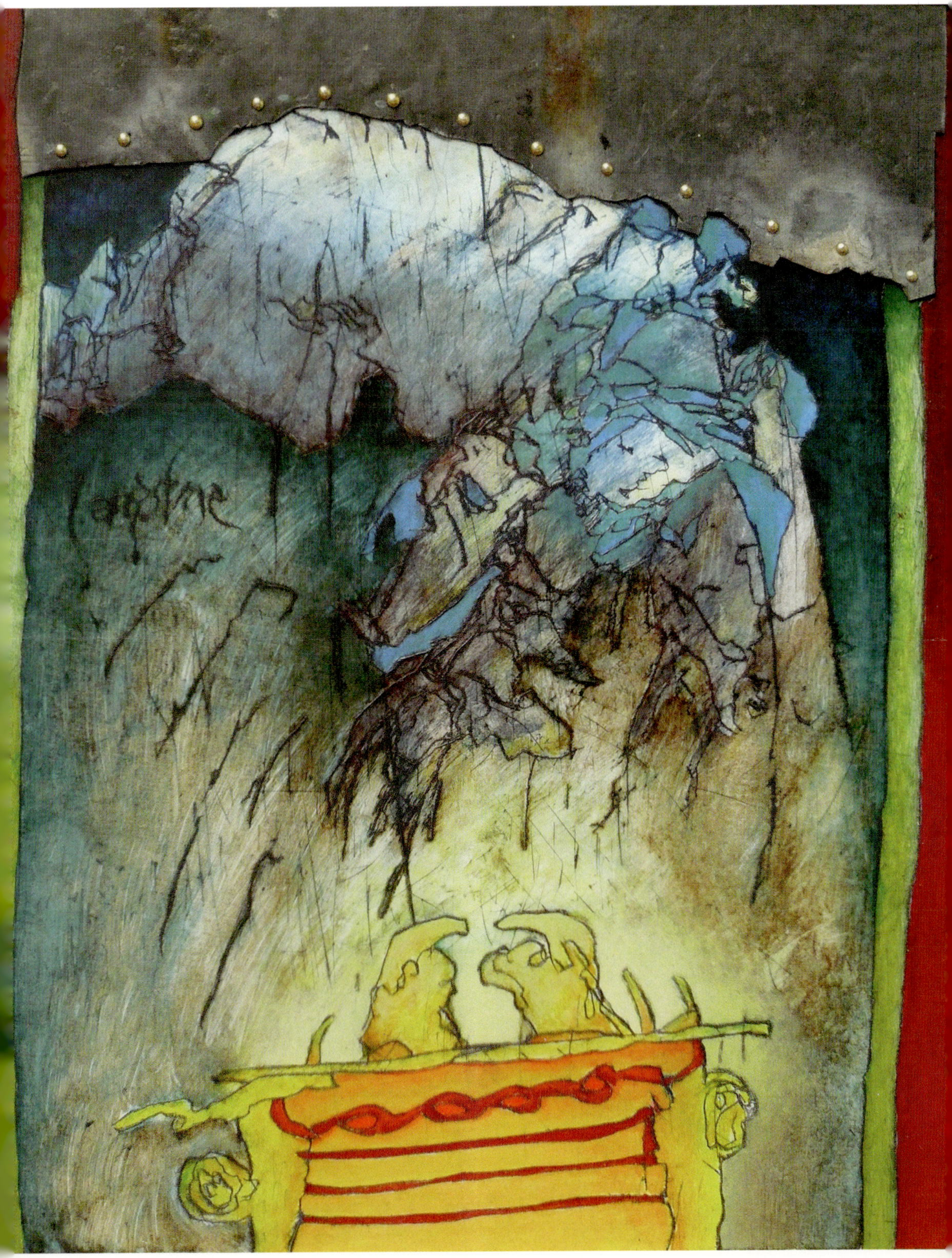

Gods aanwezigheid, en op de grond ervoor. Eerst het bloed van het ene dier, dan het bloed van het andere dier.

Als hij dat allerheiligste weer uitgaat, bestrijkt hij met datzelfde bloed een aantal voorwerpen die deel uitmaken van de offerdienst aan de HEER, want ook de offerdienst aan de HEER is niet perfect en heeft verzoening nodig.

Dan gaat Aäron naar de bok die voor de woestijn bestemd is, de 'zondebok'. Het beest heeft geen kwaad gedaan tegenover God de HEER. Aäron legt zijn handen op de kop van het dier en spreekt hardop alles uit waar de Israëlieten de fout mee in gegaan zijn. Die schuld komt daarmee op het hoofd van deze bok terecht. Weg ermee. Die schuld gaat met de bok de woestijn in. Die zie je dus echt nooit meer terug.

En dat was precies Gods bedoeling met dit rituleel. Niet alleen om alle Israëlieten er elk jaar mee te confronteren dat niemand van hen perfect is, maar ook om te verbeelden dat de zonden daarmee wat God betreft verzoend zijn, weggedaan.

Deze 'Grote Verzoendag' wordt tot op vandaag door heel veel joodse mensen gevierd. Op een andere manier, omdat er geen heiligdom meer is om de voorgeschreven offers te kunnen brengen. Maar niet minder ernstig.

In het Nieuwe Testament worden offerrituelen als deze in verband gebracht met Jezus en zijn dood aan het kruis (zie bijv. hoofdstuk 9 van het Nieuwe Testament in deze bundel).

Mozes heeft het volk Israël vanuit Egypte door de woestijn tot aan de grens van het beloofde land geleid. Daar is hij gestorven; Jozua is hem opgevolgd. Veertig jaar heeft de zwerftocht door de woestijn geduurd. Nu breekt het moment aan waarop ze het land zullen binnentrekken dat de HEER God aan de nakomelingen van Abraham had beloofd: Kanaän.
Het gebied wordt bewoond door allerlei volksstammen. Om de situatie in ogenschouw te nemen, stuurt Jozua verkenners op pad.

10 Jozua

Jozua 2

'Kunnen we hier vannacht slapen?' vragen twee vreemde mannen aan Rachab. Geen probleem, ze krijgt wel vaker voorbijgangers over de vloer, want ze verdient haar brood als hoer, op de wallen van Jericho. Ze woont mooi, daar op de stadsmuur. 'Willen jullie er nog iets extra's bij?' vraagt ze de nieuwkomers. 'Nee? Morgenochtend vroeg weg? Ook goed.'
Ze wijst hen de slaapplaatsen.

De geheime dienst van de koning van Jericho heeft het snel in de gaten. Hij stuurt een gewapende eenheid naar het huis van Rachab. 'Lever die lui uit, want het zijn geen toeristen, maar spionnen. Ze vormen een bedreiging.'
Het gerucht over de oprukkende Israëlieten is hun vooruitgesneld.

'Maar heren', antwoordt Rachab de manschappen aan de deur, 'die twee zijn alweer vertrokken. Het is een komen en gaan in mijn huis. Maar als u snel bent, kunt u hen vast nog te pakken krijgen.'
In een oogwenk verdwijnen ze in de richting die Rachab hen wijst.

De twee mannen liggen op het platte dak te slapen. Ze sluipt naar hen toe en brengt hen op de hoogte van dat bevel tot uitlevering. 'Ik heb ze om de tuin geleid, omdat ik weet dat de HEER dit land aan jullie heeft gegeven. Ik ken de geruchten die daarover de ronde doen. Om bang van te worden! Dat vindt echt iedereen. De HEER heeft jullie dwars door de Rietzee laten gaan, weg uit dat machtige Egypte. We hebben gehoord van de overwinningen die jullie op je naam gezet hebben. Je moet wel weten wat je doet als je tegen jullie in gaat! De moed is ons allemaal in de schoenen gezonken, want jullie God is machtig in de hemel én op de aarde! Daarom heb ik mijn mond gehouden, toen ze naar jullie kwamen vragen. En dat zal ik blijven doen als jullie beloven mij en mijn hele familie te sparen wanneer jullie Jericho innemen.'

Dat beloven de twee mannen. Via een touw laat ze hen afdalen. Zo komen ze weer veilig buiten de stadsmuur terecht. 'Laat dit rode touw hier hangen, als een teken dat alle mensen in dit huis veilig zullen zijn', zeggen de mannen. Dan maken ze zich uit de voeten. Rachab laat het touw uit het raam hangen.

Jericho is de eerste stad waar de Israëlieten na hun woestijntocht mee te maken krijgen. Is dit nu het beloofde land? De stad oogt als een onneembare vesting. Hoe zullen ze die ooit veroveren?
Op weg naar Jericho heeft Jozua een wonderlijke ontmoeting. Plotseling staat er iemand vóór hem die zegt bij God vandaan te komen.
'Dit is de boodschap van de HEER: Jericho geef ik in jouw macht. Zó moet je het aanpakken: zes dagen lang moet je elke dag met je hele leger een keer om de stad heen trekken, met voorop de ark en zeven priesters die zeven ramshoorns dragen. De zevende dag moeten jullie zevenmaal om de stad heen trekken en moeten de zeven priesters op hun ramshoorn blazen. En bij dat geluid moet het hele volk gaan juichen, zo hard als het kan. De stadsmuur zal instorten. Zo zul je de vesting innemen.'

Jozua 5:13-6:2

Het is een vreemd plan van aanpak, maar Jozua doet wat hem is opgedragen. Zes dagen lang trekken ze een keer om de stad heen, met voorop de ark en die zeven priesters met hun zeven ramshoorns. De zevende dag beginnen ze al bij het ochtendgloren; zevenmaal om de stad heen. De zevende keer barst op bevel van Jozua het gejuich van heel het volk Israël in alle hevigheid los. Een overweldigend kabaal. De stadsmuur valt in duigen.

Eén huis blijft tussen de puinhopen overeind. Er hangt een rood touw uit het raam. Rachabs huis is vol gasten. Geen vreemde mannen, maar allemaal familieleden die ze heeft uitgenodigd, in de hoop samen het onheil te doorstaan. Haar vader, moeder, broers en zussen, iedereen die bij haar hoort.
De belofte die ze heeft gekregen wordt ingelost. Rachab overleeft de verwoesting van de stad. Samen met haar familie.

Rachab, de hoer uit Jericho, wordt opgenomen in het volk Israël. In het Nieuwe Testament komen we haar tegen als één van de vier bij name genoemde moeders in de stamboom van Jezus.
Het beloofde land, Kanaän, wordt volgens het bijbelboek Jozua door Israël in bezit genomen. In het volgende boek, Rechters, blijkt dat betrekkelijk: er leven in Kanaän nog steeds vele andere volksstammen die het de Israëlieten zwaar te verduren geven.
Hoe dan ook: de taak van Jozua zit erop. Op gepaste wijze neemt hij afscheid.

'Ik ben oud geworden en ik heb niet lang meer te leven', zegt Jozua tegen de verzamelde menigte. Voor deze gelegenheid zijn alle kopstukken van het volk Israël bij elkaar gebracht. Ernstig spreekt Jozua hen toe. Over het verleden en de toekomst.
Achter hen lag alles wat de HEER God tot dan toe voor hen had gedaan. Vóór hen ligt het leven naar de geboden van God.

Jozua 23

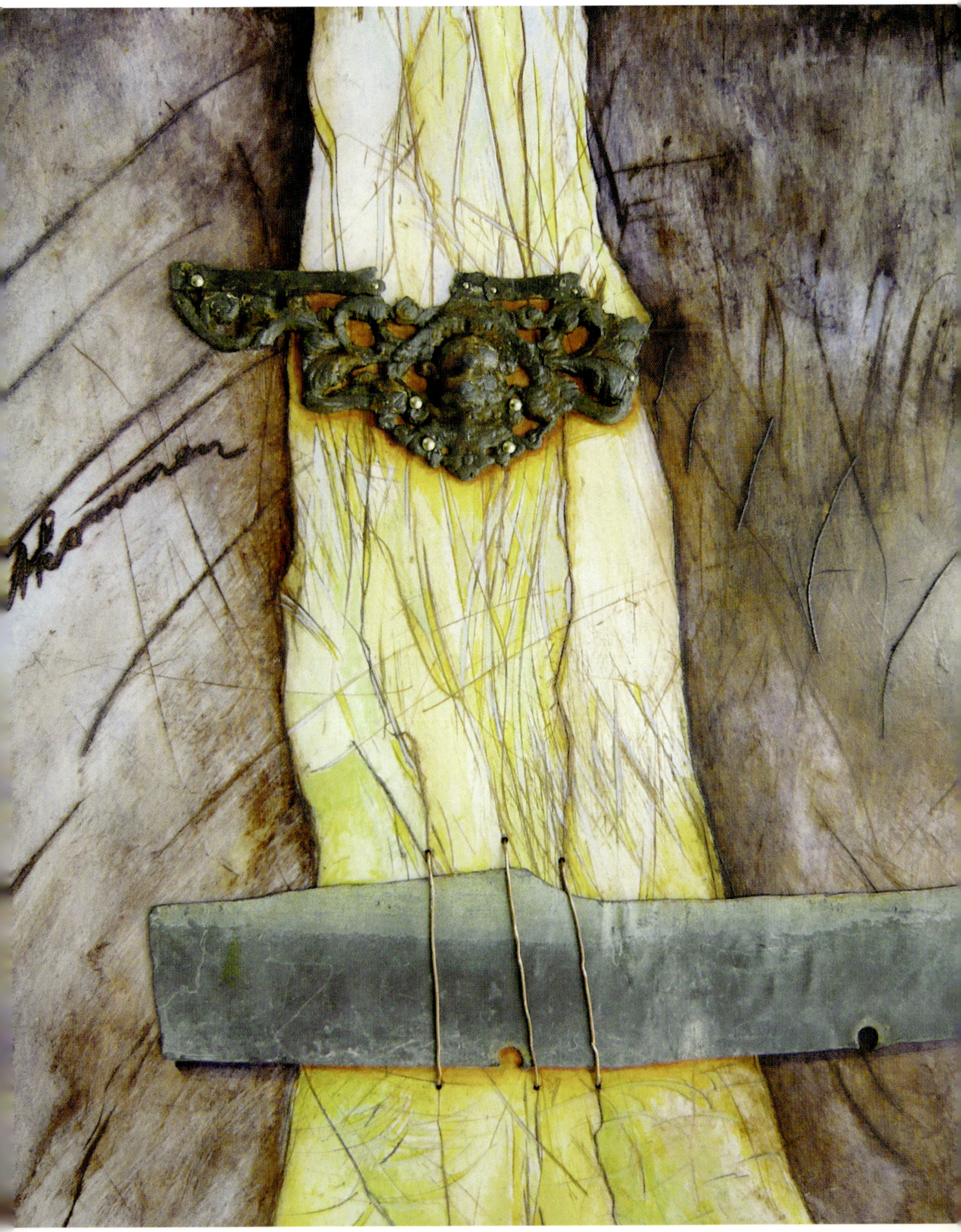

'De HEER God heeft alles gedaan wat hij u had beloofd. Niet één belofte heeft hij gebroken. Wat zal uw keuze zijn? De HEER God dienen en voortaan zijn geboden naleven?'

De verzamelde leiders van het volk antwoorden: 'Onze keuze is de HEER God te dienen en voortaan zijn geboden na te leven'.
Maar Jozua aarzelt. 'Weten jullie echt waar je aan begint? Deze God is een heilige God. Jullie zullen niet in staat zijn om deze God naar behoren te dienen. Als jullie de fout ingaan, zullen jullie dat ervaren en niet zo'n klein beetje ook. Beseffen jullie wel wat jullie zeggen?!'
Daarop herhalen alle aanwezigen: 'De HEER, onze God, zullen we dienen en gehoorzamen. Zeker weten!'

Dat antwoord moeten ze dan van Jozua nóg een keer herhalen. Pas daarna durft hij het aan om het bondgenootschap tussen de HEER en Israël met een ritueel te vernieuwen.
Dat de aarzeling van Jozua niet uit de lucht gegrepen was, zal de toekomst uitwijzen ...

Na de woestijnreis waren de Israëlieten het land Kanaän binnengetrokken. Die eerste periode, nog vóórdat er koningen waren, was geen gemakkelijke tijd. Zonder centraal gezag viel het niet mee om dicht bij God en zijn woorden te blijven. De buurvolken hebben zo hun eigen goden, Baäl voorop. Deze zichtbare goden hebben voor de Israëlieten de nodige aantrekkingskracht. Om de haverklap gaat Israël de mist in, andere goden achterna. En om de haverklap raken ze, als gevolg daarvan, in de macht van een buurvolk. Zo ook in de tijd van Gideon.

11 Gideon

Rechters 6:1-32

'De HEER is met je, dappere held!'
Gideon is niet onder de indruk van deze begroeting. Meteen barst hij los: 'Is de HEER met ons? Waarom overkomt ons dan deze ellende? Waarom laat hij ons dan in de steek? De HEER? Waar blijft hij met zijn wonderen, waar onze voorouders over vertelden, hoe hij hen uit Egypte heeft gered? Waarom helpt hij ons nu niet uit deze ellende?'
En ellende is het in Israël. Inderdaad. Al jarenlang. De Midjanieten spelen de baas. En als een van hun bendes over je land trekt, is het alsof er een grote, dichte zwerm sprinkhanen langskomt die alles kaal vreet. Niets wat Israël toebehoort, is veilig voor deze bendes. Daarom zijn de Israëlieten 'ondergronds' gegaan. Ze doen allerlei werk in het geheim. Stiekem tarwe uitkloppen in een wijnpers bijvoorbeeld. Daar is Gideon mee bezig als de engel van de HEER hem als held begroet.
De engel is niet gekomen om Gideons waaromvragen te beantwoorden. Hij heeft een opdracht van God. De tijd is gekomen: God zal Israël bevrijden en Gideon is daarvoor uitgekozen.
'Dit is je opdracht', zegt de engel. 'Bevrijd Israël uit de greep van Midjan!'
'Ikke?' stamelt Gideon. 'Nee Heer … ik tel niet mee … eh … ik kom nog maar net kijken … Voor zo'n opdracht kunt u beter iemand anders zoeken … van een betere familie. Een wat ouder iemand ook … nee … ik …'
Maar Gideon kan er niet onderuit. God heeft hem uitgekozen om deze taak te volbrengen. Hij wordt geroepen, ook al knikken zijn knieën.
Gideons opdracht blijkt dicht bij huis te beginnen. Want zijn vader heeft een altaar voor Baäl met een bijbehorende paal op zijn erf staan. Dat altaar moet overhoop en de paal aan stukken.
Oef! Trotseer je vader maar eens; daar is moed voor nodig. Gideon waagt het, maar wel onder de sluier van de nacht. Hij gooit het altaar overhoop en hakt de paal aan stukken.

Vader Joas is de volgende morgen witheet: 'Degene die dit gedaan heeft, gaat eraan!' En de hele stad is het met hem eens: 'Dít is schandalig! Heiligschennis!'
Maar als daarna blijkt dat zijn eigen zoon Gideon de dader is, komt Joas tot bezinning. De stad wil bloed zien. Maar Joas zegt, heel diplomatiek: 'Als Baäl iets voorstelt als god, kan hij vast wel voor zichzelf opkomen, toch?'

De eerste slag is een thuiswedstrijd. Maar nu gaat het erom spannen. Grote bendes staan klaar voor de strijd. Een veldslag is onvermijdelijk. Gideon kent zijn opdracht, maar is toch nog onzeker. 'HEER, als ik het echt goed begrepen heb en u mij wilt gebruiken om Israël te bevrijden, geef mij dan dit teken: laat deze wollen vacht morgenochtend kletsnat zijn en de grond eromheen kurkdroog.' *Rechters 6:33-7:23*
En het is raar maar waar: de volgende ochtend is de vacht zwaar van het vocht. De grond eromheen is kurkdroog.
Ondanks die opzienbarende verhoring van zijn gebed vertrouwt Gideon zichzelf de opdracht van God nog steeds niet helemaal toe.
'HEER', zegt hij, 'alstublieft, word niet boos op me, maar geef me nog een keer zo'n bevestiging – en dan andersom.'
De volgende morgen is de vacht kurkdroog, de grond eromheen kletsnat.

Het is duidelijk: Gideon bereidt zich voor op de strijd. Hij ronselt in heel het land medestanders. Maar nu dient zich een ander probleem aan. 'Gideon, je hebt te veel mensen opgetrommeld', zegt de HEER. 'Voordat je ten strijde trekt, zul je je leger eerst flink moeten uitdunnen, opdat straks niemand kan zeggen dat jullie in eigen kracht toch maar mooi de overwinning op Midjan behaald hebben. Stuur om te beginnen iedereen die bang is maar naar huis.' Tweederde van Gideons troepen keert opgelucht huiswaarts.
De tienduizend (!) mannen die overblijven, vindt de HEER nog te veel. Veel te veel. 'Laat hen drinken aan de oever van de rivier. Wie het water met de hand naar de mond brengt, mag naar huis. Alleen degenen die slurpen als een hond, mogen mee in de strijd.'

Slechts een klein aantal van de tienduizend blijken te slurpen als een hond. Driehonderd man telt de 'Gideonsbende' na de selectie. Getalsmatig stellen ze niets voor, vergeleken met de overmacht van de tegenstander, maar moet je zien wat er gebeurt! In de nacht maken ze vlak bij het legerkamp van Midjan allemachtig veel kabaal door met z'n driehonderden gelijktijdig op een ramshoorn te blazen en hun kruiken stuk te slaan. Ondertussen schreeuwen ze: 'Voor de HEER en voor Gideon!' De Midjanieten schrikken op uit hun slaap en zijn in grote verwarring. Eerst gaan ze in het kamp elkaar te lijf en dan slaan ze massaal op de vlucht.
Exit Midjan.

Midjan is deze nederlaag niet meer te boven gekomen. Het land heeft zich moeten voegen onder het gezag van Israël. En met Gideon als rechter aan het bewind heeft het land veertig jaar in vrede geleefd.
Dat ook Gideon in die jaren tegenover God de fout inging, valt te lezen in het boek Rechters. Na zijn dood kon de vrede niet lang worden gehandhaafd. De Israëlieten bleven van tijd tot tijd onder de bekoring van andere goden, Baäl voorop.

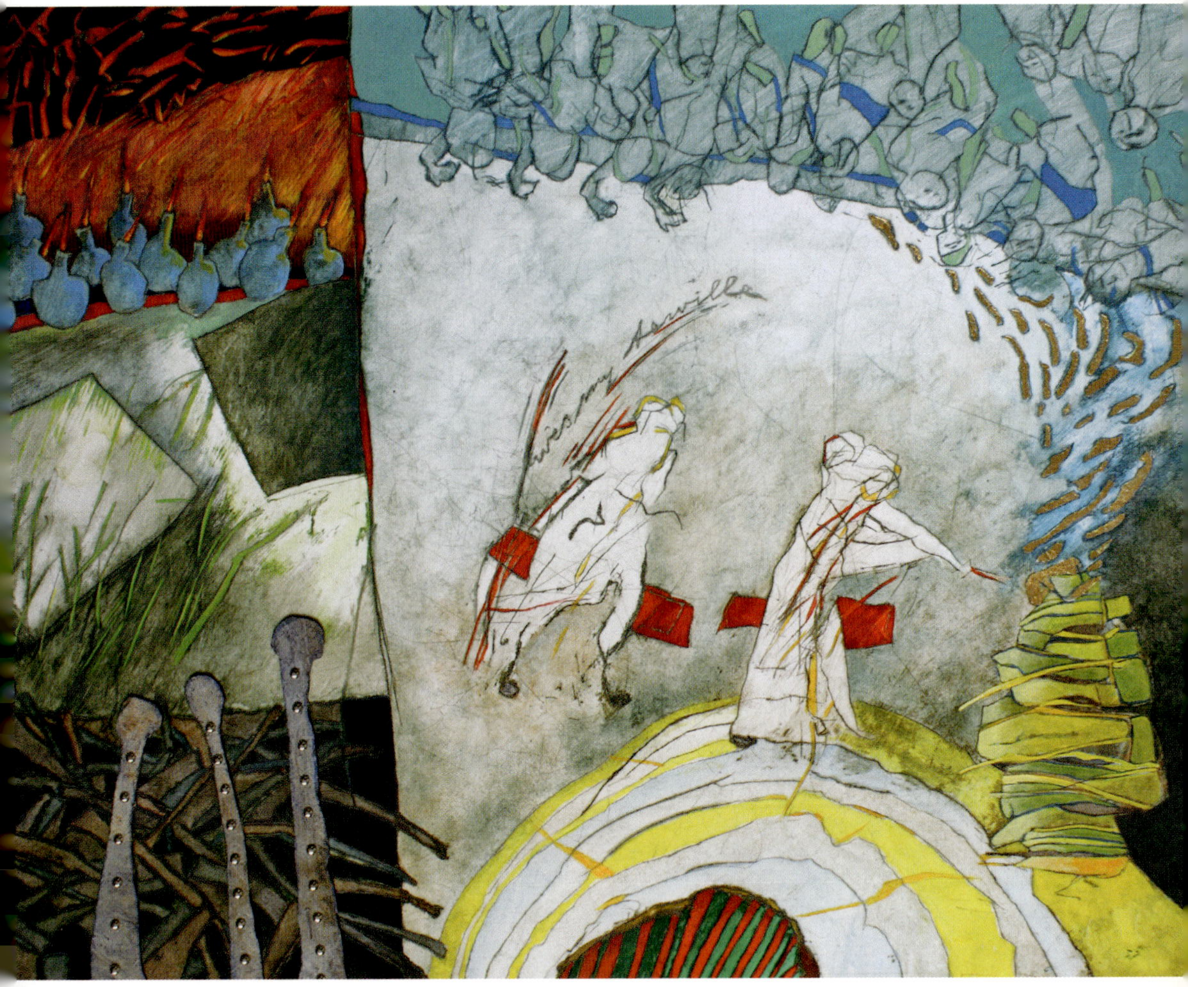

Simson staat in de Bijbel te boek als één van de Rechters. Hij is een ruig type, die het vooral van zijn immense spierkracht moet hebben. Een man met zwakheden ook. Vooral waar het vrouwen betreft. Maar God neemt hem in dienst.

Als Simson ten tonele verschijnt, is er veertig jaar Filistijnse overheersing. Een hele generatie weet niet beter of het is normaal dat Israëlieten leven onder het juk van de Filistijnse bezetting. Dan gebeurt er dit:

12 Simson

'Moet dat nou zo?' vragen de ouders van Simson aan hun zoon. Simson is gevallen op een Filistijnse vrouw en Filistijnen waren uitgesloten als huwelijkspartners voor de Israëlieten. Want God de HEER had al ten tijde van Jozua tegen de Israëlieten gezegd: 'Jullie moeten je vooral niet gaan vermengen met die andere volken die in Kanaän leven!' Toch wil Simson met deze Filistijnse schone trouwen.

Rechters 14

Simson is een man met een bijzondere roeping. Dat weten zijn ouders maar al te goed, want al bij zijn geboorte was het er heel bijzonder aan toe gegaan. Simson was niet alleen als een onverwacht geschenk toch nog geboren. Een vreemde ontmoeting ging daaraan vooraf. Een engel van de HEER was plotseling verschenen en had tegen Simsons moeder gezegd: 'Jij bent nu nog onvruchtbaar, maar je zult een zoon baren. Hij zal door God in dienst genomen worden om een begin te maken met de bevrijding van Israël uit de macht van de Filistijnen.'
En zullen ze dan nu deze zoon laten trouwen met uitgerekend een Filistijnse vrouw? Zijn ouders protesteren heftig, maar tevergeefs. Simson heeft zijn zinnen op deze vrouw gezet en hij zal haar krijgen ook.

Simson krijgt haar. Het wordt wel een raar bruiloftsfeest. Het begint met een schijnbaar onschuldige weddenschap met dertig jonge bruiloftsgasten van de kant van de bruid over een raadsel.
'Het is sterk en het verslindt altijd, nu biedt het een maal van zoetigheid ... Rara ...' (Wat die gasten niet weten is dat Simson even daarvoor een dode leeuw gevonden had met een zwerm bijen in de buik van het kadaver en ook een flinke portie honing.)
'Als jullie het raadsel in de loop van deze feestweek raden', zegt Simson, 'krijgen jullie van mij dertig stel kleren. Als jullie het niet raden, moeten jullie mij dertig stel kleren geven.'
Ze zwoegen drie dagen op dit raadsel, maar hebben nog steeds geen idee wat de oplossing is. Ten einde raad zeggen ze op de vierde dag tegen Simsons bruid: 'Jij moet

Simson overhalen om de oplossing te verklappen, anders steken we jullie huis in de fik met jou en je familie erin!' Ze zwicht.

'Je houdt niet van mij', teemt ze zodra ze Simson ziet, 'anders zou je toch geen geheimen voor me verbergen?' De hele week maakt ze hem onder tranen verwijten dat hij niet van haar houdt.
Uiteindelijk laat Simson zich vermurwen en onthult haar de oplossing van het raadsel. Ze speelt het geheim meteen door aan de jonge gasten die tijdens de slotavond van de feestweek met de nodige trots de oplossing presenteren: 'Wat zou er zoeter zijn dan honing en sterker dan een leeuw?'
Simson heeft meteen in de gaten dat hij door zijn vrouw verraden is. Hij zal zich houden aan de weddenschap. Maar om die dertig stel kleren te kunnen geven, verlaat hij de feestzaal. Dan doodt hij dertig Filistijnen, doet hun hun kleren uit, keert terug en geeft die kleren aan die dertig jonge gasten van de kant van zijn bruid. Maar hij is zo woedend op zijn vrouw dat hij daarna meteen teruggaat naar zijn ouderlijk huis.

Is dat nu het begin van die beloofde bevrijding? Is Simson nu degene die de Filistijnse bezetters zal weerstaan? Voorlopig lijkt hij de verhoudingen alleen maar nog meer op scherp te zetten.

Rechters 15

Die dertig doden worden Simson niet in dank afgenomen. Zo kun je de bezettende macht niet tarten! Simson wordt een aartsvijand van de Filistijnen. En dat zal hij weten ook!
Simsons volksgenoten worden er vreselijk onrustig van. Want de bezetter tarten, dat zou heel goed hun allemáál duur kunnen komen te staan. 'Hou je toch gedeisd, man! Of wil je ook ons allemaal dood hebben?'
Uit angst voor represailles nemen die volksgenoten Simson gevangen en leveren hem uit aan de Filistijnen. De Filistijnen zijn blij: daar is hun aartsvijand, gebonden en wel! Maar Simson houdt zich niet gedeisd. Hij breekt uit. Met onvoorstelbare kracht bevrijdt hij zich uit zijn boeien. En vervolgens komen door zijn hand maar liefst duizend Filistijnen om.
'Met een ezelskaak heb ik hun botten gekraakt. Met een ezelskaak heb ik er duizend geraakt', roept hij uit. En hij dankt de HEER zijn God voor die geweldige overwinning.

Begint de bevrijding van Israël uit de macht van de Filistijnen nu dan toch echt? Maar Israël wil er hoe dan ook niet van weten. Veel te onveilig om zich te roeren.
Simson blijkt bij herhaling op verkeerde vrouwen te vallen. Na die eerste valt hij op een hoer in Gaza. Dat veroorzaakt een hele toestand. Daarna valt hij voor Delila. En dan gaat Simson echt voor de bijl. Want Delila wordt ingehuurd door de Filistijnse geheime dienst om het geheim van Simsons bovenmenselijke kracht aan hem te ontfutselen (het verhaal wordt prachtig verteld in Rechters hoofdstuk 16). Na wat mislukte pogingen met leugens over en weer lukt het haar uiteindelijk. Simson is dan een weerloze prooi voor de Filistijnen die hem in de boeien slaan.
Wordt dat het einde van Simson?

Simson is een weerloze prooi.

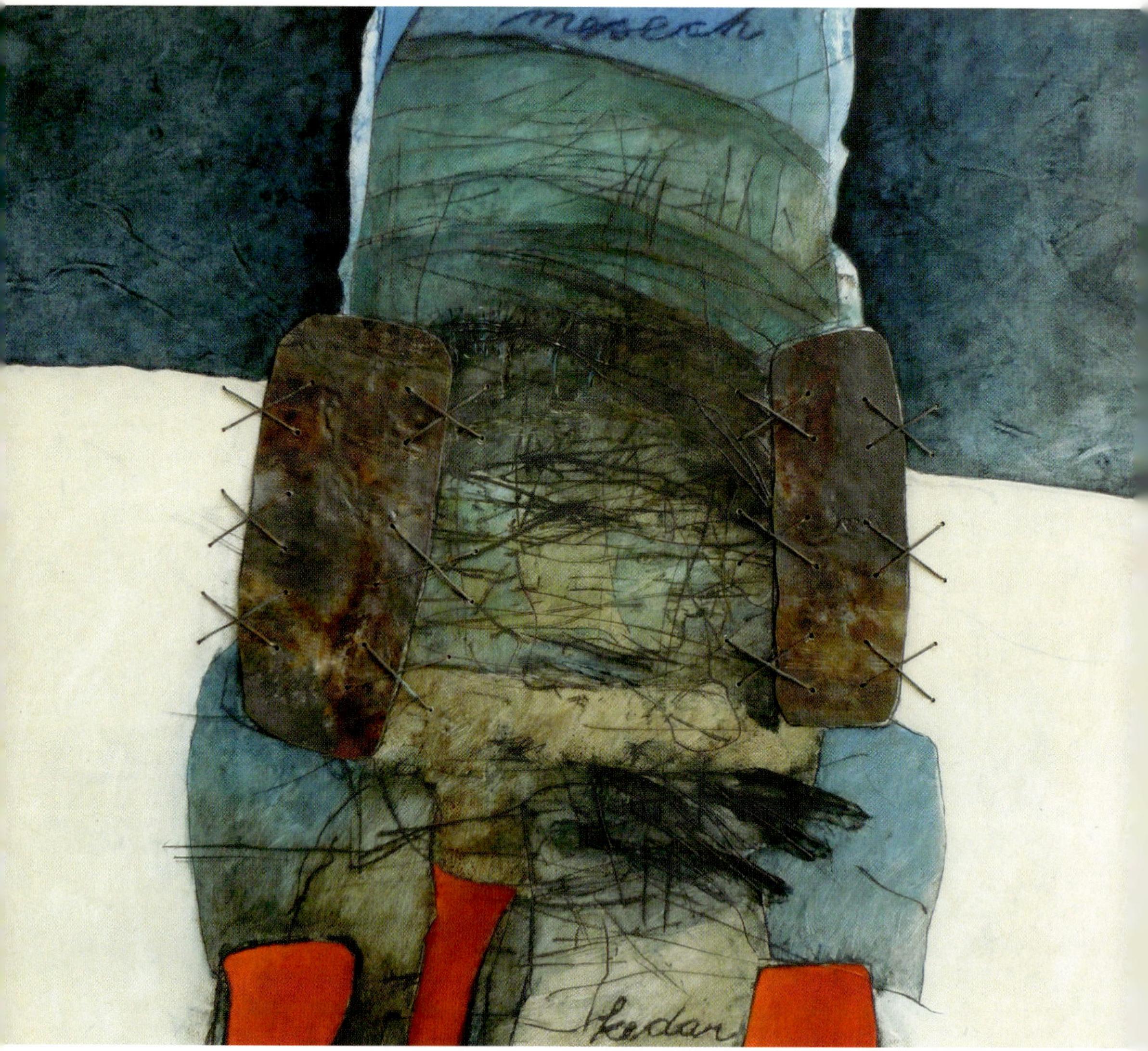

Rechters 16:23-31

Simson belandt in de gevangenis. Blind. Zijn ogen zijn uitgestoken. In die gevangenis wordt hij gedwongen om als een ezel een rad rond te draaien. Om meel te malen.

De Filistijnen vieren een groots volksfeest: 'Onze god heeft onze aartsvijand in onze macht gegeven!' Ze zingen luidkeels lofliederen voor hun god Dagon: 'Geloofd zij onze god, want hij levert onze vijand aan ons uit, de man die ons land verwoestte, onze vijand, die zovelen van ons heeft gedood!'

De stemming komt er goed in. Eén en al gejuich en gejubel. Dit is féést! Dan heeft iemand een idee om er nog méér feest van te maken: 'Hé, laten we Simson erbij halen, dan kunnen we lachen!' Briljant idee! Wat een attractie, om die gevreesde vijand als een blinde ezel aan het volk te tonen! 'Haha, zijn we dáár nou bang voor geweest?'

In de gevangenis heeft Simson het schallen van die liederen gehoord. Dan wordt hij naar buiten geleid om ergens op een verhoging tentoongesteld te worden, zodat zo veel mogelijk mensen hem zullen kunnen zien. Ter verhoging van hun feestvreugde. Daar staat hij, op de trappen van de tempel van Dagon, tussen een aantal pilaren. En de menigte maar spotten: 'Moet je die blinde ezel zien!' En maar juichen: 'Dagon, onze god, heeft onze aartsvijand in onze macht gegeven!'

Simson verdraagt het niet langer. Hij bidt tot de HEER: 'Geef me nog eenmaal kracht, alstublieft!' Dan duwt hij de pilaren van Dagons tempel overhoop. Het hele gebouw waarin en waarop die jubelende menigte zich bevindt, stort in. Het gejuich voor Dagon verstomt ter plekke. De Filistijnen die bij deze ramp de dood vinden, zijn bijna niet te tellen.

Het is de enige zelfmoordactie in de Bijbel waar vele doden bij vallen. Simson wordt daarbij niet verheerlijkt. Het enige wat gezegd wordt is dat hij bij zijn dood meer slachtoffers maakte dan bij zijn leven. Wel klinkt zijn roeping van ooit in dit einde door: een begin maken met de bevrijding van Israël uit de macht van de Filistijnen.

Profeten spelen een belangrijke rol in het Oude Testament. Ze vertolken de boodschap van God voor het volk Israël. Eén van hen is Samuel. Dit is het verhaal van zijn geboorte.

13 Samuel

Het leven valt Hanna zwaar. Ze heeft een lieve man, die veel van haar houdt, Elkana. Maar ze heeft geen kinderen. Elkana heeft nog een vrouw, Peninna. Peninna heeft zonen en dochters, maar Hanna dus niet. Dat doet haar veel verdriet, dag in, dag uit. Tot overmaat van ramp wordt ze door Peninna ook nog gesard: 'God geeft jou geen kinderen hè? Jammer voor jou, maar kijk eens naar mij! Ik heb aan Elkana zonen en dochters gebaard!'
Elkana ziet het verdriet van Hanna wel. Hij geeft haar zo vaak hij kan stiekem wat extra, maar het helpt niet. 'Waarom huil je toch steeds? Jij bent mij meer waard dan tien zonen! Wees toch niet zo verdrietig.'
Hoe Elkana ook zijn best doet, Hanna is niet te troosten.
Waar kan ze terecht met haar verdriet?

1 Samuel 1

Ieder jaar gaat het hele gezin naar Silo, waar het heiligdom van de HEER staat. Om offers te brengen en feest te vieren, om God te eren.

Silo is de plaats waar tijdelijk de ontmoetingstent is neergezet, die Mozes had laten bouwen in de woestijn. Dé plek van samenkomst, waar mensen de bijzondere nabijheid van God zoeken en verwachten mogen.
Op die plek werden de grote feesten van Israël gevierd. In de kring van volksgenoten. Om de dank aan God te uiten brachten de Israëlieten er offers aan de HEER. In Silo konden gelovige Israëlieten ook voor zichzelf en de hunnen allerlei rituele handelingen laten verrichten die maakten dat ze weer met een schone lei tegenover de HEER God stonden.
Een prachtige plek dus, Silo. Om gemeenschap te vieren én om gemeenschap te herstellen.

De bijzondere nabijheid van God zoeken en verwachten mogen

Op een keer, daar in Silo, als Elkana weer eens geprobeerd heeft Hanna op te beuren, staat ze op. Ze loopt naar het heiligdom. Daar kan ze met haar ellende terecht. Denkt ze. Intens verdrietig begint Hanna te bidden. In tranen legt ze een gelofte af: 'HEER, u bent machtig. Dat geloof ik. Denk dan toch aan mij, vergeet mij niet. Als u mij een zoon geeft, dan schenk ik hem voor heel zijn leven aan u. Hij zal aan u toegewijd zijn, ik zal hem afstaan voor uw dienst.'

Hanna bidt en bidt. Niet hardop, maar zachtjes voor zich uit. Ze stort haar hart uit bij God.
De priester Eli ziet haar zitten. Hij vindt dat ze zich heel vreemd gedraagt, zo mompelend voor zichzelf uit. En de vrouw huilt ook nog! Ze is vast dronken, denkt Eli.

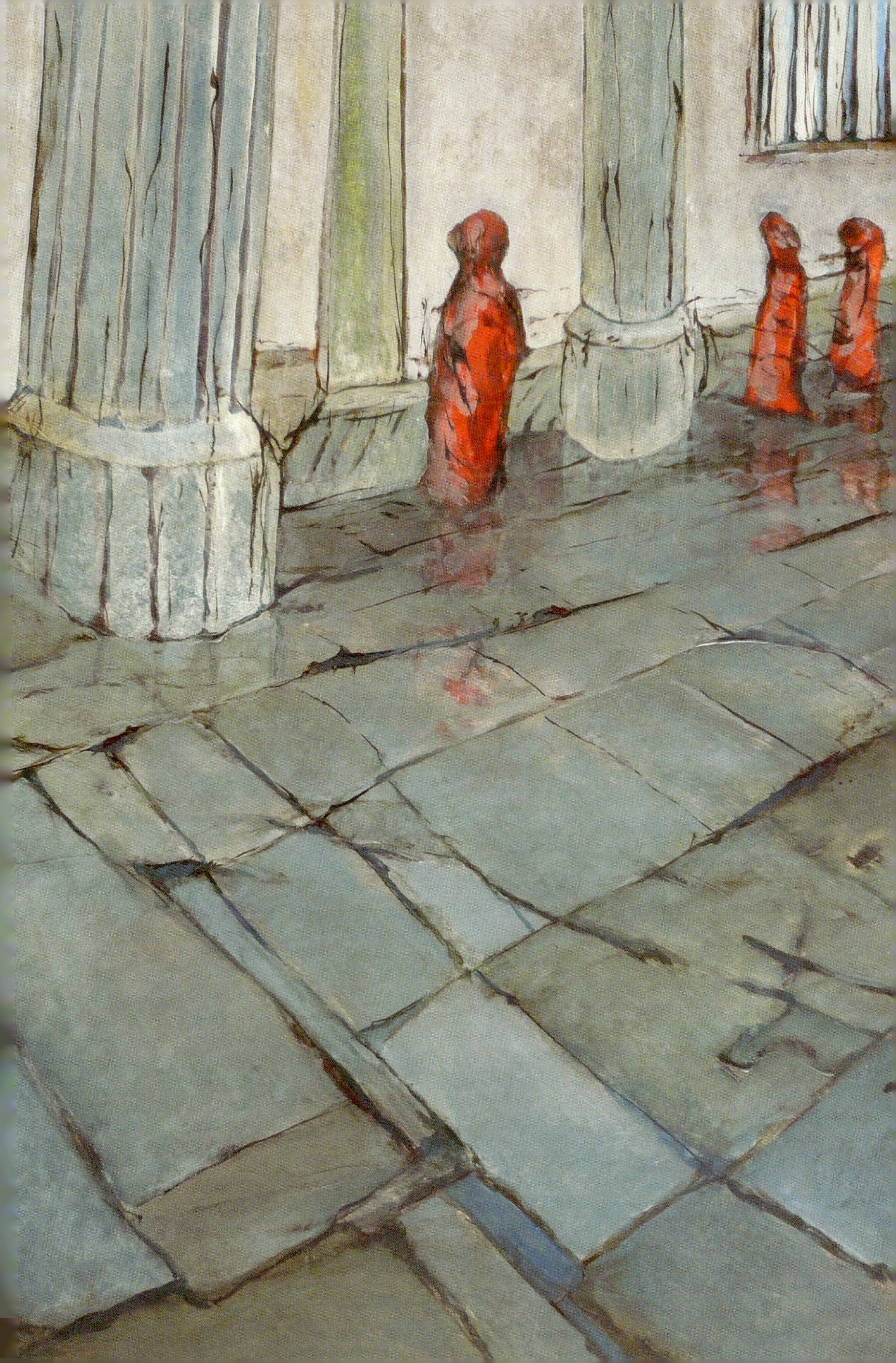

Hij tikt Hanna op haar schouder en zegt: 'Gaat dit nog lang duren? Als je dronken bent, kun je beter ergens anders je roes uitslapen!'
Hanna antwoordt: 'Ik heb geen sterkedrank gedronken. Integendeel! Ik heb echt geen enkele reden om een feestelijke beker te heffen. Ik ben alleen maar ontzettend verdrietig en ik stort mijn hart uit bij de HEER. Mijn grote ellende maakt dat ik zo lang bid.'
Eli schrikt terug. 'Ga dan in vrede', zegt hij. 'De God van Israël zal geven wat u hebt gevraagd.'

Weet Eli wel wat hij zegt? Hanna droogt haar tranen. Ze staat op. Ze neemt dit woord van Eli, de dienaar van God, serieus.
Een jaar later baart Hanna een zoon. Samuel noemt zij hem, dat betekent: 'van God gevraagd'.

Hanna houdt haar woord. Als Samuel een jaar of drie is, brengt zij hem bij Eli, in het heiligdom te Silo. Daar zal hij opgroeien om zijn leven lang God te dienen.
Je zult zo'n kind maar wezen ...
Samuel wordt een groot profeet in Israël. Hij zal eerst Saul en daarna David tot koning zalven. Voor beide koningen zal hij ook van grote betekenis zijn. Bij Samuel kun je naar God vragen en Samuel confronteert de koningen met Gods kijk op de zaak.

Het volk Israël wil een koning, net als alle andere volken. De HEER God vindt dat idee aanvankelijk een belediging. Is hijzelf niet als een koning voor Israël? Maar hij geeft het volk zijn zin. Saul wordt de eerste koning. Hij komt dramatisch aan zijn einde.

14 Saul

1 Samuel 28

'Samuel wil ik spreken. Roep hem voor mij op.'
Koning Saul is ten einde raad. De verzamelde legers van de Filistijnen staan tegenover hem. Wat moet hij doen? Aanvallen of afwachten? De profeet Samuel, die hij voorheen om raad vroeg, is dood. God zwijgt in alle talen.
Een kat in het nauw maakt rare sprongen. Saul heeft zich vermomd en is afgereisd naar een gehucht achteraf, om daar een waarzegster te raadplegen. Een vrouw die de geesten van doden kan oproepen. Misschien kan zij in contact komen met Samuel. Hij zou er veel voor overhebben om even met de oude profeet te kunnen spreken. Wat moeten we doen? We worden belegerd!

1 Samuel 9 en 10

Samuel had ooit Saul tot koning gezalfd. Nogal onverwacht. Saul was op dat moment op zoek naar wat ezelinnen, die weggelopen waren van het erf van zijn vader. Ergens op die zoektocht had hij de profeet ontmoet, die wonderlijke woorden sprak en hem – namens God – met een ritueel tot koning van Israël had benoemd.

Die ezelinnen werden weer gevonden, maar Saul was wel even volkomen de kluts kwijtgeraakt door die onverwachte benoeming. Hij was weliswaar een opvallende verschijning: lang van stuk en knap om te zien. Maar zomaar te worden uitgekozen om het land te leiden …
Nadat Samuel zijn kruik met olie over hem had uitgegoten, raakte Saul in vervoering. De mensen om hem heen stonden raar te kijken. Is dat Saul, de zoon van Kis? Moet je zien, hij lijkt wel een profeet!

Maar Saul is geen profeet. Hij wordt de eerste koning van Israël. Het begint goed, al heeft niet iedereen er meteen vertrouwen in. Maar als Saul als een echte koning de aanvallen van buurland Ammon weet af te slaan, is het land in een feeststemming en verdwijnt alle argwaan als sneeuw voor de zon. Wat een overwinning! Wat heerlijk om een koning te hebben! En zeker deze!

De profeet Samuel is de enige die nog zo zijn twijfels heeft. Niet over Saul, maar over het koningschap als zodanig. Maar wie maalt daar verder nog om? De nieuwe koning boekt klinkende overwinningen. Allerlei plunderende stammen weet hij met zijn manschappen te verslaan. Eindelijk vrede.

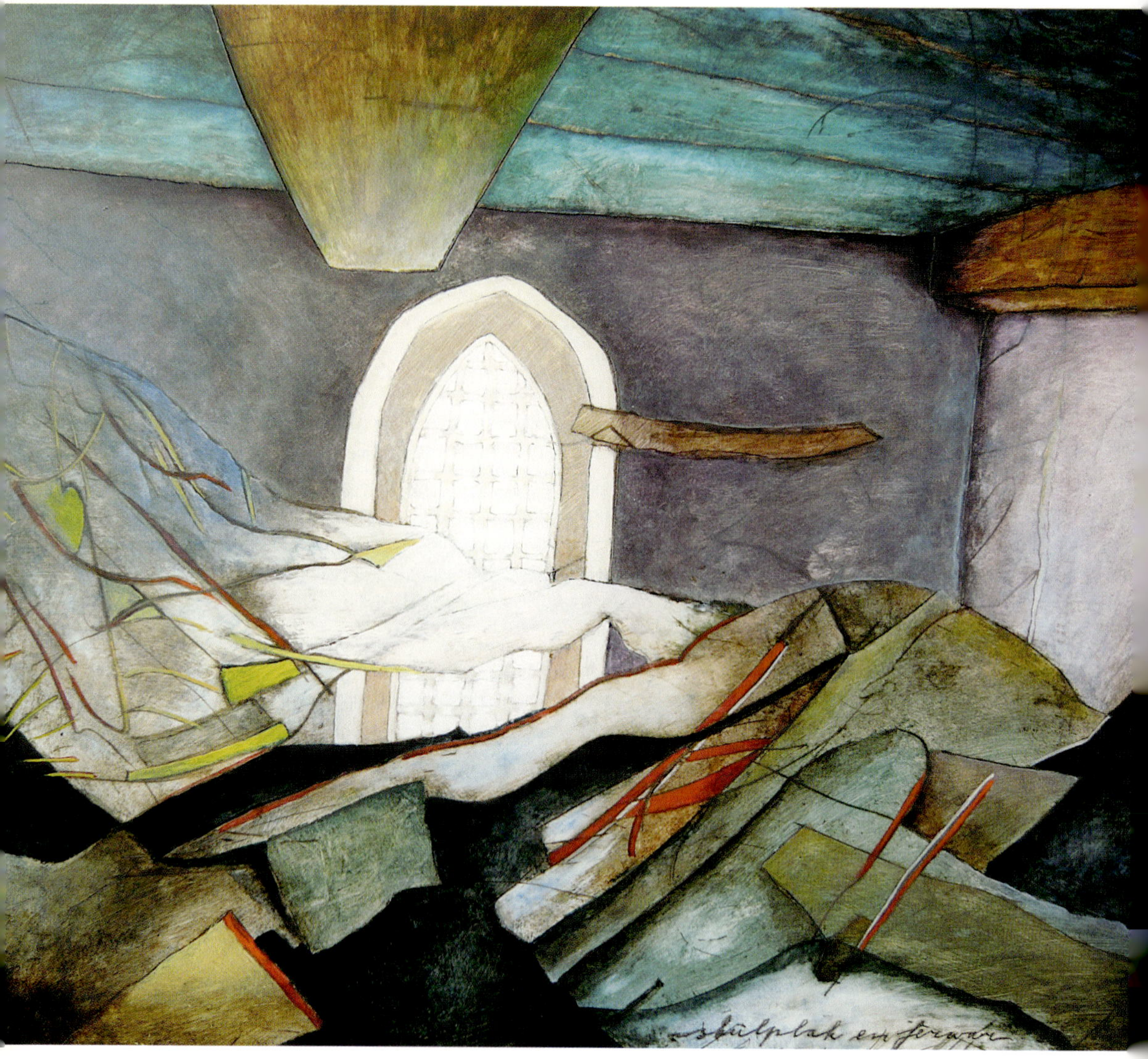

Maar dan gaat het goed mis. Het komt tot een slag met Amalek, de aartsvijand van de Israëlieten. Amalek kennen ze nog uit de verhalen van hun voorgeslacht. Tijdens de tocht van Egypte naar Kanaän, vielen de Amalekieten Israël aan in de achterhoede, daar waar de zieke mensen en de kinderen liepen. Hoe laf kun je zijn? Zelfs in een oorlogssituatie doe je zoiets niet. Vandaar dus die diepe vijandschap.

1 Samuel 15:1-31

Saul weet na een felle strijd de Amalekieten te overwinnen. De profeet Samuel had hem namens de HEER de opdracht gegeven de oorlogsbuit te vernietigen. Maar dat ging Saul bij nader inzien wel aan zijn hart. Zonde toch, om al dat vee af te maken? Tot overmaat van ramp laat Saul ook de koning van Amalek in leven. Dat lijkt een hoffelijk gebaar, van koningen onder elkaar. Maar voor Samuel is het een daad van ongehoorzaamheid aan de opdracht van de HEER: Saul gaat gewoon zijn eigen gang.

Als de profeet daarover hoort is hij vreselijk ontdaan. Hij kan de hele nacht niet slapen en weet niets beters te doen dan te roepen tot de HEER. 'Genade, HEER, genade voor Saul! De man wist niet wat hij deed. Hij had niet in de gaten hoe brutaal en ongehoorzaam het was, hoe hij u daarmee recht in het gezicht heeft geslagen! Genade, smeek ik u, genade voor Saul.' Maar de volgende morgen moet de profeet aan koning Saul een harde boodschap overbrengen: 'Waarom heb je niet geluisterd naar de HEER en gedaan wat jou was opgedragen? Omdat jij de opdracht van de HEER hebt verworpen, verwerpt de HEER jou als koning!'

Het spijt Saul dan vreselijk, maar zijn berouw komt te laat. In één klap is zijn roeping, zijn leven één grote puinhoop geworden. Als Samuel zich omkeert en wil weglopen, grijpt Saul hem bij zijn profetenmantel. Er scheurt een stuk van af. 'Zó scheurt de HEER het koningschap van jou!' zegt Samuel. 'Hij zal het aan een ander geven.'

... een grote puinhoop geworden

De profeet vertrekt, met groot verdriet in zijn hart. Dat verdriet zal hij met zich mee blijven dragen, de rest van zijn leven. Vanwege Saul.

De gloriedagen van Saul zijn voorbij. Dat weet hij zelf drommels goed. Er rijst een nieuwe ster, die van zijn opvolger, David. De voormalige herdersjongen is mateloos populair sinds hij de reus Goliat heeft verslagen; zelfs de vijanden noemen zijn naam met ontzag. In de steden van Israël wordt vol enthousiasme gezongen: 'Saul versloeg ze bij duizenden, David verslaat ze bij tienduizenden!' Saul neemt daar knarsetandend kennis van. Hij beschouwt David niet als een medestander in het gevecht met Israëls vijanden, maar als een gevaarlijke concurrent, die loert op de troon. Daarom smeedt hij allerlei plannen om hem onschadelijk te maken. Al die plannen mislukken. David op zijn beurt, heeft een paar maal een prachtige kans om Saul uit de weg te ruimen, maar dat doet hij niet. Want de koning, een gezalfde van de HEER, daar blijf je van af.

1 Samuel 28

De Filistijnen prepareren zich om oorlog tegen Israël te voeren. Het buurvolk leeft permanent in onmin met Israël en het komt vaak tot gewapende conflicten. Saul mobiliseert de manschappen van Israël. Maar als hij zijn troepen legert tegenover die van de Filistijnen, grijpt de angst hem bij de keel. Wat een geweldige overmacht, daar in dat kamp! Is dat niet bij voorbaat een verloren slag? Wat is goed en verstandig?

Het risico nemen dat Israël in de pan wordt gehakt? Of liever het hazenpad kiezen? Was Samuel maar hier!

Maar Samuel is intussen gestorven en begraven. En de HEER God zwijgt in alle talen.
Dan neemt Saul zijn toevlucht tot zijn wanhoopsdaad. Volstrekt ongehoord in Israël. Hij raadpleegt incognito een waarzegster, die als medium optreedt. Ze doet wat haar cliënt vraagt. Een gestalte verschijnt. Saul herkent er onmiddellijk Samuel in. Saul knielt en vraagt om raad. Het antwoord van de gestalte is een inktzwart doemscenario: 'Jij bent van God verlaten. De Filistijnen zullen Israël verslaan. Jij zult de dood vinden, en al je zonen met jou.'

Het treffen tussen de Filistijnen en de troepen van Israël wordt inderdaad een groot fiasco. 1 Samuel 31
De soldaten van de Israëlieten worden uit elkaar geslagen en verjaagd, voor zover ze niet worden afgemaakt. Alle zonen van Saul sneuvelen in deze veldslag. Als hij het drama overziet, beseft Saul dat zijn koningschap hier eindigt. Verbitterd werpt hij zich in zijn eigen zwaard.

De eerste koning van Israël, Saul, is een tragische figuur. Terwijl hij nog op de troon zit, wordt de profeet Samuel er al op uit gestuurd om diens opvolger te benoemen.

15 David

1 Samuel 16 — De profeet Samuel was langs geweest bij veehouder Isaï in Betlehem. De oude man voelde zich vereerd met het hoge bezoek. Maar Samuel stelde wel vreemde vragen. Hij was door de HEER gezonden om een nieuwe koning over Israël te benoemen en hij wilde alle zoons van Isaï zien. Eén voor één maakten ze met hem kennis. Eliab, Abinadab, Samma, en zo verder, zeven forse kerels. Toen de laatste zich had voorgesteld, had de profeet gevraagd: 'Zijn dit al de jongens?' 'Nee, er is er nog één op het veld bij de schapen', had Isaï geantwoord. 'David, ons kleintje.'
'Laat hem halen', had Samuel gezegd.
Toen David in allerijl naar huis was geroepen, was Samuel opgestaan en had hem benoemd tot koning over Israël. Nou ja ... die kleine jongen! dacht Isaï. Maar Samuel luisterde naar het woord van de HEER. 'De mens ziet aan wat voor ogen is, maar de HEER ziet het hart aan.'

Samuel had olie over Davids hoofd gegoten en hem zo 'gezalfd'. Een ritueel, dat de benoeming tot nieuwe koning over Israël had bekrachtigd. Vandaar dat de koning vaak 'de gezalfde' wordt genoemd. Het zou echter nog vele avonturen duren voordat David als zodanig zou worden erkend.
De confrontatie met Goliat is van die vele avonturen misschien wel het meest bekend. Tot die confrontatie komt het als er een krachtmeting gaande is tussen de Filistijnen en het leger van Israël. David woont dan nog thuis, hij zorgt voor de veestapel van zijn vader.

1 Samuel 17 — De Filistijnen hebben een reus in hun midden. Een krijger van heel groot formaat, die vele kilo's brons om zijn lijf draagt. Zijn speer lijkt wel een boomstam. De grond dreunt onder zijn voetstappen. Iedereen in zijn buurt kijkt met ontzag naar hem op. Goliat wil ook gezien en gehoord worden. Hij is de sterkste. Luidkeels maakt hij het hele leger van Israël belachelijk. 'Noemen jullie dát een leger? Laat me niet lachen! Is er bij jullie soms eentje die het durft op te nemen tegen mij? Kom maar op!'
Heel het leger van Israël valt stil. Want wie durft? Die reusachtige is onoverwinnelijk! Veertig dagen lang staat Goliat te brallen, elke dag opnieuw. Telkens die snerende, sarrende stem. En telkens die stilte in het andere kamp.

'O ja?' vraagt David, 'dat zullen we nog wel eens zien!'
Hij is even in het tentenkamp van de Israëlieten, om zijn broers, die in het leger dienen, wat eten te brengen. De grootspraak van Goliat was hem niet ontgaan. Het schalde over de vlakte. Niet om aan te horen. De woorden klinken hem in de oren als een regelrechte bespotting van de God van Israël. En daar moet een einde aan komen.
'Ik wil het tegen hem opnemen', zegt David.

De broers schamen zich voor zoveel overmoed. 'Hou jij je nu maar bij je schapen!'
Maar David laat zich niet van de wijs brengen. Als koning Saul hoort van zijn plannen, laat hij hem ontbieden.
'Als jij het aandurft, laat je dan eerst een harnas aanmeten', adviseert hij de herdersjongen. Maar in het zware pantser kan David nauwelijks lopen.
'Ik ga wel zo. Met mijn herdersstaf en mijn slinger.'
Ieder die ervan hoort, verklaart hem voor gek. Wil dit melkmuiltje het opnemen tegen die reus? Wat heeft dat kereltje in z'n hoofd gehaald! David mag dan een simpel herdersjochie lijken, hij heeft meer gevochten dan je denkt. Weliswaar niet in het leger, daar is hij nog te jong voor. Maar om de kudde te beschermen heeft hij het al vaker opgenomen tegen wilde beesten.

Het wordt een verrassende confrontatie. Goliat, de reus met al die kilo's brons, is tot de tanden toe gewapend. David komt in zijn gewone kleren aangelopen. Hij heeft vijf goeie stenen uit de beek gevist: munitie voor de slinger. Goliat is zwaar beledigd als hij de jongen ziet aankomen.
'Ben ik soms een hond, dat je met een stok op me afkomt?' brult de reus. 'Kijk nou toch … zo'n jochie … met een stók! Laat me niet lachen …'
Hij vloekt bij al zijn goden dat horen en zien je vergaat.
'Jij staat hier tot de tanden toe gewapend. Ik daag je uit in de naam van de HEER God van Israël die jij al zo lang bespot. Geen ander wapen heb ik bij me. Die HEER gaat jou verslaan!'
Goliat stormt op David af. Maar David is sneller. Hij pakt een steen uit zijn tas, en werpt die met zijn slinger. De stampende Goliat valt met al zijn brons en wapentuig voorover. Dood. Davids steen raakte Goliat precies tussen zijn ogen en drong diep door in z'n hersenen.

De dood van Goliat betekende het einde van deze krachtmeting tussen de Filistijnen en het leger van Israël. De Filistijnen zetten het op een lopen, weg van de plek waar zij zelf de uitdaging hadden gezocht.
Na de overwinning kan David natuurlijk niet meer stuk. Hij wordt in militaire training genomen. Zijn ster rijst. Dat bevalt Saul, die tot dan toe nog koning is, helemaal niet. Saul wordt er depressief en achterdochtig van. Maar hij had zijn dochter ten huwelijk aangeboden aan degene die Goliat zou verslaan ...

Michal valt voor David. Zij is de jongste van Sauls dochters. En zij wil maar wat graag aan David uitgehuwelijkt worden. Dat gebeurt. Ze is een echte koningsdochter, deze Michal. Gepokt en gemazeld in de etiquette van het paleis.

2 Samuel 6:15-23

Op een dag is het groot feest in Jeruzalem. Want de ark, het symbool van Gods aanwezigheid onder zijn volk, is heroverd op de vijanden en wordt op deze glorierijke dag de stad van David binnengehaald. Iedereen juicht en jubelt. Muzikanten blazen zich de adem uit het lijf. En er wordt hartstochtelijk gedanst in de straten van de stad. David doet heerlijk mee. Hij danst en huppelt naar hartenlust met iedereen mee. Niet in vol ornaat, met zijn koningsmantel, maar gekleed in licht linnen. Het wappert luchtig alle kanten op

Er wordt hartstochtelijk gedanst in de straten van de stad.

Sterke verhalen

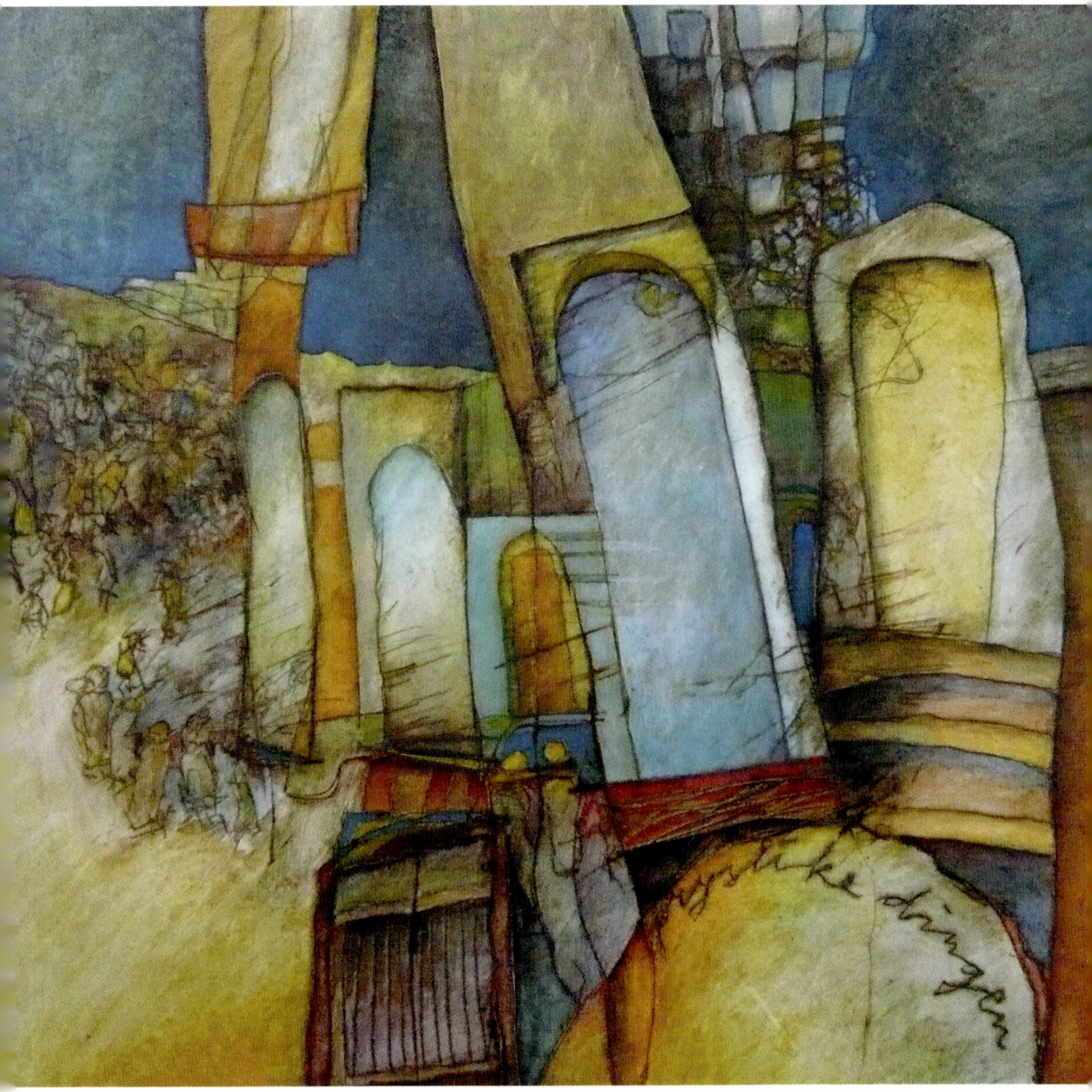
dingen

terwijl David danst en huppelt. Want wat een heerlijkheid! Die ark, dat symbool van Gods aanwezigheid, komt hun stad weer binnen!

De bovenlip van Michal trekt strak als ze vanuit een raam in het paleis haar echtgenoot zich zó ziet gedragen. Vreselijk. Dat doet een koning toch niet. Wat een afgang! Een koning die huppelt, nota bene te midden van de bedienden van zijn bedienden. Heeft hij dan helemaal geen gevoel voor 'hoe het hoort'? En moet je zien hoeveel bloot hij al huppelend vertoont. Gênant gewoon! Zo weinig koninklijk vindt Michal deze vertoning dat ze het David bij zijn thuiskomst ongenadig op zijn brood geeft.
'Ben jij nou een koning? Veel te veel bloot liet je zien! En wie zagen al dat bloot van jou? De bedienden van jouw bedienden! Nu kan ik mij echt nergens meer met ere vertonen, zelfs niet in ons eigen paleis. Wat een blamage!'
Maar David geeft haar geducht repliek. 'Ik danste voor de HEER, vrouw, de HEER die mij koning gemaakt heeft in plaats van jouw vader. Is dansen voor de HEER een koning onwaardig? Nou, zulk onwaardig gedrag zou ik elke dag wel willen vertonen! En moet je opletten hoe de bedienden van mijn bedienden mij daarom zullen eren!'

Michal krijgt geen kinderen. Dat wordt in de Bijbel in verband gebracht met deze scène: Michals visie op koninklijk gedrag verdient het niet om toekomst te krijgen.

David en Batseba

David mag dan tot de grote figuren uit de Bijbel behoren, hij is niet perfect. En dat wordt niet verbloemd. God neemt gewone mensen in zijn dienst, met al hun fouten en gebreken.

Een heerlijke zomerse avond. Bij de vredige aanblik van het paleis en de bijgebouwen, zou je niet zeggen dat het oorlogstijd is. Deze avond laat koning David zijn verplichtingen voor wat ze zijn. Zijn manschappen staan tientallen kilometers van Jeruzalem aan het front en vechten als leeuwen tegen de Ammonieten.
Intussen zoekt David wat afleiding, tijdens een avondwandeling door de tuin op het platte dak van zijn paleis. Dan ziet hij opeens een paar etages lager een mooie vrouw die op haar terras een waterbassin heeft. Ze kleedt zich uit en vlijt zich in het water. Verrukkelijk op zo'n lome zomeravond als deze.
Bij het zien van haar verschijning laat David meteen navraag naar haar doen. Binnen de kortste keren levert de geheime dienst de gewenste gegevens. Die adembenemende schoonheid is Batseba. Zij is getrouwd met Uria, die momenteel dienstdoet aan het front.
'Breng haar naar mij toe!' De koning gebiedt en zo geschiedt. Batseba wordt tot in het bed van David gebracht. Daar neemt hij deze beeldschone vrouw. Hij is tenslotte de koning. Hij kan doen wat hij wil, of niet soms? Een heerlijke zomerse nacht na een heerlijke zomerse avond. Voor David dan. Aanvankelijk.

'Ik ben zwanger geworden', laat Batseba David weten.
Ai. Een onverwachte complicatie. Wat nu? David verzint een list. Hij zendt een boodschap naar zijn legeroverste aan het front: 'Geef Uria een paar dagen verlof zodat hij mij verslag uit kan komen brengen.' Dankzij het bijzondere verlof kan Uria straks ge-

2 Samuel 11-
2 Samuel 12:2

woon voor de vader van de baby doorgaan, denkt David. Niets aan de hand.
Uria maakt zijn opwachting in het paleis.
'Hoe staat het met jullie missie? Hoe verloopt de strijd?' vraagt David.
Niet dat dát David echt interesseert op dat moment. 'Ga ook lekker naar huis', raadt hij Uria aan. 'Geniet er even goed van dat je op verlof bent.'
Maar Uria gaat niet naar huis. Hij zoekt een slaapplaats op in het nachtverblijf van de manschappen van de koning.
'Waarom ben je niet lekker naar huis gegaan? Daar had ik je toch toestemming toe gegeven!' vraagt David de volgende dag.
'Mijn heer de koning, u denkt toch zeker niet dat ik naar huis kan gaan, om daar te eten en te drinken en te slapen met mijn vrouw, terwijl mijn kameraden aan de frontlinie staan? Nooit van mijn leven!'

Uria blijkt, anders dan zijn koning, solidair met zijn maten. Met een stalen gezicht trekt David plan B. Hij zal Uria dronken voeren.
'Blijf mij vandaag nog gezelschap houden, Uria, dan mag je morgen terug naar je makkers', zegt David en hij laat eten en vooral veel drinken aanrukken. Want de gedachte is dat Uria dan wel naar huis zal gaan om zijn roes uit te slapen. En dan thuis in bed, naast zijn mooie vrouw ... Maar hoe dronken Uria ook wordt, hij kiest weer voor diezelfde slaapplaats in dat nachtverblijf en gaat niet naar huis. Ook plan B mislukt.

Dan acht David het tijd voor drastischer maatregelen. Plan C is om Uria desnoods gewoon uit de weg te ruimen. Niet zo moeilijk in een oorlogssituatie.
'Zet Uria in de frontlinie en laat hem daar sneuvelen', gebiedt hij zijn legeroverste. David geeft dat bevel mee aan Uria, als hij terugkeert naar zijn missie. De koning gebiedt en zo geschiedt. Bij de volgende gewapende actie sneuvelt Uria.

Nu is de weg voor David vrij. Als Batseba een gepaste tijd rouw heeft gedragen, neemt David haar tot vrouw. En zij baart als Davids vrouw in zijn paleis een zoon.
Eind goed, al goed?

De profeet Natan komt op bezoek bij koning David. Hij vertelt een verhaal.
'Er was eens een arme man met één prachtig lammetje. Dat koesterde hij als een kind. Naast hem woonde een rijke stinkerd met een enorme veestapel. De rijke stinkerd kreeg bezoek. Hij wilde dat bezoek eten voorzetten. Daarvoor nam hij geen vlees afkomstig van zijn eigen veestapel. Hij liet dat prachtige lammetje van zijn arme buurman grijpen, slachtte het en bereidde daarmee een maal voor zijn visite.'
'Wat een schoft!' roept David uit. 'Wie is die man, die zo'n laaghartige streek uithaalt? Zo'n schurk verdient de dood!'
'Jíj bent die man!' antwoordt Natan. 'En dit is mijn boodschap van de HEER voor jou: David, ik heb jou koning over Israël gemaakt. Je hebt het hele rijk in de schoot geworpen gekregen. Als je nog meer had gevraagd, zou ik het je gegeven hebben. Waarom heb jij mij dan zo vreselijk veracht? Uria heb je omgebracht en zijn vrouw ingepikt. Daardoor heb je inderdaad de dood verdiend!'
Moord en doodslag zullen voortaan het leven van David tekenen, krijgt hij te horen, vrouwenroof en verkrachting ook. Zijn familie zal hem ellende opleveren en vrede zal hij niet kennen.

'Ik heb gezondigd tegen de HEER', zegt David tegen Natan.
'Dat zeg je terecht', antwoordt de profeet, 'maar bij God is vergeving. Jij mag blijven leven. Maar vanwege de laster die jij met jouw gedrag Gods vijanden in de mond gelegd hebt, zal je zoontje sterven.'
Dat blijkt veel erger dan Davids eigen dood zou zijn geweest. David is ontroostbaar, als het kleine kind ziek wordt. Hij wil niet eten, kan niet slapen, loopt rond, zoekt de babykamer op, zit bij het bedje te huilen, gaat op de grond liggen en bidt en huilt. En bidt en huilt. Een hele week lang. Dan sterft de kleine.
Iedereen in het paleis houdt het hart vast. Want als de ziekte van het kind David al zo had aangegrepen, wat zal er dan nu gebeuren? Straks wordt de koning nog gek van verdriet en gaat hij helemaal door het lint!
Maar David gaat zich wassen en verkleden en loopt naar het heiligdom van de HEER. Daar buigt hij zijn hoofd. Weer thuisgekomen vraagt hij om brood en begint te eten. Zijn lakeien snappen er niets van.
'Heer koning, met permissie, vanwaar dit gedrag?'
'Toen de kleine jongen nog leefde', antwoordt hij, 'was er een kans dat God toch nog genade zou tonen. Daarom at ik niet en bad ik doorlopend. Maar nu is hij gestorven. Ik kan hem met niets meer terughalen. Ik kan hem alleen nog maar volgen. Vandaar.'

Ik heb gezondigd tegen de HEER.

Na de dood van dit jongetje begint er toch weer een nieuw hoofdstuk in het leven van David. Hij troost Batseba en samen krijgen ze nog een kind. Salomo. Een jongen die toekomst en zegen krijgt toegezegd. Dat doet God zelf.
Maar moord en doodslag tekenen de rest van Davids jaren. Zijn familie levert hem grote ellende op. Veel vrede heeft hij niet gekend.

miserere mei deus

In de Bijbel is David meer dan alleen een koning, hij is ook componist, tekstschrijver en zanger. Ondanks al zijn gebreken is hij een vriend van God. Over de ervaringen in zijn leven met God heeft hij liederen gedicht: psalmen.

Die liederen van David worden nog steeds wereldwijd gezongen. Door de eeuwen heen hebben mensen in die psalmen woorden gevonden om hun vreugde en hun verdriet, hun vertrouwen en hun twijfel, hun dankbaarheid en hun schuldbesef uit te zeggen en uit te zingen.

Op allerlei soorten melodieën krijgen de psalmen klank. Variërend van de oorspronkelijke joodse zangwijze tot de middeleeuwse kloosterzangen, van de klassieke kerkmuziek tot de hypermoderne rap.

Psalmen van David

Na het bezoek van de profeet Natan die hem de spiegel voorhield om te beseffen wat hij gedaan had door Uria de dood in te sturen, schreef David bijvoorbeeld Psalm 51:

Genade, God, genade,
wees mij in uw grote trouw genadig!
Ik ben smerig geworden
door dat wat ik heb gedaan.
Was mij schoon met uw vergeving.
Reinig mij van mijn zonde.
Ik zie het kwaad dat ik gedaan heb,
het is overal om mij heen!
Ik ben mij er goed van bewust:
tegen u heb ik gezondigd.
Mijn leven vloekt bij uw heiligheid.
Ik heb gedaan waar u van gruwt.
U veroordeelt mij,
en terecht!
Maar – als u mij reinigt
zal ik weer schoon zijn,

zo wit als pas gevallen sneeuw.
HEER, laat mij toch horen
dat u mijn kwaad wegdoet.
U hebt mij gebroken,
u kunt mij weer genezen.
Verbreek toch onze relatie niet!

Het meest bekend van Davids liederen is Psalm 23. Een juweeltje.
David, die ooit herdersjongen was, beschrijft wat het voor hem betekent om God te kennen.

Hoe veilig ben ik!
Ik weet mij een schaap,
dat de HEER kent als een herder.
En wat voor een herder!
De HEER zorgt voor mij
en gaat steeds weer voor mij uit.
Hij weet de grazige weiden te vinden
en brengt mij daarheen.
Ook kent hij de koele bronnen,
waar ik mijn dorst kan lessen.
Hij leidt mij naar dat water.
Heel graag ben ik onder zijn hoede.
Soms moeten we door donkere dalen.
Eng, zulke dalen,
als de dood hun kilte,
en bang kan ik dan ook wezen,
maar echt doodsbenauwd
ben ik toch ook weer niet.
U bent immers in mijn buurt!
U jaagt de wilde beesten weg met uw stok
en u houdt mij bij de kudde met uw staf.
Altijd veilig in uw hoede!

> *Ik weet mij een schaap, dat de HEER kent als een herder.*

Een andere, bekende psalm van David is Psalm 8. Voluit een loflied op Gods heerlijkheid.

HEER, hoe heerlijk en verheven,
hebt u uw naam op aarde uitgeschreven!
Als ik 's nachts omhoogkijk,
de maan zie en de sterren, die u gemaakt hebt,
dan word ik bevangen met ontzag.
Diep onder de indruk van al die pracht
vraag ik me af hoe het in hemelsnaam kan
dat u denkt aan een sterveling als ik,
zo'n nietig mens als ik ben …
Maar u ziet naar mij om!
U houdt mij in het oog

Pylée

en ook geeft u mij een taak,
als was ik bijna een god:
heel het werk van uw handen
vertrouwt u mij toe.
Uw goede aarde en alles wat daarop leeft,
alles ook wat in de zeeën zwemt
en door het luchtruim vliegt.
Onvoorstelbaar!
HEER, hoe heerlijk is uw naam!

Liederen dus, die psalmen van David, om woorden in te vinden voor het veelkleurige palet van gevoelens dat een mens kent in de ontmoeting met God.
Het bijbelboek 'Psalmen' telt 150 liederen; veel zijn van David, maar er zijn ook psalmen van andere auteurs opgenomen.

Zijn wijsheid is spreekwoordelijk geworden: Salomo. Net als zijn probleemoplossend vermogen: met een zogeheten 'salomonsoordeel' red je je uit een heel lastig parket.
In de Bijbel verschijnt Salomo als de tweede zoon van David en Batseba. De zoon met toekomst. Troonopvolger van zijn vader.

17 Salomo

Wat een weelde, overweldigend!

'Wat een weelde, overweldigend!' zegt de koningin van Seba tegen Salomo, als zij op staatsbezoek wordt rondgeleid. Zij is de nodige luxe gewend aan haar eigen koninklijke hof, maar ze kijkt haar ogen uit bij een wandeling door de gebouwen van Jeruzalem. Daar staat me in deze stad een tempel voor de HEER, om u tegen te zeggen! En dan dat paleis ... adembenemend. Wat een schoonheid, wat een rijkdom!

Salomo is niet groot begonnen. Onder de zonen van zijn vader nam hij de laatste plaats in. Het is dat zijn moeder zich sterk voor hem maakte, anders had hij het kunnen schudden met zoveel oudere broers. Maar Salomo wordt na een aantal schermutselingen tot koning benoemd, na het overlijden van David.

1 Koningen 3

Kort na zijn inhuldiging begint Salomo een tempel voor de HEER te bouwen. Die opdracht had hij als het ware geërfd. Zijn vader David had dat plan opgevat, maar de HEER had gezegd: 'Jij niet, David, er kleeft te veel bloed aan jouw handen. Laat jouw zoon Salomo dat huis voor mij maar bouwen.'
Dan heeft op een nacht Salomo een visioen. Hij droomt dat de HEER hem verschijnt en hem vraagt: 'Zeg het, Salomo, wat wil je dat ik je zal geven?' Salomo weet het meteen. Hij omkleedt zijn verzoek op gepaste wijze. Tegenover de HEER God let je op je woorden. Salomo vraagt om de juiste geest om het volk van God te kunnen leiden en het vermogen onderscheid te kunnen maken tussen goed en kwaad. 'Want uw volk, HEER, is een groot volk en ik ben nog erg jong.'
De HEER is blij met dit verzoek.
'Salomo, prachtig! Je hebt niet gevraagd om een lang leven. Ook niet om veel rijkdom en evenmin om de dood van je vijanden. Je vraagt om de juiste geest te mogen krijgen zodat je mijn volk goed en rechtvaardig kunt leiden. Ik zal je geven wat je vraagt en gul ook! Je wijsheid zal wereldberoemd worden. Lang leven zul je ook en rijk worden bovendien.'

Twee vrouwen melden zich bij de koning, beiden prostituee van beroep. Zij zijn gekomen om van koning Salomo een rechtsuitspraak te krijgen. Want ze liggen met elkaar overhoop en geen klein beetje ook.
'Met uw verlof, sire', zegt de ene vrouw, 'wij wonen met z'n tweeën in hetzelfde huis en we waren tegelijkertijd zwanger. Ik ben het eerste van ons beiden bevallen. Drie dagen later kreeg ook zij haar kind. Twee mooie jongens, die kinderen van ons. Verder was

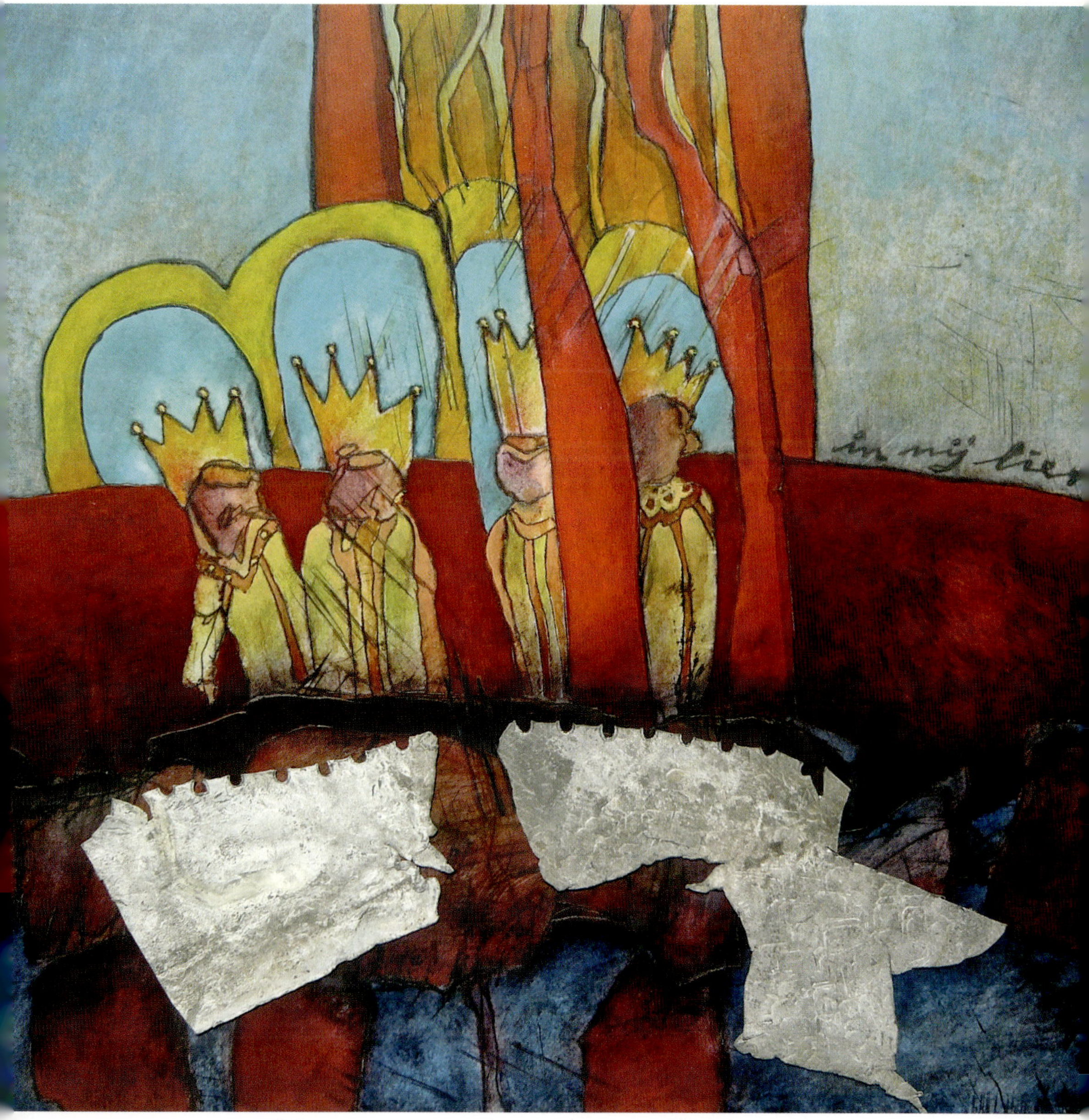
in mij lie

er niemand in ons huis. Geen getuigen dus. Daarom zijn we bij u gekomen. Met uw verlof. Want op een nacht is haar zoon gestorven, omdat zij boven op hem is gaan liggen. 's Morgens vroeg ontdekte ze dat en toen heeft ze haar zoon gauw verwisseld met mijn zoon, terwijl ik nog sliep. Ze zegt tegen mij: "Och, moet je nou toch zien, jouw zoontje is dood". Maar dat dode kind is mijn zoon niet, het is háár zoon.'
'Niet waar!' schreeuwt de andere vrouw. 'Ze liegt het! Dat dode kind is van háár! Het levende jongetje is van mij!'
'Niet waar!' roept de eerste. 'Jíj liegt! Dat dode kind is van jou en het levende is van mij!'
Zo gaan de beschuldigingen luidkeels over en weer. Maar koning Salomo weet raad. Hij laat een zwaard aanrukken en beveelt dat het levende kind dan maar in tweeën gesneden moet worden. 'Dan geven we de ene helft van het kind aan de ene vrouw en de andere helft aan de andere.'
Eén van de twee geeft zich meteen gewonnen: 'Nee, heer koning, alstublieft! Geef het dan maar aan haar, maar laat het in leven!'
De andere vrouw zegt: 'Hak het kind maar doormidden! Als ik het niet krijg, zal zij het ook niet krijgen!'
Koning Salomo weet genoeg. 'Geef het kind aan de vrouw die wilde dat het kind gespaard bleef; zij is de moeder.'
Het gerucht over deze uitspraak verspreidt zich onder het volk. Ze zijn diep onder de indruk van de wijsheid waarmee Salomo deze rechtszaak tot een goed einde heeft gebracht.

De roem van Salomo is wijdverbreid. Niet alleen de koningin van Seba komt op staatsbezoek om zich te vergewissen van Salomo's rijkdom en wijsheid. Het is aan zijn hof een komen en gaan. Ook is Salomo een felbegeerde partij om vrouwen van koninklijken bloede aan uit te huwelijken. Zijn harem groeit gestadig. Een dochter van de farao van Egypte was ooit de eerste. Maar daar bleef het niet bij. Er worden er op den duur duizend geteld. Salomo heeft het er druk mee, want hij houdt van hen allemaal.

1 Koningen 11:1-13

De gulheid van zijn liefde breekt hem op. Want al die vrouwen hebben hun eigen goden meegenomen. Het gevolg is dat aan het hof van Salomo niet alleen een altaar voor Astarte staat, de godin van de Sidoniërs, maar ook eentje voor Milkom, de gruwelijke god van de Ammonieten. En voor Kemos, de god van Moab. En voor Moloch. En ga zo maar door. Zoveel vrouwen, zoveel goden.
Dat al die altaren er zijn aan het hof van Salomo is nog tot daar aan toe. Maar Salomo laat zich verleiden om met al die vrouwen die hij liefheeft, mee te gaan doen aan hun erediensten. En dat maakt de HEER God woedend.
'Salomo, je zit er faliekant naast! Ben je vergeten wat ik je heb opgedragen? Verliefde dwaas!'

Het koningschap over heel Israël wordt Salomo afgenomen. Vanwege zijn flagrante ontrouw aan de HEER God. Ter wille van zijn vader David zal Salomo dat zelf net niet beleven. En ter wille van David zal er toch één deel van het land overblijven voor Rehabeam, zoon van Salomo, om koning over te zijn.
Na de dood van Salomo scheurt het rijk dan ook in tweeën: het noordelijke rijk, genaamd Israël en het zuidelijke rijk, genaamd Juda.

Elia begint zijn optreden als profeet van de HEER in de tijd dat Achab koning is over het noordelijke rijk, Israël. Deze Achab is een groot staatsman, maar doet het niet goed in de ogen van God. Achabs vrouw, Izebel, afkomstig van een buitenlands koningshuis, heeft de goden van haar eigen volk meegenomen naar het hof van Israël en voert haar godsdienst met kracht in. De vruchtbaarheidsgod Baäl behoort tot haar favorieten. Dat maakt haar de grootste tegenspeler van Elia.

De Bijbel verhaalt diverse harde confrontaties tussen Elia, Izebel en Achab. Onder andere dit heftige duel.

18 Elia

1 Koningen 18-19:1-18

Er heerst grote droogte in Israël, nu al drie jaar lang. God heeft de regen doen ophouden, met de bedoeling Achab tot bezinning te brengen. Maar dat mislukt jammerlijk. Want de koning laat openlijk weten dat hij lak heeft aan de God van Israël. Hij richt zich, in het kielzog van zijn vrouw, op andere, vreemde goden. En zo heeft hij het volk Israël in de houdgreep; het land kwijnt van droogte en armoede.

Elia ontwikkelt een gewaagd plan om het volk Israël terug te brengen bij de dienst aan de HEER God van Israël. Een soort wedstrijd, al treden hier geen sporters in het strijdperk, maar profeten. 'Zullen we nu allemaal kijken wie er winnen gaat?!'

Het lijkt bij voorbaat een verloren strijd, want Elia staat op de Karmel in z'n eentje tegenover een menigte priesters van Baäl. Vierhonderdvijftig in totaal. Je moet maar durven! Maar Elia is zeker van zijn zaak en treedt onverschrokken in het strijdperk. Hij stelt voor dat beide partijen een stier zullen offeren aan hun god.
'Laten we met z'n allen híer op inzetten', stelt Elia voor: 'We bereiden het offer, maar steken het niet zelf aan. We bidden ieder tot onze god, om het vuur te ontsteken. De God die antwoordt met vuur, díe zal de God van Israël zijn. Laat volk en vaderland maar eens zien welke God bij machte is met vuur te antwoorden!'

Dat voorstel valt in goede aarde. De vierhonderdvijftig priesters van Baäl mogen het het eerst proberen. Ze kiezen één van de twee offerstieren. Ze snijden het beest in stukken en leggen het op hun altaar. Ze bidden, roepen en smeken bij dat altaar, van de vroege morgen tot ver in de middag. Maar er gebeurt niets.
'Roep nog wat harder', smaalt Elia tegen de vermoeide priesters, die hun kelen schor

hebben geschreeuwd. 'Misschien is jullie god op vakantie of doet hij een net een dutje, of zo …?'
Nóg harder roepen ze. Ze verminken zichzelf ook, tot bloedens toe. Maar hun god geeft geen sjoege. Einde eerste helft.

Dan is Elia aan de beurt.
'Kom gerust dichterbij', zegt hij tegen iedereen. 'Geef je ogen goed de kost!'
Elia herstelt eerst het oude en verwoeste altaar voor de HEER. Hij graaft er een brede geul omheen. Dan laat hij tot drie keer toe dat altaar met water overgieten. De greppels rondom het altaar zijn tot de rand toe gevuld.
Dan spreekt Elia een eenvoudig gebed uit.
'HEER, laat zien wie er God is.'
Plotseling daalt er vuur uit de hemel, dat de stukken vlees verbrandt en het hout verkoolt. Zelfs de stenen van het altaar en de grond eromheen zijn zwartgeblakerd. Door de hitte is al het water in de geul verdampt.

Plotseling daalt er vuur uit de hemel.

De toegestroomde mensenmassa is diep onder de indruk van deze uitslag. 'De HEER, die is God, de HEER, die is God!' scanderen ze. Massaal vallen ze op hun knieën en beloven eeuwige trouw.

Voor de vierhonderdvijftig priesters van Baäl loopt de dag slecht af. Door toedoen van Elia betalen al die priesters hun verlies met hun leven. Met grof geweld worden ze door de Israëlieten ter dood gebracht.
Elia kan hierna aan Achab meedelen dat de strijd voorbij is. In de verte dienen de eerste wolkjes zich aan. Er is weer regen op komst! Het volk snakt naar het einde van de hongersnood.

Maar koningin Izebel is in alle staten! De profeten van háár Baäl zijn allemaal een kopje kleiner gemaakt!
'Jij gaat eraan, Elia!' briest ze. 'Jouw dagen zijn geteld!'
Het ziet er niet best uit voor Elia. De koningin heeft de macht om de daad bij het woord te voegen.

Heb ik me zó ingezet voor de zaak van God en dan dit! denkt Elia. Nu komt er na zoveel jaar eindelijk een eind aan die vervloekte afgoderij en dan zal ik dat niet meemaken …?
Ten einde raad vlucht hij de woestijn in. 'HEER, ik heb er genoeg van', zegt hij ontgoocheld. 'Laat me hier maar sterven, ik heb het helemaal gehad.'

Maar de HEER God spreekt zijn gedesillusioneerde dienaar moed in. Elia moet opstaan, eten en weer op weg gaan. Er wachten nog nieuwe taken.

Het verhaal van Elia gaat in de Bijbel verder. Hij heeft een ontmoeting met God en krijgt een nieuwe roeping (mooi beschreven in 1 Koningen 19). Ten slotte komt ook zijn opvolger Elisa in zicht.

unfsach

Elisa is de opvolger van de profeet Elia. In het bijbelboek 2 Koningen staan prachtige verhalen over zijn optreden. Om te beginnen, het verhaal waarin hij in de dienst van God wordt genomen.

Elisa

Het is een dag als alle andere. Elisa is aan het werk op het land. Hij en elf andere arbeiders, ieder met twee ossen aan de ploeg. Op dat moment komt de profeet Elia voorbij. Hij loopt op Elisa af en gooit zijn mantel over hem heen. Elisa begrijpt het gebaar meteen: ik word geroepen deze profeet te volgen. En zonder mitsen en maren geeft Elisa aan die roeping gehoor.

1 Koningen 19:19-21

2 Koningen 2:1-15

Zijn twee ossen worden ter plekke gebraden en samen met de werklui eet Elisa een afscheidsmaal. Daarna vertrekt hij, achter Elia aan.
Eerst is hij een tijdlang Elia's knecht, in de schaduw van deze grote profeet. Hij geeft zijn ogen en oren goed de kost om te leren wat het is, profeet van de HEER God te zijn. Maar dat is niet een doorsneevak dat je kunt leren. Er komt geest en kracht aan te pas. En die moeten je gegeven worden. Door God.

Elia is aan het eind van zijn loopbaan gekomen en hij trekt het land door om afscheid te nemen. Tijdens die rondreis zegt hij herhaaldelijk tegen Elisa: 'Blijf jij toch hier, ik moet verder.'
'Geen denken aan!' antwoordt Elisa steevast. 'Ik laat u niet gaan.' En hij blijft aan de zijde van Elia als deze weer verdergaat.
'Doe een wens', zegt Elia terwijl hij stilhoudt. 'Doe een wens, vóór ik afscheid neem.' Daar hoeft Elisa niet lang over na te denken. Hij wil dolgraag Elia opvolgen en ook profeet worden.
'Laat mij uw geest erven!' zegt hij. Maar die geest had Elia nu net niet zomaar te vergeven. 'Dat is een lastige vraag, jongen', zegt hij bedachtzaam. 'Het zal ervan afhangen of jij ogen hebt die God aan het werk kunnen zien.'

Terwijl ze zo in gesprek zijn, gebeurt het. Plotseling verschijnt er een wagen van vuur! Met een span paarden van vuur! Het oogverblindende rijtuig neemt Elia mee. In een stormwind gaat hij ervandoor en weg is hij. Opgenomen door God.
Elisa's verbouwereerde ogen hebben het gezien! Daarom raapt hij Elia's profetenmantel op en doet hem aan. Zijn wens is vervuld. Het duurt niet lang of de mensen in Israël onderkennen het: 'Wat prachtig! Elisa heeft de geest van Elia gekregen! Wat een zegen!'

Naäman

Eén van de verhalen waarin Elisa als profeet optreedt, is de geschiedenis van Naäman, een generaal uit een buurland van Israël.

2 Koningen 5:1-27

In een buurland van Israël, Aram, werkt een jong meisje. Zij is hulp in de huishouding bij één van de gegoede burgers van het land. Niet uit vrije wil trouwens, want ze komt uit Israël. Ooit is ze buitgemaakt tijdens één van de schermutselingen tussen Aram en Israël. En sindsdien werkt ze bij Naäman, een generaal die zijn sporen heeft verdiend in het leger van de koning van Aram.

Maar Naäman lijdt aan een ernstige huidziekte, waar niemand hem van af kan helpen. Die ongeneeslijke ziekte hangt als een grauwsluier van verdriet over zijn leven. De stemming in huis is altijd in mineur.
'Woonden we maar dichter bij Samaria, daar woont de profeet Elisa. Die zou hem wel kunnen genezen', zegt het meisje stellig. De generaal is ten einde raad. De nood is intussen zo hoog, dat hij bereid is om elke suggestie serieus te overwegen.
Hij vraagt belet bij de koning van Aram en vertelt hem wat het meisje uit Israël heeft gezegd. 'Probeer het', adviseert de koning. 'Baat het niet, schaadt het niet.' Hij heeft zijn bevelhebber ook liever gezond dan ziek. Hoe lang duurt dat getob nu al?

Naäman krijgt een introductiebrief mee voor de koning van Israël. Hij zadelt zijn rijdieren, bepakt ze met kostbare geschenken en gaat op pad. Met de moed der wanhoop, richting Israël.

Hij meldt zich met de brief bij het paleis. Met ontzetting neemt de koning van Israël kennis van de inhoud. 'Ik, koning van Aram, zend mijn zeer gewaardeerde bevelhebber Naäman, naar u toe om te worden genezen van zijn huidziekte …'
Blinde paniek maakt zich van de koning meester.
'Ben ik soms God, dat ik kan beschikken over ziekte en gezondheid?' roept hij uit. Onmiddellijk roept hij zijn adviseurs bijeen. Wat kan hier achter zitten? Zoekt de koning van Aram een aanleiding voor een gewapend conflict? Wat kunnen we doen?

De opschudding rond de komst van Naäman en de inhoud van de brief komen ook de profeet Elisa ter ore.
'Laat Naäman bij mij langskomen', meldt hij aan het paleis. 'Dan zal hij erachter komen dat er een profeet is in Israël.'
De koning haalt opgelucht adem. Hij brengt de boodschap over aan Naäman. De generaal reist in vol ornaat naar het huis van Elisa.

Daar wacht hem een onaangename verrassing. Geen hoffelijke ontvangst, zelfs geen rechtstreeks onderhoud met Elisa. Er is alleen een knecht, die namens hem een onbenullige boodschap overbrengt.
'Ga zeven keer kopje-onder in de rivier de Jordaan en u zult genezen zijn.'

Naäman is woedend.
'Wat zijn dit voor manieren!' briest hij. 'Wie denkt die profeet wel dat hij is? Heb ik zoveel dagen gereisd om me hier zó te laten afschepen? Weet die Elisa wel wie hij voor zich heeft? En denkt hij nu werkelijk dat ik me zal baden in de Jordaan? Dat onbeduidende modderstroompje vergeleken bij de machtige rivieren in Aram. Ik steek er nog niet eens mijn grote teen in! Wegwezen hier!'
Witheet aanvaardt hij de terugtocht.
Een paar knechten, zeer begaan met het lot van hun meester, proberen hem op andere gedachten te brengen. 'De ontvangst was beroerd en de opdracht bizar. Maar zou u het toch niet proberen? Niet geschoten is altijd mis … Geef het een kans, meester …'

Naäman laat zich vermurwen. De opdracht mag dan weinig aantrekkelijk zijn, thuiskomen met die ellendige huidziekte is veel erger. Hij koerst richting de Jordaan. Hij geeft zich daar over en gaat zeven keer kopje-onder in het water zoals Elisa gezegd had. Tot zijn stomme verbazing blijkt zijn huid genezen; gaaf en gezond als die van een klein kind.

Naäman gaat kopje-onder.

In allerijl snelt hij naar het huis van Elisa. Daar staat de profeet hem op te wachten. 'Voortaan weet ik dat er geen God is dan in Israël!' zegt hij blij en opgelucht. 'Hoe kan ik u bedanken? Neem deze geschenken, ze zijn allemaal voor u.'
'Nee, dank u wel', zegt Elisa beslist. 'Voor het werk dat de HEER heeft gedaan, neem ik geen geschenken aan. Ga met God en leef in vrede.'

Veel meer verhalen (lees bijv. 2 Koningen 4) worden er dus over Elisa verteld, sommige nog vreemder, andere meer betrokken op de politieke situatie van Israël in die tijd.

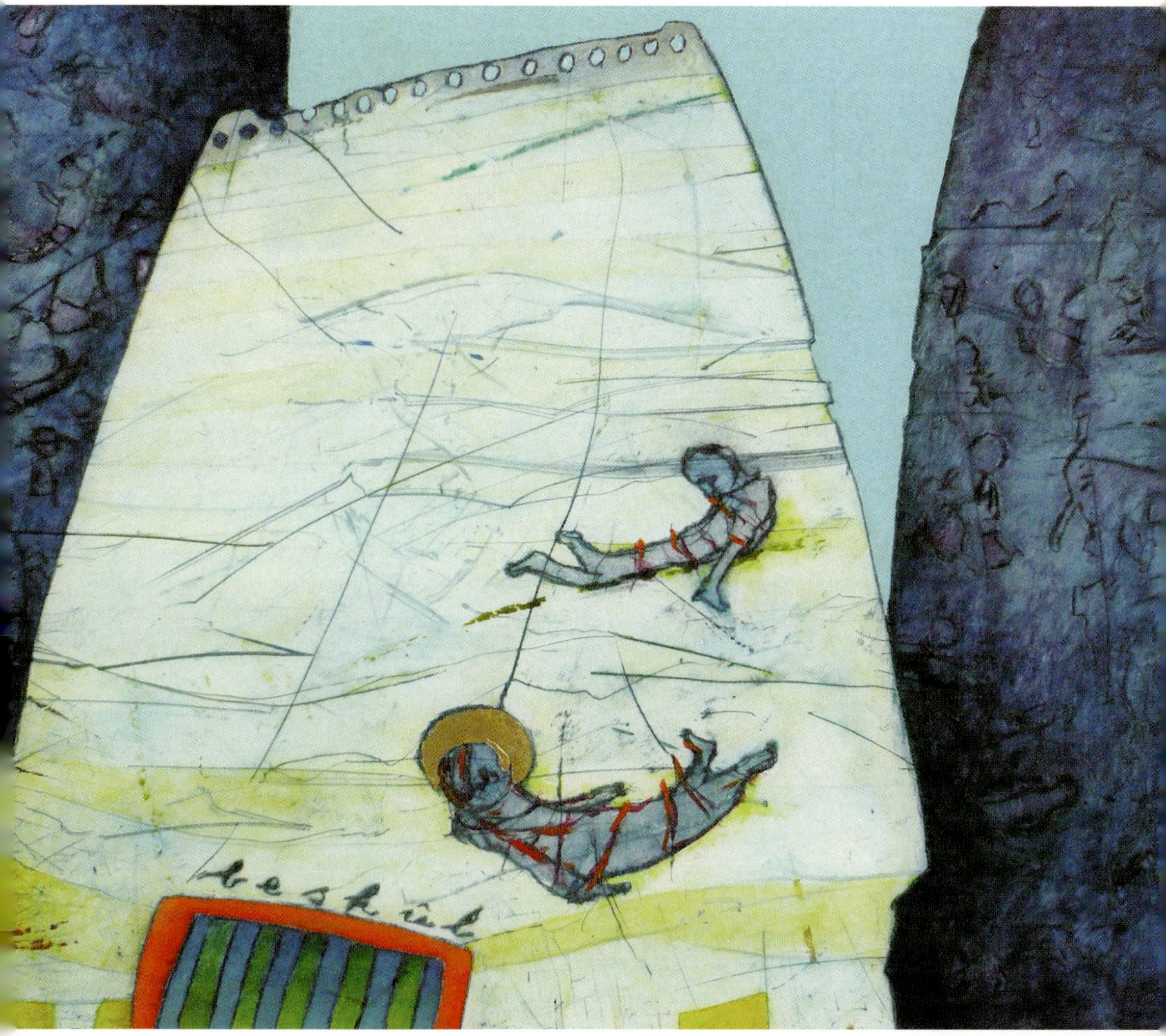
beskül

Van het bijbelboek Job weet niemand wanneer en door wie het werd geschreven. Maar de vragen waarmee in dit boek wordt geworsteld, zijn zo oud als de mensheid en leven nog steeds. Het grote, dichterlijke middenstuk wordt omlijst door twee korte stukjes vertelling. Het begint met een ontmoeting tussen God en Satan.

20 Job

'Geen mens op aarde is zo rechtschapen als Job', zegt God. 'Hij heeft ontzag voor mij en mijdt het kwaad.' Job 1-3
'Geen wonder dat hij zo vroom is', antwoordt Satan. 'Hij is een gezegend mens, gelukkig en rijk. Wacht maar. Als hij al zijn bezit kwijtraakt, dan zal hij u in uw gezicht vervloeken!'

Rampspoed treft het leven van Job. Zijn hele leven staat op z'n kop. In korte tijd raakt hij alles kwijt. Al zijn kinderen verliest hij aan de dood. Al zijn bezittingen vallen ten prooi aan roofovervallen. Tot overmaat van ramp verliest hij ook zijn gezondheid. Hij wordt geteisterd door vreselijke kwalen.
Zijn vrouw ziet het niet meer zitten: 'Vervloek God en sterf!' Maar ook op de puinhopen van zijn leven blijft Job onberispelijk.

Drie vrienden hebben het lef om bij Job op bezoek te komen. Heel lang zijn ze eerst alleen maar stil. Zeven dagen en zeven nachten zitten ze naast Job en zeggen niets. Dat moet je als vrienden maar uit kunnen houden. Er zijn en verder niets.
Het doet Job zo goed dat hij zich na die zeven dagen en zeven nachten durft uit te spreken en zich veilig genoeg voelt om het donkerste in hem stem te geven. 'Was ik maar nooit geboren! Of anders doodgeboren! Helemaal geen leven hebben is beter dan dit vreselijke leven leiden!'

Nu Job de stilte heeft doorbroken, waagt één van de drie vrienden, Elifaz, te vragen of Job het aankan als hij ook iets zeggen gaat. Een voorzichtig begin, dat getuigt van een groot invoelingsvermogen. Maar daarna gaat het al heel snel mis. Elifaz zegt zijn zegje, die andere vrienden ook. Ze hadden beter hun mond kunnen houden. Voor hun gevoel moet Job bekennen dat hijzelf schuldig is aan zijn lot. Want aan Gód kan het niet liggen. God is boven alle verdenking verheven. Denken die vrienden van Job. Dus moet Job ergens de fout ingegaan zijn.
'Job, je weet toch dat God rechtvaardig is. Dat heb je zelf vaak genoeg gezegd. Dus geen mens kan zo zwaar gestraft worden zonder iets op z'n kerfstok te hebben. Nou dan! Erken dat toch!'

Die vrienden gaan met hun verklaringen aan Gods kant staan, en daarmee laten ze Job in de steek. Job voelt zich in het nauw zitten en brult vervolgens als een beer in nood: 'Jullie snappen er helemaal niets van!' In schrille kleuren vertelt hij omstandig hoe ellendig hij zich voelt. En met God heeft hij enorme problemen, want hij is zich van geen kwaad bewust. Dit lot verdient hij gewoon niet. Punt uit.
'Job, geen enkel mens is volmaakt. Jij zegt wel dat jij je van geen kwaad bewust bent. Maar wie is er nu echt heilig in de ogen van God?'

Job voelt zich in het nauw zitten.

Bladzijden lang gaat het over en weer tussen Job en zijn vrienden. Het wordt steeds scherper, maar ze schieten geen meter op. Job houdt aan zijn onschuld vast. De vrienden aan hun verklaring dat het toch echt aan Job moet liggen. Job beroept zich op God tégen God: 'God weet dat ik dit lot dat mij door God is opgelegd niet verdien, dus: God, als u bent wie u zegt te zijn, móet u mij in het gelijk stellen!' De vrienden vinden dat vreselijk arrogant. Zo gaat het maar door.
Pas als de HEER God zich in de discussie meldt, verandert dat.

Job 38-40   Vanuit een storm gaat God spreken. Hij antwoordt op Jobs aanklacht, maar doet dat met een hele reeks vragen. Heel opvallend. Er wordt geen uitleg gegeven hoe deze vork in de steel zit. Er komt alleen maar een stroom van vragen.
'Waar was jij toen ik de aarde in zijn baan bracht?
Weet jij waarin zij verankerd is?
Wie heeft de oceanen hun plek gewezen?
Heb jij ooit een nieuwe dag bevolen om aan te breken?
Ken jij de voorraadkamers van de sneeuw?
Kun jij de sterren aan banden leggen?
Kan jouw stem de wolken bevelen?
Kun jij de bliksem eropuit sturen?
Verschaf jij voedsel aan de vogels?'

Het is een aaneenschakeling van retorische vragen. Maar Job weet door dit 'antwoord' dat de HEER God hem in zijn problemen ziet! Die vragen mogen Job dan op zijn plek zetten als klein, onwetend mensenkind, maar de HEER God zelf laat van zich horen! Job erkent zijn kleinheid en onwetendheid en legt zijn hand op zijn mond. 'Ik doe er het zwijgen toe.'
Nu God zich gemeld heeft, is hij nog niet klaar. Weer tuimelen de vragen over elkaar heen. En weer dienen ze om Job te laten horen dat God hem kent. En ook om hem zijn plaats te wijzen. Job snapt dat heel goed en gaat door de knieën. 'Vroeger heb ik alleen maar óver u gehoord, nu heb ik u met mijn eigen ogen gezien. Ik buig mij voor u.'

Het aparte is dat in het slotstukje de HEER God boos wordt op de vrienden van Job. Die zaten fout, hoezeer ze God ook hebben willen verdedigen. Van Job spreekt God goed. En God geeft Job dubbel terug wat hij allemaal had verloren aan rijkdom en bezit. En ook krijgt hij kinderen en nog een heel lang leven, waarin hij klein- en achterkleinkinderen ziet.

Kennismaking met de Bijbel   91

misar

Er is in de Bijbel een boekje opgenomen dat een aantal liefdesliederen bevat. Het Hooglied, het 'lied der liederen'. Vermoedelijk zijn de liederen ooit geschreven om bij bruiloften te zingen. Afwisselend bezingt een vrouw dat wat haar in haar geliefde verrukt en een man de heerlijkheden van zijn bruid.

Hooglied

Hooglied   Als hij mij kust …

Kus mij!
Jouw liefde is zoeter dan wijn!
Neem me met je mee.
Laten we rennen!
Ik kan niet meer wachten!
Laten we genieten,
zingen en dansen en juichen,
en genieten,
genieten van de liefde!

Liefste van mij,
je bent voor mij de mooiste die er is!
Een lelie tussen de distels
ben jij naast alle andere meisjes.

Mijn lief is van mij en ik ben van hem.

Kijk, daar komt hij!
Hij huppelt als een hert,
hij rent en springt,
want hij is op weg naar mij!

O mensen, ik kan niet meer wachten!

Je bent zo mooi, mijn liefste, zo mooi!
Alles aan jou is mooi!
Je ogen, je lach, je lippen …
je mond is betoverend!
je borsten …
Alles aan jou is mooi!
Van jou raak ik in vervoering, verrukkelijk!

Dat jij mij toelaat in jouw hof!
Dat ik zomaar binnen mag
in het paradijs dat jij bent!

Ik droomde van jou.
Ik zocht je,
maar kon je niet vinden.
Ik zocht overal,
maar nergens vond ik jou.
Daar was je!
Zomaar opeens.
Je klopte aan mijn deur.
Ik deed open.
Sidderend van vreugde.

Mijn lief is prachtig!
Zijn hoofd, zijn haar,
zijn ogen.
En zijn lippen …
Zijn lippen zijn verrukkelijk!
Alles aan hem is verrukkelijk!
Ik ben van mijn lief
en mijn lief is van mij.

Wat ben je mooi!
Sierlijk als een palm!
Je borsten zijn als druiventrossen.
Ik dacht: Laat ik die palm beklimmen,
ik wil zijn bladeren grijpen.
Laten jouw borsten
als trossen van de wijnstok zijn,
Je adem als de geur van appels,
je tong als zoete wijn
waarin mijn kussen baden …

Ik ben van mijn lief
en hij verlangt naar mij.
Kom, mijn lief,
laten we het weiland in gaan
en samen tussen de bloemen slapen!
Laten we de wijngaard in gaan,
morgenvroeg.
Daar zal ik jou beminnen.

Kom mijn lief, laten we het weiland in gaan.

Het Hooglied bevat nog veel meer van deze liefdespoëzie. Boordevol erotische beeldspraak, die voluit de lof van de lijfelijke liefde bezingt.

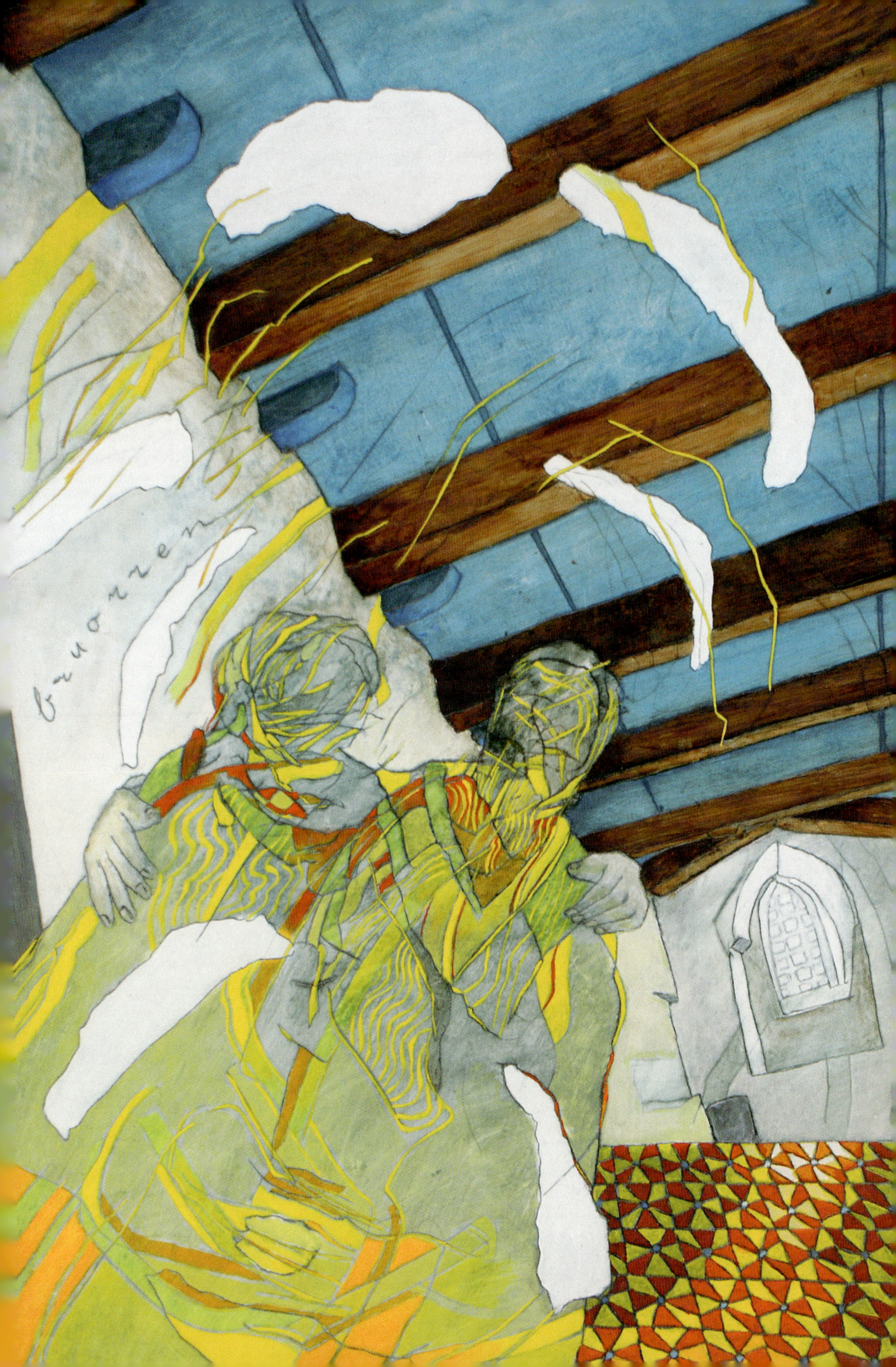

Jesaja is een profeet. Hij spreekt namens God in een spannende tijd: Assyrië is een wereldmacht geworden en staat op het punt ook de kleine koninkrijkjes Israël en Juda onder de voet te lopen, als een tussenstation op weg naar een rijk met eeuwige pretenties.

Het bijbelboek Jesaja staat vol met uitspraken waarin oordeel en troost, doem en hoop elkaar afwisselen. Daarmee is het een inhoudrijk, maar ook een verwarrend bijbelboek: alles lijkt dwars door elkaar heen te lopen.

22 Jesaja

'Kijk eens naar de vrouwen in Jeruzalem! Ze paraderen verwaand rond en ze blikken verleidelijk en onbeschaamd om zich heen! Ze denken dat ze onaantastbaar zijn. Ze hebben belletjes om hun enkels en gouden ringen in hun oren, deze dames van goede stand. Ze tooien zich met armbanden en sluiers, ze dragen prachtige kleren en geuren naar de parfum. Hun jongste rage zijn de tasjes en hun omslagdoeken en sjaals zijn helemaal naar de nieuwste mode ...' — Jesaja 3:16-4:1

Jesaja schetst de rijke vrouwen van Jeruzalem. De kleine toplaag. De overige vrouwen kunnen zich er niet in herkennen. Integendeel, zij steken er schril bij af. Zij dragen vodden en stinken een uur in de wind. Zíj weten niet hoe zij hun kinderen fatsoenlijk moeten voeden in deze tijden van nood.

Schatrijk en straatarm. Die tweedeling is de HEER God een doorn in het oog. Hij had voor zijn volk heel andere plannen gekoesterd. Jesaja krijgt ervan te zingen in een lied, het lied van de wijngaard. Dat lied bezingt hoe God met veel liefde en zorg een vruchtbare lap grond klaarmaakte om er een prachtige wijngaard op aan te leggen. Alles was het beste van het beste, want geen moeite was voor God te veel. — Jesaja 5:1-24
'Terecht toch?' zingt Jesaja, 'het is toch terecht dat de HEER er iets heel moois van verwachtte? Maar wat God oogstte, was slechts onrecht.'
Dan volgt, als een serie mokerslagen, een onheilsboodschap. Wee, wee en nog eens wee; tot zesmaal toe.
Dat oordeel stuurt Jesaja in naam van de HEER aan het adres van mensen die schaamteloos alleen zichzelf verrijken en aan hen die vooral uit zijn op hun eigen genot. Ook zij die de hele dag dronken zijn, krijgen ervan langs, evenals de mensen die God bespotten door smalend te zeggen: 'Waar blijft hij nou? We merken helemaal niets van hem.'

Jesaja 6 Mooie boel dus onder dat volk van God. Geen rechtsbetrachting, maar rechtsverkrachting, zegt Jesaja in een oneliner. Hij wordt als profeet geroepen om tot dit volk het woord van de HEER te richten. Dat gebeurt door een heel bijzondere ervaring. Hij krijgt een visioen te zien van de troon van God. Dat visioen is vol van overweldigende majesteit en luister. Hij ziet een onafzienbare menigte engelen. Die zingen een lofzang die geen mens op aarde ooit eerder heeft gehoord. Massaal en uit volle borst.
Bij het zien van dit visioen schreeuwt Jesaja het uit: 'Dit overleef ik niet! Want wie ben ik? Een mens als alle anderen, onrein! Ik vloek met deze heerlijkheid … ik zie met eigen ogen de majesteit van God – nee, dit wordt mijn dood!'
Maar de HEER heeft andere plannen voor Jesaja. Hij laat hem niet doodgaan. Hij roept hem als profeet. Eerst schroeit heilig vuur de lippen van Jesaja. Een engel neemt een kooltje uit het vuur, raakt daarmee de lippen van Jesaja aan en zegt: 'Nu is je mond geschikt gemaakt om Gods woord te spreken.'

Gods woord spreken doet Jesaja. Tegenover zijn volksgenoten. En ook tegenover de kleinere en grotere machthebbers uit die tijd. Hij kondigt namens God allerlei heftige oordelen aan. Maar dwars daardoorheen klinken telkens ook weer troostvolle woorden, die hoop bieden.

'Spreek tegen je volksgenoten,' zegt God, 'en meld hun dat ik het helemaal met hen gehad heb. In mijn ogen zijn ze een verderfelijk zooitje: onder hen is het leugen en bedrog wat de klok slaat. Begeerte en hebzucht maken de dienst uit. Maar aan mij denken – ho maar …'
Het komt hard aan, dat oordeel.
Maar dan moet de profeet namens God meteen ook weer zeggen: 'Ik heb gezien wat je volksgenoten doen, maar toch zal ik hen genezen, hen leiden en hun barmhartigheid bewijzen.'

Het boek Jesaja bevat ook een aantal liederen over de dienaar van de HEER die komen gaat. Eén daarvan bezingt zijn lijden, ter wille van Gods volk.

Jesaja 53 'Wie zal het geloven?
De dienaar van de HEER ziet er niet uit.
Geen schoonheid.
En ook geen hooggeacht figuur.
Hij is een man die gemeden wordt.
Mensen draaien hun hoofd weg als hij eraan komt.
Hij weet wat ziekte is, en lijden.
Wij denken dat God hem niet moet.
Maar om onze zonden wordt hij gestraft en om onze wandaden gebroken.
Door de striemen op zijn rug worden wij heel gemaakt.
Wij zijn als schapen die allemaal onze eigen weg gaan en ons van God niets aantrekken.
Maar de HEER laat onze schuld op hem neerkomen.
Niemand heeft het in de gaten, maar hij draait op voor onze missers.
Hij neemt het op voor mensen zoals wij, die schapen die liever leven willen zonder God.

Door de striemen op zijn rug

Hij geeft zijn leven in de dood.
Hem wordt aangerekend wat wij verdienen.
En dat terwijl hij zelf nooit enig onrecht heeft gedaan.
Met het offer dat hij brengt, zal hij ervoor zorgen dat onze relatie met God wordt hersteld. Aan hem is het te danken dat wat de HEER wil, ook lukken zal.'

Wil je meer lezen, probeer eens de hoofdstukken 40, 41 en 42.

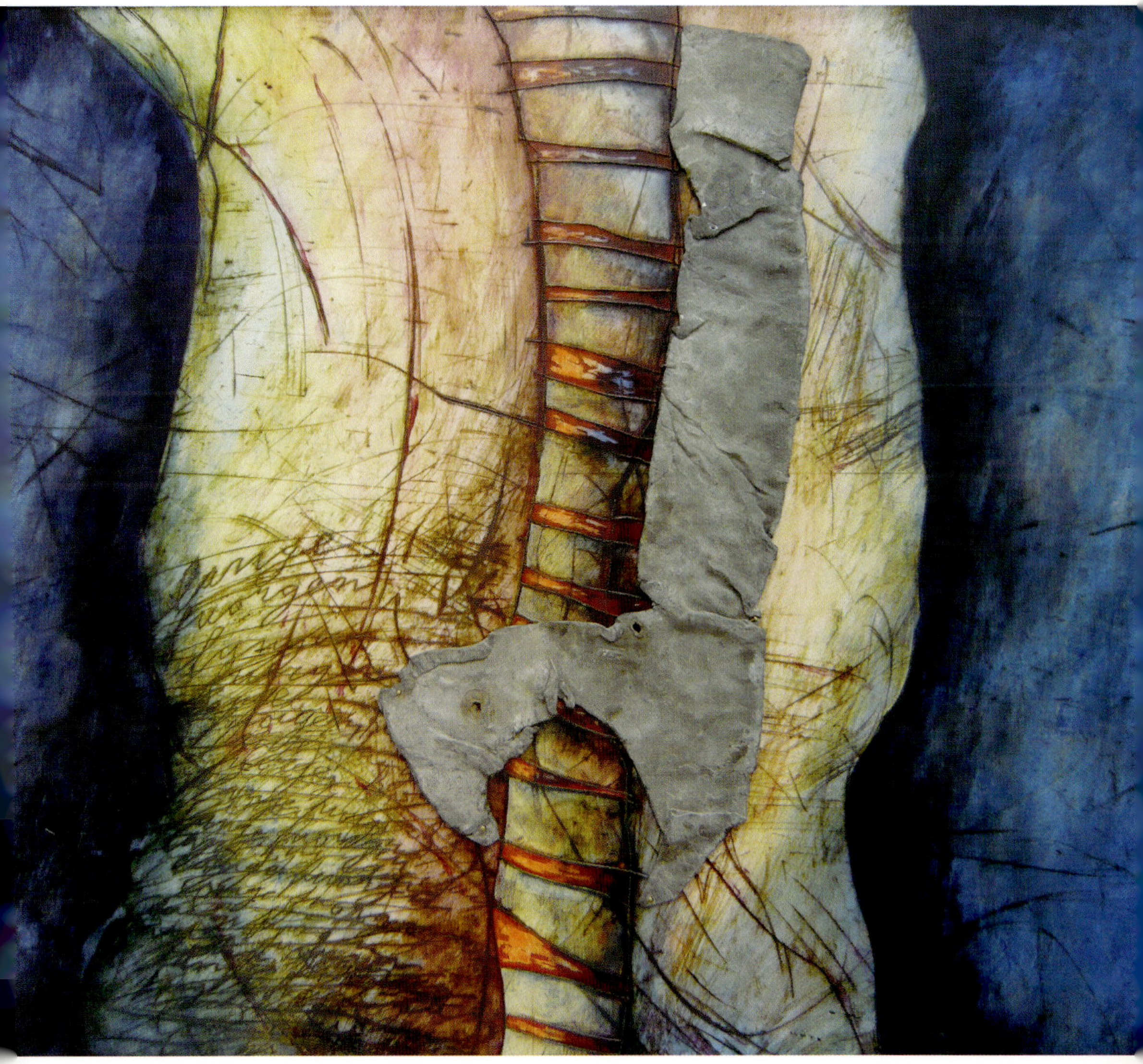

Het werkwoord 'jeremiëren' is afgeleid van de profeet Jeremia. Hij heeft in de Bijbel twee boeken op zijn naam staan: Jeremia en Klaagliederen. Hij trad op als profeet in Juda vanaf rond 600 vóór Christus.

Een eeuw eerder was het noordelijke rijk Israël onder de voet gelopen door Assyrië. De bevolking was in groten getale weggevoerd, in ballingschap. Op het nippertje wist de landstreek Juda de dans te ontspringen. Maar in de tijd van Jeremia lijkt er geen ontkomen aan. Nu is Babel de dreigende grootmacht.

23 Jeremia

'Moet dat nou zo, Jeremia?' vragen de mensen.
'Ja, zo moet het, het is een opdracht van de HEER', zegt Jeremia.

Hij lijkt knettergek, die man. Hij loopt met een juk op zijn nek door de stad – als was hij een werkpaard. Opdracht van God.
Ja hoor, dat zal wel.
Dat juk, zo vertelt hij aan iedereen die hij tegenkomt, draagt hij als een illustratie bij zijn onheilsboodschap: de koning van Babel heeft van de HEER God tijdelijk de macht gekregen over Juda en Jeruzalem.

Hij lijkt knettergek, die man.

Al eerder deed Jeremia van die vreemde dingen, die je niet meteen van hem verwacht zou hebben. Want hij was afkomstig uit een goede familie. Zelfs een priesterlijk geslacht. Zo iemand weet hoe het hoort, zou je denken. Maar nee.
Misschien heeft het ermee te maken dat hij nog erg jong was toen hij als profeet geroepen werd. Een jochie kun je het immers nog niet kwalijk nemen als hij de juiste etiquette niet kent.
Hij was bij zijn roeping nog zó jong, dat hij dat als excuus aanvoerde: 'HEER, ik ben nog veel te jong voor zo'n taak; veel te jong om met gezag te kunnen spreken.'
Maar hij kan er niet onderuit. Dit is het plan van de HEER, dat al dateert van vóór de geboorte van Jeremia. 'Jij wordt een profeet, naar wie ik je stuur zal je gaan en alles wat ik je gebied te zeggen zal je zeggen.'

Jeremia heeft geen keus. Hij moet wel. De HEER heeft dan wel gezegd dat hij niet bang hoeft te zijn, omdat hijzelf naast Jeremia zal staan. Maar ondertussen. Het vereist wel erg veel moed. Jeremia heeft een uiterst impopulaire boodschap voor de leiders van Jeruzalem en hij krijgt dan ook de publieke opinie tegen zich. In de ogen van velen is

Jeremia 20:7-18

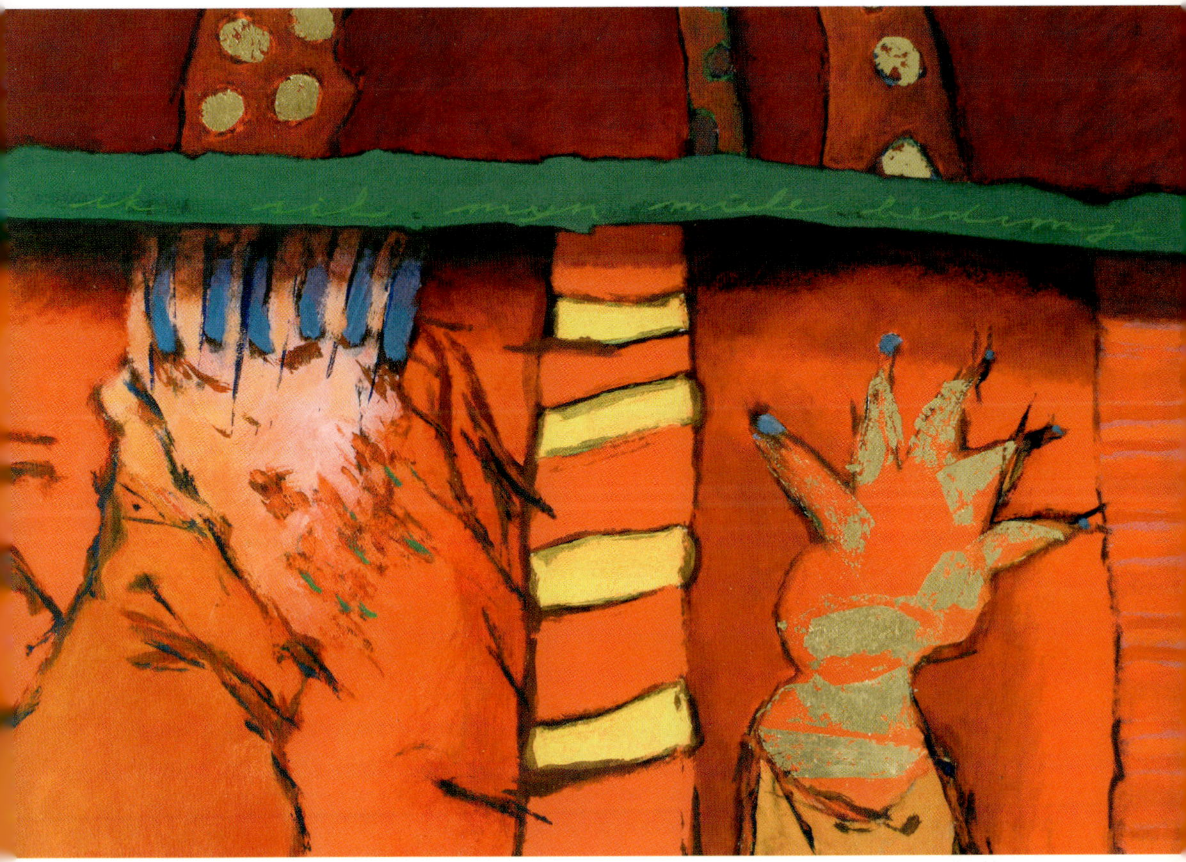

hij gelijk aan een landverrader. Ook over allerlei andere volken en hun leiders blijkt hij te moeten profeteren. Dat valt Jeremia niet altijd mee. Van tijd tot tijd ligt hij met de HEER in de clinch.

'HEER', verzucht hij op een dag, 'ik kap ermee. Het is echt niet meer te harden. Iedereen steekt de draak met mij. Uw woorden bezorgen mij elke dag weer spot en vernedering. Was ik maar nooit geboren!'
Maar ook al probeert Jeremia te stoppen, het lukt het hem niet! 'Uw woorden branden in mijn binnenste als een laaiend vuur. Ik kan ze niet in bedwang houden, ze moeten eruit. Arme ik.'

Wat is dan die boodschap, die hem zo gehaat maakt?
'Het einde is nabij, dit land is een puinhoop in de ogen van de HEER!' profeteert Jeremia in naam van de HEER. De inwoners van Juda stelen, moorden, plegen overspel en meineed, ze branden wierook voor Baäl en lopen andere goden achterna. Daarmee stellen ze Gods geduld tot het uiterste op de proef. Als ze zich nu meteen en grondig bekeren, dan is er misschien nog hoop. Als ze er serieus mee beginnen elkaar rechtvaardig te behandelen, de zwakkere te beschermen, geen onschuldig bloed te vergieten, en alle andere goden zouden afzweren, ja dan ... wie weet ...
Dat verkondigt Jeremia in alle scherpte en dat blijft hij doen.

Jeremia 25:15-38

Een keer doet Jeremia dat op het plein voor de tempel. Daar komt het tot een geweldige confrontatie. De donderpreek schiet de bevolking zó in het verkeerde keelgat dat ze probeert Jeremia te lynchen.
'Sterven moet jij!' roepen ze met z'n allen. 'Waar haal je het lef vandaan om zulke vreselijke dingen te zeggen! Nota bene in naam van de HEER!'
Het wordt een rel van jewelste. Iedereen raakt buiten zinnen, inclusief de priesters en profeten. Het volksoproer neemt zulke vormen aan dat de politieke leiders zich er wel mee moeten gaan bemoeien. Want het dreigt volstrekt uit de hand te lopen. Ze proberen de gemoederen wat tot bedaren te brengen door er een soort rechtszaak van te maken. Dat doen ze op een passende plek. Verschillende partijen in het conflict krijgen om de beurt de gelegenheid om hun zegje te doen. De uitkomst is dat Jeremia op het nippertje aan de dood ontsnapt.

Jeremia 26

Eén van de partijen in dat conflict is een groep andere profeten. Jeremia is niet de enige die in die tijd als profeet optreedt. Er zijn er veel meer. Een flink aantal van hen heeft een boodschap die veel beter bij het volk in de smaak valt. Die wordt gloedvol verkondigd.
'Omwille van de tempel van de HEER,' zeggen ze, 'zal Jeruzalem uiteindelijk gespaard blijven.' Kijk, dat is andere koek, dat willen de mensen wel horen.

Jeremia 28:1-17

Eén van de profeten die dat beweert heet Chananja.
'Onze zorgen zijn al bijna voorbij', toetert hij voor zich uit op het drukke tempelplein, 'want de HEER heeft de koning van Babel teruggefloten en zijn macht gebroken!'
'Het zou prachtig zijn als dit waar is,' reageert Jeremia, tussen de toehoorders, 'maar pas als gebeurt wat Chananja belooft, zal blijken of hij een echte profeet is.'
Maar Chananja wil daar niet op wachten en demonstreert dat hij veel geloof hecht aan

zijn eigen boodschap. Hij pakt het houten juk dat Jeremia op zijn nek draagt en breekt het met veel aplomb in tweeën.
'Zo breekt de HEER het juk van Babel', zegt hij met veel gevoel voor theater. Iedereen is onder de indruk. En opgelucht, want wie weet loopt het zo'n vaart niet ...

Jeremia gaat af.
'Ga terug', zegt de HEER tegen hem. 'Zeg tegen Chananja dat hij een houten juk gebroken heeft maar dat hij met heel Jeruzalem in plaats daarvan een ijzeren juk zal voelen, het ijzeren juk dat de koning van Babel genadeloos zal opleggen aan stad en ommeland!'

En aldus geschiedde. Jeremia heeft het – tot zijn grote verdriet dat in de Klaagliederen wordt verwoord – nog meegemaakt dat zijn eigen woorden (en niet die van Chananja) in vervulling gingen. Jeruzalem werd verwoest en veel inwoners van Juda werden afgevoerd naar Babel om daar een lange tijd in ballingschap te leven.
Daarom is Jeremia als profeet in de Bijbel opgenomen – in tegenstelling tot Chananja. Behalve dan in het verhaal over zijn confrontatie met Jeremia.

'Jonas in de wallevis die vannacht gevangen is … van je één, twee, drie.' En hop, daar ga je, in het water. 'Jonassen' heet dat kinderspelletje. De naam van dat spelletje is afgeleid van het bijbelboekje Jona.

Het is een kort verhaal over een profeet tegen wil en dank. Het valt in de Bijbel onder de profeten, maar lijkt op een novelle. Spannend om te lezen. Maar ook echt profetisch: gelovige mensen krijgen hier een spiegel voorgehouden. Om hen te laten lachen als een boer die kiespijn heeft.

Jona

'Ik heb een opdracht voor jou', zegt de HEER tegen Jona. 'Ga naar Nineve, die grote stad, en zeg de inwoners dat mijn geduld met hen ten einde is. Want de puinhoop die ze ervan gemaakt hebben, is tenhemelschreiend.' Jona 1-4
Jona pakt zijn koffers. Maar hij reist niet naar Nineve. Hij gaat precies de andere kant op. Met een schip vertrekt hij richting Tarsis.
Als Jona heeft gedacht door die actie aan zijn roeping te kunnen ontsnappen, blijkt hij het mis te hebben. Het schip raakt verzeild in een enorme storm.
Terwijl Jona in het ruim ligt te slapen als een onschuldig kind, maken de bemanningsleden zich grote zorgen. Ze maken hem wakker: 'Man, hoe kun je nu zo rustig slapen? Bid tot jouw god! Wij bidden allemaal al heel lang en zo vurig als wat tot onze eigen goden. Want dit onheil moet gekeerd!'

Over onheil gesproken, waarom overkomt dit uitgerekend hun? Wie heeft daar eigenlijk schuld aan? Ze trekken strootjes om daar achter te komen. Jona is de klos. Hij biecht eerlijk op dat hij op de vlucht is.
'Het zou me niets verbazen dat dit een actie is van de HEER mijn God', zeg hij schuldbewust.
'Wat moeten we nu doen?' vragen de anderen. 'Gooi me maar overboord, dat woeste water in. Wedden dat dan de storm zal bedaren?'

Dat woeste water in

Dat voorstel vinden ze al te gortig. Het overboord zetten van een passagier die voor de hele reis heeft betaald, is wel het laatste wat je doet … Met man en macht doen ze wanhopige pogingen om het schip door de storm heen aan land te krijgen. Tevergeefs. Dan zit er kennelijk niets anders op. Met een 'één, twee, drie, in godsnaam' gooien ze Jona in de kolkende zee.
Meteen gaat de wind liggen en komt de zee tot bedaren. Alle opvarenden worden be-

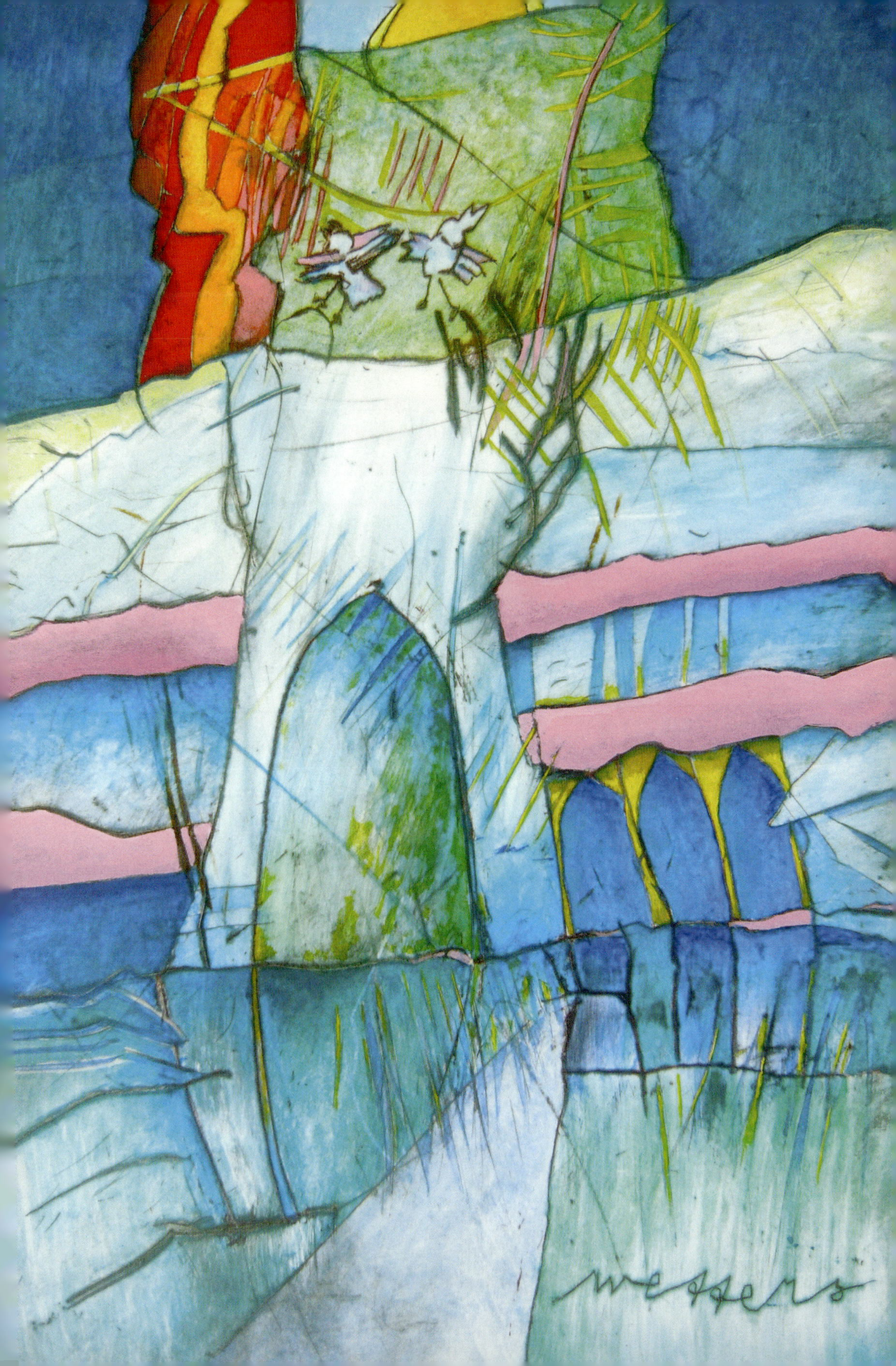
wessels

vangen door ontzag voor de HEER, de God van die onwillige profeet. De drenkeling wordt in de diepte van de zee opgevangen door een grote vis. Die vis slikt Jona in en spuugt hem drie dagen later weer uit op het land.

In de buik van de vis gaat Jona bidden tot God. Een psalm lijkt het. Hij dankt God al voor de redding die nog moet plaatsvinden.

Jona is terug bij af. De HEER God richt zich voor de tweede keer tot hem.
'Ik heb een opdracht voor je. Ga naar Nineve. Vertel tegen de bevolking van die grote stad wat ik je zeg.'
Nu gaat Jona dan toch. Maar in de toespraken die hij houdt tot de inwoners hoor je niets terug van zijn recente eigen avontuur en hij zwijgt ook in alle talen over de tweede kans die hem gegund werd. Integendeel. Het is een donderpreek. Van dik hout zaagt men planken kondigt hij het oordeel aan: 'Nog veertig dagen en jullie stad wordt weggevaagd!'

Gek, niemand in Nineve vindt Jona een schertsfiguur. Integendeel, de bevolking reageert juist bloedserieus. Iedereen, van de man in de straat tot de koning op zijn troon, schrikt van zijn onheilsboodschap. Ze betuigen publiekelijk spijt van het kwaad dat ze deden en het onrecht dat ze pleegden. Ze roepen een periode van boete uit en om dat te onderstrepen onthouden ze zich een tijd van eten. Op bevel van de koning moet zelfs het vee meedoen met dit vasten. En iedereen moet bidden. Ze bidden of hun leven ervan afhangt. 'Wie weet laat de God van Jona zich verbidden en komt hij terug op zijn besluit om ons weg te vagen', zegt de koning.
De God van Jona ziet dat de inwoners van de stad massaal gehoor geven aan de boodschap van zijn profeet. Hij ziet dat ze zich hullen in rouwgewaden en beginnen met vasten. En God krijgt berouw over zijn plan om de stad van de kaart te vegen. Het oordeel is afgewend. Wat een opluchting! Iedereen in Nineve is blij!

Maar Jona is allerminst blij en opgelucht. Hij voelt zich voor paal staan.
'Had ik het niet allang in de gaten dat u een God vol genade bent!' foetert hij. 'Ik had toch net zo goed thuis kunnen blijven?! Wat een ellende heb ik doorstaan en met welk doel? Dat u aan Nineve kunt laten zien hoe barmhartig u bent? Ondertussen loop ik hier ontzettend voor gek! Ik heb er schoon genoeg van! Ik wil dood, en wel graag nu, meteen!'
'Is het terecht, Jona, dat je zo boos bent?' vraagt God.
Een wonderboom komt eraan te pas in een poging om Jona wijzer te maken. Een boom die plots opduikt, precies op de plaats waar de profeet zit te kijken wat er met de stad zal gebeuren. Heerlijk, eindelijk wat schaduw! Maar een worm knaagt aan de wortels en de boom verkwijnt vervolgens weer even snel als hij gekomen is. Weer is Jona in alle staten en hij wenst dat hij dood was.

Het bijbelverhaal eindigt met een vraag van God.

'Jij treurt al over dat boompje dat in korte tijd uitgroeide. Mag ik dan Nineve niet in leven willen houden, die grote stad met zijn honderdduizend inwoners en nog veel meer kinderen plus al dat vee?'

Kerstfeest is een laatkomertje in het rijtje kerkelijke feesten. Pas rond het jaar 325 heeft een paus bedacht om de geboorte van Christus jaarlijks op 25 december te gedenken. Over de geboorte van Jezus staan wel prachtige verhalen in de Bijbel. Een feest waard!

Jezus' geboorte

Maria kreeg zomaar op een dag heel hoog bezoek. Ze schrok er enorm van, want ze was een eenvoudig meisje in het onaanzienlijke stadje Nazaret. Ze was verloofd met Jozef en had haar hoofd misschien vooral bij de samenstelling van haar uitzet. *Lucas 1 en 2*
'Wees maar niet bang', had de engel Gabriël nog gezegd. Toen vertelde hij haar dat zij was uitgekozen om de moeder van Jezus te worden.

Een halfjaar eerder was Gabriël bij een oude priester, Zacharias, geweest die dienstdeed in de tempel te Jeruzalem, de hoofdstad van het land. Met een vergelijkbare boodschap. De man en zijn evenzeer oude vrouw, Elisabet, zouden een zoon krijgen en die moesten ze Johannes noemen. Deze Johannes zou de voorloper, de wegbereider van Jezus worden.
Maar Zacharias kon zijn oren niet geloven. Hij vertrouwde het niet helemaal en vroeg om zekerheid. Die kreeg hij: hij kon niet meer spreken totdat Johannes geboren zou zijn.

Maria reageerde anders op de boodschap van de engel. 'Ik wil de Heer dienen', zei ze. 'Laat er met mij gebeuren wat u gezegd hebt.' En zo geschiedde, heel wonderlijk. De heilige Geest kwam over haar, de kracht van de Allerhoogste bedekte haar als een schaduw en ze werd zwanger.
Naar de mening van Jozef werd niet gevraagd, maar op Maria's woord was ook hij bereid. Hij zou het geroddel dat hem te wachten stond manmoedig dragen.

De kracht van de Allerhoogste bedekte haar als een schaduw.

Voordat Maria het kind ter wereld bracht, had de keizer van Rome, die toen de baas was in het land, het onzalige idee gekregen om een volkstelling in zijn gebied te houden. Daarvoor moest iedereen naar de stad waar hij vandaan kwam.
Ook Jozef moest op reis, van Nazaret in het noorden van het land naar een stad in het zuiden, Betlehem. Dat was de stad van David en Jozef stamde van David af. Maria ging met hem mee.

Dus daar gingen ze, de zwangere Maria met haar aanstaande Jozef. Weg van huis en haard, een lange reis, met ook nog eens al die chaos in het land. Na een uitputtende

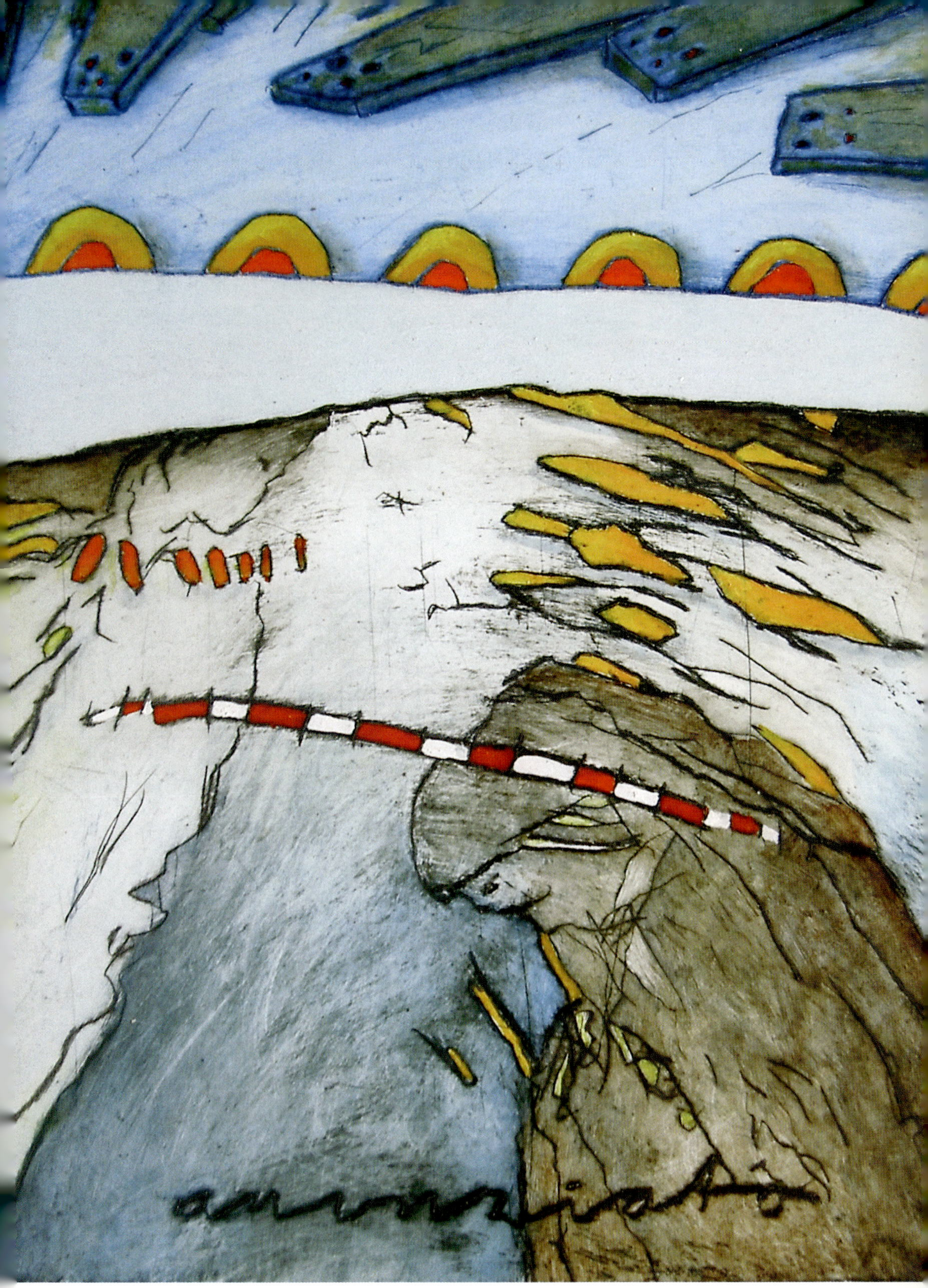

reis van wie-weet-hoeveel dagen kwamen ze aan in Betlehem. Alle logementen en herbergen waren volgeboekt in verband met de volkstelling.
Toch vonden ze ergens een onderkomen. Bij de dieren. Een dak boven hun hoofd en een voederbak om de kleine in te leggen. Ze waren nog niet daar beland of Maria ging bevallen. Een weinig feestelijke entourage, dat onderkomen.

Méér feest was het buiten in de weidegronden bij Betlehem. Daar maakte een aantal herders de nacht van hun leven mee. Licht in de lucht, een stem als trompetgeschal, overweldigend gezang uit de hemel. En waarom? Er was in Betlehem een baby geboren. Een heel bijzonder kind. De hemel kon zich bij deze geboorte niet stilhouden. Een leger engelen zong het uit: 'Ere zij God in de hoge!'

Ze zouden heerlijk hebben liggen nagenieten, die herders, ware het niet dat een stem hen op weg gestuurd had om die baby te zoeken. 'Jullie zullen een pasgeboren kind vinden, dat in doeken gewikkeld ligt. In een voederbak.'
Daar gingen ze. Meteen. En het duurde niet lang of ze vonden Maria en Jozef en het kind. Ze konden hun mond niet houden, deze herders, over die nacht van hun leven en ze vertelden stralend wat ze hadden gehoord. Vooral over deze bijzondere baby.
Maria zat erbij, luisterde aandachtig en besloot dit alles goed te onthouden, want ze was nog lang niet klaar met de betekenis van deze geboorte en dit kind.

Nog andere verhalen worden er rondom deze geboorte verteld. Over een ster en reizigers die van ver komen. Ook grimmige verhalen over verraad en moord. Matteüs 1-2
Over de jeugd van Jezus vertelt de Bijbel vrijwel niets. Eén verhaal slechts in Lucas 2. Als Jezus twaalf jaar oud is gaat hij met Maria en Jozef mee naar Jeruzalem om daar het paasfeest te vieren. Op de terugreis ontdekken ze tot hun schrik dat Jezus niet bij het reisgezelschap is. Na een zoektocht vinden ze hem in Jeruzalem, in gesprek met een aantal geleerden.
Dit ene verhaal is voor veel mensen niet genoeg geweest om tegemoet te komen aan hun nieuwsgierigheid. Er zijn in de loop der tijd dan ook allerlei verhalen verzonnen over de kinderjaren van Jezus. Aandoenlijke avonturen van een bijzonder joch, maar wel vrome fantasie. De Bijbel is er niet op uit om onze nieuwsgierigheid te bevredigen maar om ons dát over Jezus te vertellen wat van belang is voor ons geloof in God.

Matteüs, Marcus, Lucas en Johannes, alle vier de evangelisten noemen het optreden van Johannes, bijgenaamd 'de Doper'. Hij is een soort voorloper van Jezus, een 'wegbereider' wordt hij ook wel genoemd. De ene evangelist vertelt heel kort over de Doper, de andere wat langer. Maar blijkbaar moet het eerst even over deze Johannes gaan, voordat je verder leest over Jezus.

2 Johannes de Doper

Lucas 3:1-22

Je zult maar soldaat geweest zijn in die dagen, en gelegerd zijn in die uithoek van het Romeinse Rijk! Dagelijks hoor je de mensen in het dorp over een man die bij de rivier de Jordaan staat te preken. Hij brengt veel beroering teweeg. Je besluit met je maten eens een kijkje te gaan nemen. Nauwelijks ben je gearriveerd of die man priemt met zijn vinger in jouw richting: 'Jullie daar, soldaten! Stop nou eens met dat afpersen! En pak niet langer smeergeld aan! Neem genoegen met je soldij!'
Maar was je dáár eigenlijk nu net niet soldaat voor geworden? Niet voor dat hongerloontje, maar voor die prettige neveninkomsten …?

De man die voor zoveel ophef zorgt heet Johannes. Een zonderling type. Met zijn jas van kamelenhaar ziet hij er nogal vreemd uit. En hij houdt er nog vreemder eetgewoontes op na. Sprinkhanen nota bene, en wilde honing.
Iedere dag trekt hij veel volk, daar in het afgelegen gebied, aan de oever van de Jordaan.
'De Doper' zijn mensen hem gaan noemen, want dopen is zijn dagelijks werk. Mensen kopje-onder laten gaan in het water van die Jordaan, als teken dat ze een frisse start willen maken; dat ze een eind willen maken aan de verkeerde dingen waar hij hen op wijst.

Johannes preekt ook. En hoe! Niet alleen tegen die soldaten die een kijkje kwamen nemen. 'Bekeer je nu het nog kan!' zegt hij met stemverheffing tegen de velen die uit nieuwsgierigheid langskomen. Deze Johannes doet denken aan wat de profeten vroeger zeiden: 'Hij laat zijn stem horen in de woestijn om de weg klaar te maken voor de HEER' – zo staat het in de boeken van het Oude Testament. Hij bereidt de mensen voor op de komst van Jezus.
Zijn preken zijn scherp en streng. Hij spreekt over het oordeel dat heel snel komen zal. En over de bijl die al klaarligt bij iedere boom die geen goede vruchten draagt – beeldspraak voor het oordeel over iedereen die zijn leven niet betert.

'Wat moeten we doen?' vragen de mensen.
Hij geeft praktische adviezen. 'Heb je twee stel kleren in de kast? Geef er één van weg

aan iemand die geen kleren heeft. Heb je een voorraadje eten in huis? Deel dan ook dat met mensen die geen eten hebben.'

'Zou Johannes soms de beloofde messias zijn?' vragen omstanders zich af. Want die verwachting, waar de profeten al vaak over hadden gesproken, leefde heel sterk in die dagen: er zou iemand komen namens God, als zijn afgezant op aarde. Zou deze Doper die man zijn? De spanning is voelbaar.
Johannes weet wat de mensen over hem beweren. 'Nee,' zegt hij op de onuitgesproken vraag, 'nee, ik ben de messias van God niet, ik ben alleen maar zijn wegbereider. Maar let op, binnenkort komt hij, die veel belangrijker is dan ik. Ik doop jullie alleen maar met water, maar hij zal jullie dopen met geest en met vuur.'

En op een dag staat Jezus daar opeens. Zomaar tussen de mensen, in die woestijn aan de oever van de Jordaan. Hij wacht op zijn beurt.
'Doop ook mij, Doper.'
Johannes wordt er verlegen van.
'Ik? Ik u dopen?' stamelt Johannes. 'Geen sprake van! Dat is de wereld op z'n kop! Ik zou door u gedoopt moeten worden!'
Maar Jezus is vastbesloten: hij wil zich vereenzelvigen met gewone mensen, hun leven delen, solidair met hen zijn, ook in hun falen en hun schuld die dat dopen nodig maakt.
'Doe het nu maar, Johannes', zegt hij. 'Doop ook mij, want dat past helemaal bij de weg die ik wil gaan.'

En van omhoog klinkt een stem:

'Dit is nu mijn lieve zoon!'

Johannes zwicht. Hij doopt Jezus in dat water van de Jordaan. En geloof het of niet, maar op dat moment opent zich de hemel. Er daalt een duif op Jezus neer, de vogel van de heilige Geest. En van omhoog klinkt een stem: 'Dit is nu mijn lieve zoon! Wat een vreugde beleef ik aan hem!'

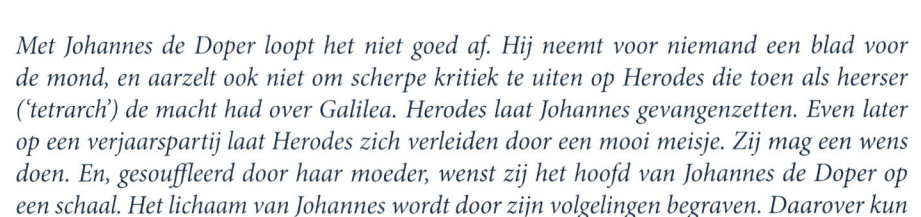

Met Johannes de Doper loopt het niet goed af. Hij neemt voor niemand een blad voor de mond, en aarzelt ook niet om scherpe kritiek te uiten op Herodes die toen als heerser ('tetrarch') de macht had over Galilea. Herodes laat Johannes gevangenzetten. Even later op een verjaarspartij laat Herodes zich verleiden door een mooi meisje. Zij mag een wens doen. En, gesouffleerd door haar moeder, wenst zij het hoofd van Johannes de Doper op een schaal. Het lichaam van Johannes wordt door zijn volgelingen begraven. Daarover kun je lezen in Matteüs 14.

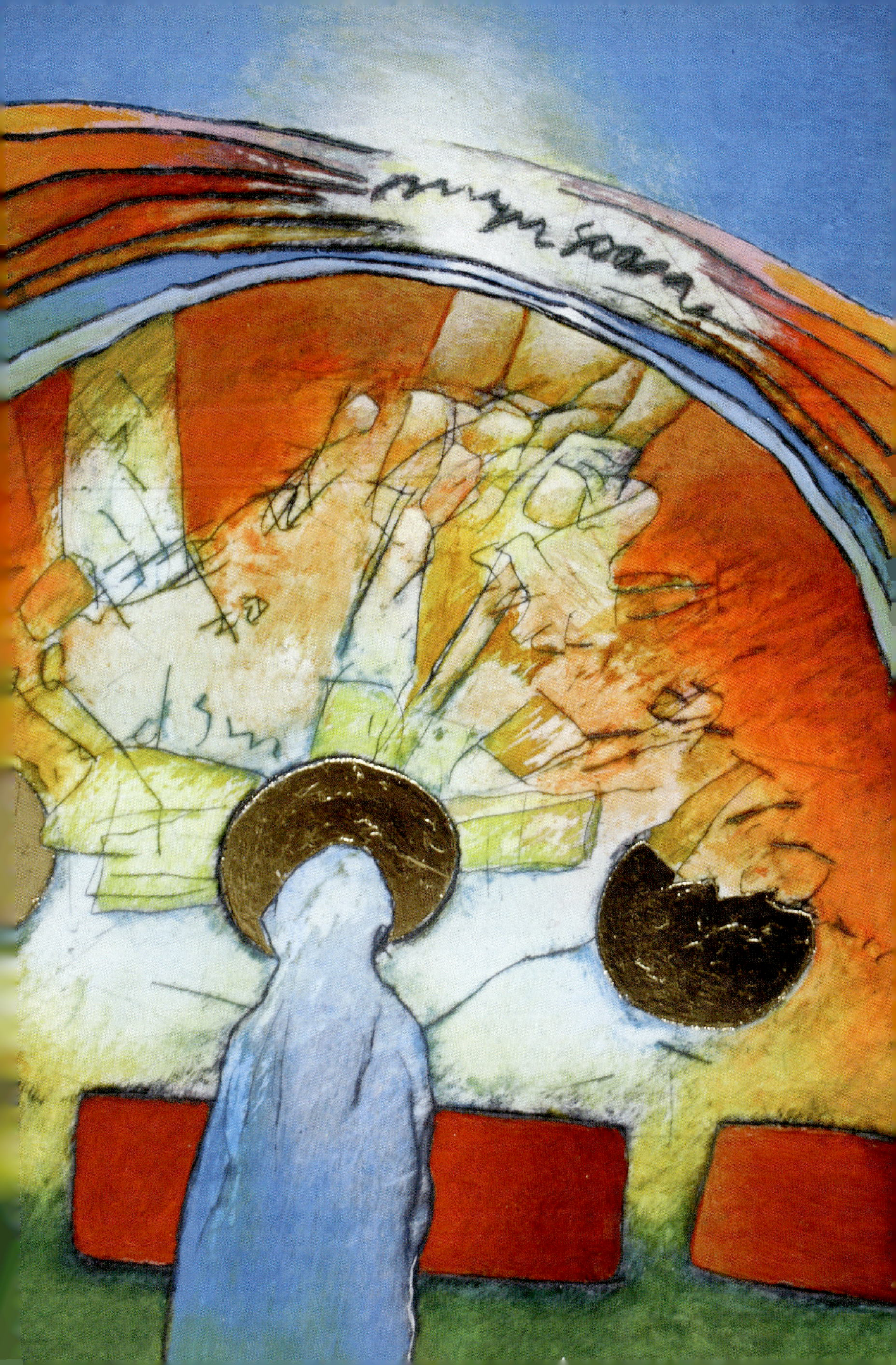

Ongeveer dertig jaar oud is Jezus wanneer hij door Johannes de Doper gedoopt wordt.

3 Begin van Jezus' optreden

'Als jij de zoon van God bent, is het toch een koud kunstje om van deze stenen hier brood te maken', fluistert de duivel Jezus in het oor. Het is een vuurproef waar Jezus aan wordt onderworpen; een zware test. Voordat Jezus kan beginnen aan het werk dat hem wacht, moet hij laten zien wat hij waard is, of hij bestand is tegen verleidingen. Voor die vuurproef was Jezus de woestijn in gestuurd. Daar had hij veertig dagen gevast, dat wil zeggen: niet gegeten. In die situatie belaagt de duivel hem met zijn vragen over brood. Die influistering is dus een grote verleiding.
Met een paar regels uit het Oude Testament weet Jezus de verzoeking te weerstaan. 'De mens leeft niet van brood alleen, maar van ieder woord dat klinkt uit de mond van God.'

Matteüs 4:1-11

Een voltreffer. Daarmee doorstaat hij de eerste test. Glansrijk.
Maar de duivel laat hem niet gaan. Hij neemt Jezus mee naar het dak van de tempel in Jeruzalem. 'Als jij de zoon van God bent, is het toch een koud kunstje om hier van af te springen? Engelen zullen je op handen dragen. Dat staat immers in de Bijbel!'
De duivel is blijkbaar goed thuis in de Bijbel.
Zo'n spectaculaire sprong van de tempel zou natuurlijk wel een prachtige voorstelling zijn, met een groot publiek. Maar weer: nee. Zó niet. Geen kunstjes voor Jezus. Weer pareert hij de duivel met een andere regel uit het Oude Testament. 'Er staat ook geschreven: Stel de HEER uw God niet op de proef.'

De klap op de vuurpijl is de derde test. Daarvoor neemt de duivel Jezus mee naar een erg hoge berg. Een plek met een prachtig uitzicht over de hele wereld.
'Allemaal voor jou, Jezus, als jij nu voor mij, al is het maar even, op je knieën gaat.'
Een verleiding, want dan kan Jezus meteen zonder omwegen alle macht over de wereld krijgen. Kan hij meteen overal orde op zaken stellen, recht en gerechtigheid invoeren, de hele aarde onder het beslag brengen van Gods heerschappij. Maar weer: nee. Zó niet. Op z'n knieën gaan voor de duivel? Nooit! Niet één keer! Dan liever, oneindig veel liever de weg die God hem wijst, wat die hem ook zal gaan kosten, want hij zal zijn knieën alleen buigen voor God de Heer.
Daarmee heeft Jezus de vuurproef doorstaan. De duivel druipt af. Al is het maar voor een korte tijd.

Nu is Jezus klaar voor het werk waarvoor hij is gekomen. En hij gaat dan ook meteen aan de slag. Nauwelijks begint hij over God en zijn koninkrijk te spreken of hij roept mensen om hem te volgen. Nu waren er in die periode wel meer rabbi's met een kring van leerlingen om zich heen. En ook meer rondtrekkende predikers. Jezus had een enorme uitstraling en sprak met gezag. Bij de oever van het Meer van Galilea, ziet hij

Matteüs 4:17-29

daar een paar vissers aan het werk.

'Kom met mij mee', zegt hij. Ze komen, meteen! Simon en Andreas laten hun vissersnetten gewoon liggen en gaan met Jezus mee. Even later volgen Jakobus en Johannes, ook vissers van beroep. Ze laten alles zomaar achter. Hun vader Zebedeüs heeft het nakijken. Daar gaan zijn zonen, de beoogde opvolgers van zijn vissershandel. Achter Jezus aan.

'Kom met mij mee', zegt Jezus.

Deze mannen zijn de eerste vier leerlingen van Jezus. Er zullen er nog acht bij komen, die ook geroepen worden om met Jezus mee te gaan. Dan telt de kernploeg van leerlingen twaalf mensen. Dat getal is niet willekeurig gekozen, want in de Bijbel is twaalf een bijzonder getal: het getal van Israël met zijn twaalf stammen.

Samen met zijn leerlingen trekt Jezus de landstreek Galilea door, het gebied in het noorden van Israël. Overal waar hij komt spreekt hij over Gods heerschappij, het leven zoals God dat heeft bedoeld. Hij spreekt er niet alleen over, als teken daarvan laat hij het ook zien: hij geneest veel zieke mensen. Het duurt dan ook niet lang of het nieuws over deze bijzondere leraar verspreidt zich als een lopend vuurtje door het land. Waar Jezus ook komt, overal verzamelen zich grote mensenmassa's. Onder hen mensen die alleen maar nieuwsgierig zijn en deze wonderdoener waarover zoveel geruchten de ronde doen, zelf wel eens willen zien. Maar ook heel veel zieke mensen, die hopen op genezing. En mensen die heel graag meer over God en zijn heerschappij willen horen, omdat ze leven in de verwachting dat God binnenkort op een bijzondere manier zal omzien naar zijn volk.

Lucas 4:31-42

In die dagen bezoekt Jezus het dorp Kafarnaüm en hij gaat daar op de rustdag naar de plaats van samenkomst, de synagoge. Daar begint een man luidkeels te brullen. Hij is zo bezeten als wat. De boze geest schreeuwt tegen Jezus: 'Ik weet heus wel wie jij bent! Jij bent de heilige van God, je bent gekomen om mij te vernietigen!'
Inderdaad. Goed gezien van die boze geest. En hij wordt met één machtswoord van Jezus weggestuurd, zodat de man bevrijd huiswaarts kan gaan.

In datzelfde dorp ligt de schoonmoeder van Simon, één van de leerlingen van Jezus, doodziek te bed. Ze heeft hoge koorts. 'Heer, kunt u haar misschien helpen?' vragen de omstanders aan Jezus. Hij neemt plaats naast haar bed, spreekt één woord en weg is de koorts. De vrouw staat op en bereidt een maaltijd, voor Jezus en de hele groep leerlingen.
Ondertussen drommen de mensen samen rond het huis. Ze willen allemaal de aandacht van Jezus, ze verlangen naar gezondheid, naar bevrijding, naar vrede. Ze blijven maar komen, dag in dag uit, al die mensen. Jezus wordt er uiteindelijk moe van. Het is al nacht geworden als hij zich terugtrekt om te gaan bidden. Zo doet hij weer nieuwe kracht op, door stil te worden bij God, zijn Vader.

IWANYH   IAKW.BOC   ΠΕΤΡΟC

In de evangeliën staat een aantal toespraken van Jezus, over uiteenlopende onderwerpen. Bijvoorbeeld over het leven als gelovige, in de praktijk van alledag. Of over het einde van de geschiedenis. Of over zichzelf.

De meeste toespraken zijn erg pittig. Ze stellen je als hoorder, en als lezer, voor een keus. Geen bespiegelingen om eens lekker op je gemak tot je te nemen.

4 Een toespraak van Jezus

Eén van de bekendste toespraken is de 'Bergrede', waaruit we nu een aantal fragmenten hebben geselecteerd. Mozes kreeg destijds, in het Oude Testament, de wet op de berg Sinai. Jezus klimt op een heuvel (vandaar: 'Bergrede') om te vertellen hoe zijn 'wet' eruitziet.

Matteüs 5-7   Jezus is nog maar net begonnen met zijn optreden. Hij trekt al veel mensen. Van heinde en verre komen ze op hem af. De geruchten over wat hij zegt en doet, maken massa's mensen nieuwsgierig.
Op een dag ziet Jezus die menigte om zich heen. Hij zoekt een goede plek om voor de grote groep een toespraak te houden. Op een heuvel.
De toehoorders luisteren met ingehouden adem. Dit is zo anders dan wat er normaal te horen valt. Niet de rijken, maar de armen worden gelukkig geprezen. Niet de lachers, maar zij die weten wat tranen zijn. Niet degenen die met hun ellebogen werken, maar zij die kunnen incasseren. Wapenhandelaren mogen dan grof geld verdienen, de mensen die vrede stichten worden door God zijn kinderen genoemd.

Het is ook heel anders dan wat er normaal te horen valt over het leven volgens de bedoelingen van God. In navolging van de wet van Mozes is altijd gezegd: Je mag geen moord begaan.
Maar Jezus zegt: 'Als je zó kwaad bent, dat je blik iemand zou kunnen doden, zit je al fout.' Mozes zei: Blijf trouw aan je eigen man of vrouw. Maar Jezus zegt: 'Als je een vrouw in gedachte uitkleedt, ga je eigenlijk al vreemd.' Geen valse eed zweren in de naam van God, is normaal om te horen. Maar Jezus zegt: 'Laat dat zweren helemaal achterwege, als je "ja" zegt, moet je "ja" dóen. En laat je "nee" ook daadwerkelijk "nee" zijn.' Wraak is ook zo'n gevoelig punt. Die wraak was ooit in de wet van Mozes al enigszins aan banden gelegd met de regel 'oog om oog, tand om tand'; geen excessief geweld bij vergelding dus. Maar Jezus scherpt het verder aan: 'Pikt iemand je jas, geef hem je hemd erbij! Geeft hij jou een rechtse, keer hem je linkerwang toe.'

Het Onze Vader

Wat Jezus zegt over bidden is ook anders dan wat zijn toehoorders gewend zijn.

'Bid bij voorkeur niet op de hoek van de straat, opdat iedereen het kan zien, maar doe het voor God en niet om goede sier te maken bij de mensen.' En: 'Houd het kort, want de kwaliteit van een gebed zit niet in de lengte.'
Wat Jezus bedoelt illustreert hij meteen. Hij leert zijn leerlingen dit gebed: 'Onze Vader in de hemel, laat uw naam geheiligd worden, laat uw koninkrijk komen en uw wil gedaan worden op aarde zoals in de hemel. Geef ons vandaag het brood dat we nodig hebben. Vergeef ons onze schulden, zoals ook wij hebben vergeven wie ons iets schuldig was. En breng ons niet in beproeving maar red ons uit de greep van het kwaad. Amen.'

Dit gebed wordt het 'Onze Vader' genoemd. Het wordt door christenen over de hele wereld nog steeds gebeden. Al hebben christenen vanaf het begin het niet kunnen laten om het toch ietsje langer te maken door er een regel aan toe te voegen om God lof mee toe te zwaaien: 'Want van u is het koninkrijk en de kracht en de heerlijkheid tot in eeuwigheid!'

Wat Jezus zegt over werk en bezit is ook al zo tegendraads. 'Kijk eens naar de vogels in de lucht. Sparen zij? Toch krijgen ze elke dag te eten! En kijk ook eens naar de bloemen om je heen. Werken zij? Toch is hun pracht en hun luister weergaloos! Wees niet bezorgd. Als God al zorgt voor die bloemen, zou hij dan niet zorgen voor jullie?'
Een mens kan zomaar in de ban raken van het verlangen om rijk te worden, waarschuwt Jezus. Voordat je er erg in hebt kan dat uitlopen op een verslaving die het je onmogelijk maakt om je leven op God te richten.
Jezus doorbreekt ook het gemak waarmee mensen over anderen oordelen. 'Pas op,' waarschuwt hij, 'als je met een vinger naar anderen wijst, wijzen er drie vingers naar jezelf. Jij mag dan een splinter in het oog van een ander zien, aan de balk in je eigen ogen ga je al te gemakkelijk voorbij. Dat maakt je tot een huichelaar.'

Aan deze toespraak van Jezus zijn veel zegswijzen in onze Nederlandse taal ontleend. 'Zoekt en gij zult vinden.' 'Aan de vruchten herkent men de boom.' En: 'Wat gij niet wilt dat u geschiedt doe dat ook een ander niet.' Al zegt Jezus het net andersom, positief: 'Behandel anderen steeds zoals je zou willen dat ze jullie behandelen.'

Aan het eind van zijn toespraak vertelt Jezus over twee mensen. Allebei bouwen ze een huis. De ene begint met een goede fundering, ook al is dat een hoop werk. Maar als het begint te stortregenen en het huis wordt geteisterd door stormen, blijft het overeind staan. Want het is stevig verankerd.
De andere mens begint meteen met bouwen, gewoon vanaf de grond. Dat schiet snel op. Maar als de stortregens losbarsten en de stormen loeien, verandert het bouwwerk in korte tijd in een ruïne. Het mist een goede ondergrond.
'Als je naar mij luistert,' zegt Jezus, 'en niet doet wat ik zeg, lijk je op die laatste. Als je naar mij luistert en wél doet wat ik zeg, lijk je op die eerste. Dan leg je een stevig fundament voor je leven. Wat er ook gebeurt.'

Leg een stevig fundament voor je leven.

grundearre

In de tijd van Jezus' optreden waren er in Israël veel godsdienstige stromingen die elk zo hun eigen uitleg hanteerden van de heilige geschriften (toen nog uiteraard alleen een aantal boeken uit het Oude Testament).

In de evangeliën kom je een paar keer de sadduceeën tegen. Dat waren zeer geletterde en hooggeplaatste mensen, de toenmalige 'upper ten', zeg maar. Scherpzinnige, kritische mensen die – blijkens de evangeliën – niet geloven in een opstanding van de doden.

Veel vaker kom je in de evangeliën de farizeeën tegen. Dat was een groep die groot gezag genoot. Want de farizeeën wensten zich met veel ernst en toewijding te houden aan alle geboden die aan Mozes werden toegeschreven. Met deze groep komt Jezus geregeld in conflict.

5 Ruzie met de geestelijke leiders

Vier vrienden brengen een verlamde man bij Jezus. Althans, dat proberen ze. Maar waar ze al bang voor waren gebeurt. Het huis waarin Jezus verblijft, puilt uit van de grote groep mensen die hem willen horen vertellen over God. Het is nog drukker dan ze al hadden verwacht. Geen doorkomen aan.   Lucas 5:17-26
Maar de vrienden met hun brancard laten zich niet uit het veld slaan. Via een buitentrap klimmen ze op het platte dak. De oosterse huizen hadden indertijd een lichte dakconstructie. Ze halen een aantal daktegels weg en maken een gat dat groot genoeg is om hun verlamde vriend er op zijn draagbaar doorheen te laten zakken. Pal voor Jezus' voeten, midden in die stampvolle ruimte.
Aangename verrassing. Jezus is vooral aangenaam verrast door de liefde van de vrienden. Zij gaan door roeien en ruiten om de zieke bij Jezus te brengen. Niets is hun te gortig. Wat een vertrouwen! 'Tjonge', zegt Jezus tot de verlamde, 'wat een prachtig stel vrienden heb jij! Al je zonden zijn je vergeven!'
Dat schiet de aanwezige farizeeën volstrekt in het verkeerde keelgat. Zonden vergeven? Dat kan toch alleen de Heer God zelf? Wie denkt deze praatjesmaker uit Nazaret wel dat hij is? De hele ploeg farizeeën raakt op stoom. 'Je reinste godslastering!' denken ze. Die gedachten van de farizeeën ontgaan Jezus niet.

'Wat is volgens jullie gemakkelijker?' vraagt hij hun. 'Te zeggen: Je zonden zijn je vergeven, of te zeggen: Sta op en wandel? Maar ik zal jullie laten zien dat het ook aan mij gegeven is om zonden te vergeven!'
Hij richt zich tot de verlamde man op de draagbaar: 'Sta op! Pak je draagbaar en ga naar huis.'
De verlamde man staat op, pakt zijn draagbaar en wurmt zich naar de uitgang. Iedereen die het ziet is ervan ondersteboven. 'Dit hebben we nog nooit gezien', zeggen ze. 'Ongelooflijk!'

Lucas 6:1-5 Korte tijd later loopt Jezus met zijn leerlingen door een korenveld. Ze hebben honger. De leerlingen van Jezus plukken wat aren. Maar het is sabbat, de dag waarop volgens de wet van Mozes niet gewerkt mag worden. En de farizeeën hebben tot in detail uitgevlooid, wat onder de definitie van 'werk' valt en wat niet. Aren plukken geldt volgens hen als werk. De boeren verdienen daar immers doordeweeks hun brood mee.
Dus springen de farizeeën erbovenop: 'Schande! Moet u zien! Uw leerlingen doen wat niet mag!'
Maar Jezus is niet onder de indruk van hun heftige beschuldiging.
'De sabbat is er voor de mens, en de mens niet voor de sabbat.'

De sabbat is vaker in het evangelie inzet van een fel debat met de farizeeën.
Want ook het genezen van zieken is volgens hen 'werk'. Dat is per slot van rekening de broodwinning van artsen.

Lucas 13:10-17 Naar goed joods gebruik gaat Jezus op de sabbat naar de synagoge. Onder de aanwezigen is ook een vrouw, die helemaal is vergroeid. Zo krom als een hoepeltje bijna. Achttien jaar lang al heeft ze een ziekte die haar rug steeds verder doet krommen.
Jezus ziet haar, spreekt haar aan en zegt: 'Vrouw, je bent verlost van je ziekte.'
Ze richt zich op. Kaarsrecht staat ze voor hem. Ze kan iedereen weer in de ogen kijken.

Een ziekte die haar rug steeds verder doet krommen

De leider van de synagoge is buiten zichzelf van woede. 'Zes dagen zijn er om te werken! Dus ook zes dagen om te genezen en te worden genezen! Laat de sabbat in Gods naam met rust!'
'Huichelaar!' zegt Jezus. 'Als jouw kalf vandaag in de sloot valt, laat je dat beest dan verdrinken omdat het sabbat is? Nou dan! Het gaat hier wel om meer dan een beest! Deze vrouw is een dochter van Abraham. Samen met haar kunnen we een échte sabbat vieren nu zij weer rechtop kan staan!'
Daar heeft de leider van de synagoge niet van terug. Het schaamrood vliegt hem naar de kaken.
Alle anderen in de zaal durven nu los te barsten van blijdschap. Wat een feest, deze sabbat! Deze kromgetrokken vrouw, die iedereen kende, staat weer rechtop in het leven! Wat een wonder! Ze dansen en zingen uit volle borst, om God te danken. De vrouw zelf kan voor het eerst sinds jaren volop meedoen.

Kennismaking met de Bijbel

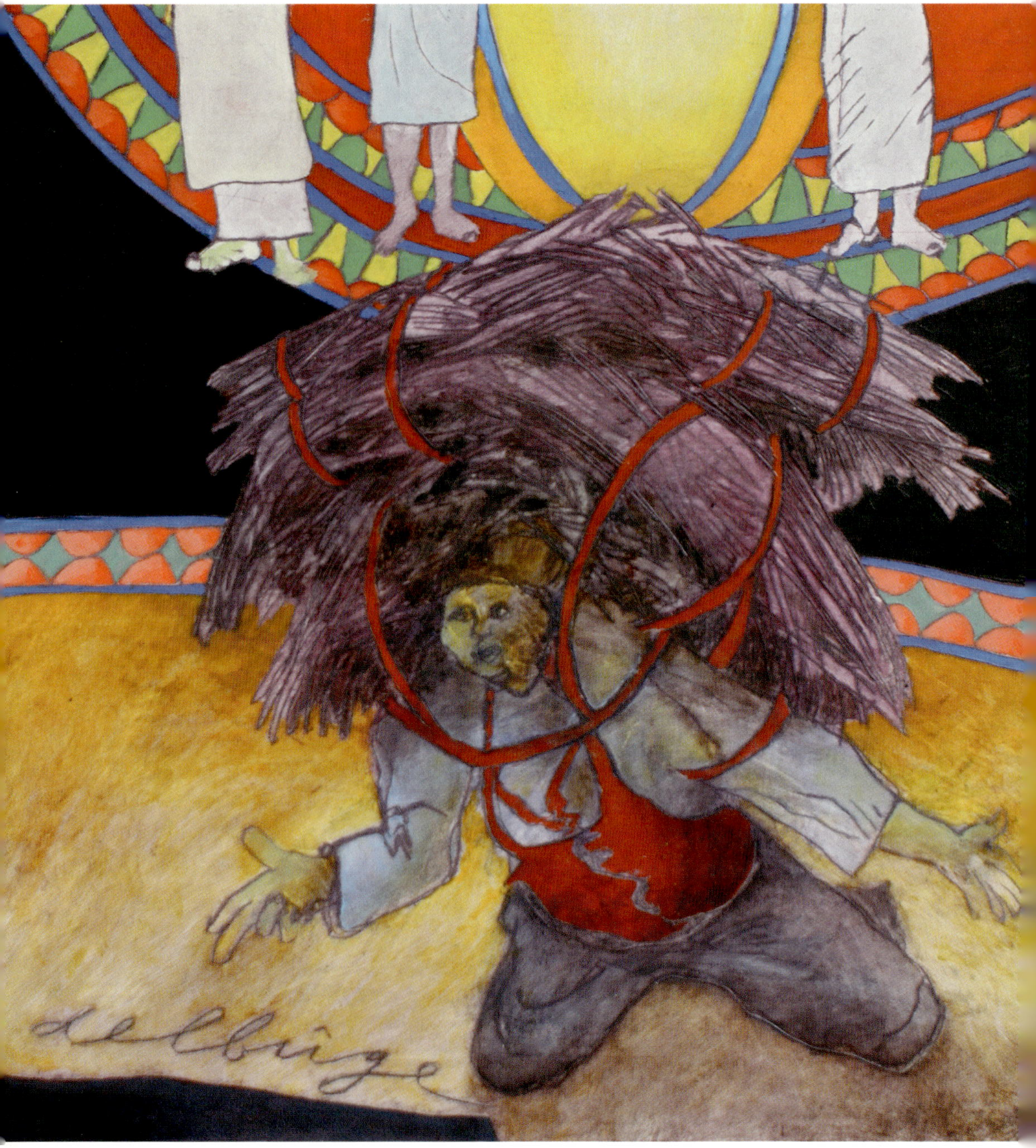
delbrüge

Jezus was er ijzersterk in om dat wat hij te vertellen had te laten aansluiten op de dagelijkse leefwereld van de mensen die hij voor zich had. Van alles en nog wat uit die leefwereld wist hij te gebruiken om over God te vertellen. Een 'gelijkenis' heet dat in de Bijbel. In dit hoofdstuk staan twee gelijkenissen. De gelijkenis van de barmhartige Samaritaan en de gelijkenis van de verloren zoon.

6 Gelijkenissen

De barmhartige Samaritaan

Lucas 10:25-37

Een man is onderweg. Bepakt en bezakt reist hij van Jeruzalem naar Jericho. Ergens op dat traject wordt hij overvallen door een stelletje struikrovers die hem hardhandig tegen de grond slaan en ervandoor gaat met al zijn bagage.
Daar ligt hij dan, langs de kant van de weg. Halfdood. Hij kan niet meer op eigen kracht overeind komen, zo stevig hebben die rovers hem aangepakt. Hij moet daar liggen wachten totdat iemand anders hem komt helpen. En dat terwijl het op die route geen druk verkeer is.
Eindelijk. Daar komt iemand aan. Een priester nog wel, iemand die in dienst van God staat. Dat geeft hoop! De priester ziet de man in de berm liggen, steekt de weg over en loopt hem aan de overkant voorbij. Na een tijdje komt er weer iemand aan. Dit keer een Leviet, iemand die werkt in het heiligdom van de HEER. Daar mag je wat van verwachten, toch? Ook die ziet de man liggen, steekt de weg over en loopt hem aan de overkant voorbij.
Een Samaritaan komt eraan, op zijn ezel. Hij is een vreemdeling, geen echte Israëliet. Niets van te verwachten. Hij ziet de man liggen. De aanblik van de halfdode medemens treft de Samaritaan tot in zijn ziel. Hij gaat naar hem toe, verzorgt zijn wonden en laadt hem heel voorzichtig op zijn rijdier. In de dichtstbijzijnde herberg brengt hij de gewonde man onder dak. Hij legt hem in bed. Hij geeft hem te eten en te drinken. De volgende morgen trekt hij zijn beurs voor de baas van de herberg: 'Dit is voor alle verdere zorgen. Mocht het te weinig zijn, stuur mij dan de rekening achterna!'

Jezus vertelt dit verhaal als hij in gesprek is over dat wat God in zijn wet van mensen vraagt. 'God liefhebben met alles wat in je is en je medemens liefhebben als jezelf.' Dat is de kern. 'Maar wie is dan die medemens, die ik moet liefhebben?' vragen omstanders.
Dan volgt het verhaal én de vraag, maar wel precies andersom: 'Wie van deze drie is de medemens geworden van dit slachtoffer?'
Overigens, de priester en de Leviet zouden een tijdlang hun werk niet mogen doen, als het slachtoffer dood zou blijken te zijn. Want een dode aanraken maakte je onrein.

De verloren zoon

Een man heeft twee zonen. Op een dag zegt de jongste tegen zijn vader: 'U bent rijk, ik ben jong, ik wil graag een voorschot op mijn erfenis om een eigen leven op te bouwen.'
Zijn vader geeft het hem. De jongen trekt daarop de wereld in, het avontuur tegemoet.
Zijn zakken puilen uit van het geld, vrienden bij de vleet. Het leven wordt één groot feest. 'Jij betaalt, hè?' Zeker weten, wie het breed heeft ...
Maar dat ene grote feest blijkt toch wel heel veel geld te verslinden. Dan komt de bodem van zijn geldbuidel in zicht. Weg feest. Weg vrienden.
Wat nu? Een baantje zoeken, om in leven te blijven. Bij een boer in de buurt mag hij op de varkens passen. Die beesten krijgen beter te eten dan hij. Zijn maag blijft knorren terwijl die varkens worden vetgemest.
Waar ben ik nu eigenlijk mee bezig? denkt hij dan op een goede dag. De bedienden van mijn vader krijgen ruim te eten en ik zit hier honger te lijden. Een keerpunt wordt het. Ik ga terug naar mijn vader, bedenkt hij en dan zal ik tegen hem zeggen: 'Pa, het was helemaal fout wat ik gedaan heb. Ik verdien het niet om nog uw zoon te heten, maar laat me gewoon als werknemer bij u mogen werken.' En hij gaat. Hoe vaak hij de tekst die hij bedacht heeft, onderweg naar huis gerepeteerd heeft ...
Bijna thuis blijkt zijn vader op de uitkijk te staan. En in de verte al herkent hij zijn jongste zoon. De vader rent hem tegemoet, valt hem om de hals en zoent hem bij het leven. De zoon probeert ertussen te komen met zijn gerepeteerde tekst: 'Pa, het was helemaal fout wat ik gedaan heb, ik verdien het niet om nog uw zoon te heten ...' Verder komt hij niet, want zijn vader is al begonnen voorbereidingen te treffen voor een groots feest. 'Haal van alles het beste dat er in huis is! De mooiste kleren voor mijn zoon en het lekkerste eten, want dit is me een feest! Mijn zoon die verloren was is teruggevonden! Dit is een feestdag! Wat een vreugde!' En het feest begint.

Dit is een feestdag. Wat een vreugde.

Lucas 15:11-32

De gelijkenis gaat nog verder met een gesprek tussen de vader en zijn oudste zoon. Die oudste zoon vindt het maar niets dat er feestgevierd wordt om die losbol van een jongste broer. De vader probeert hem dat uit te leggen: 'Jongen, we waren je broer kwijt en we hebben hem terug, hij was dood en kijk, hij leeft weer! Wees blij en kom toch feestvieren!'
Die uitnodiging om mee te doen met het feest heeft een adres. Hij is vooral gericht tot die mensen om Jezus heen die het maar niets vinden dat hij namens God allerlei lieden met een fout verleden welkom heet in de groeiende kring van zijn volgelingen.

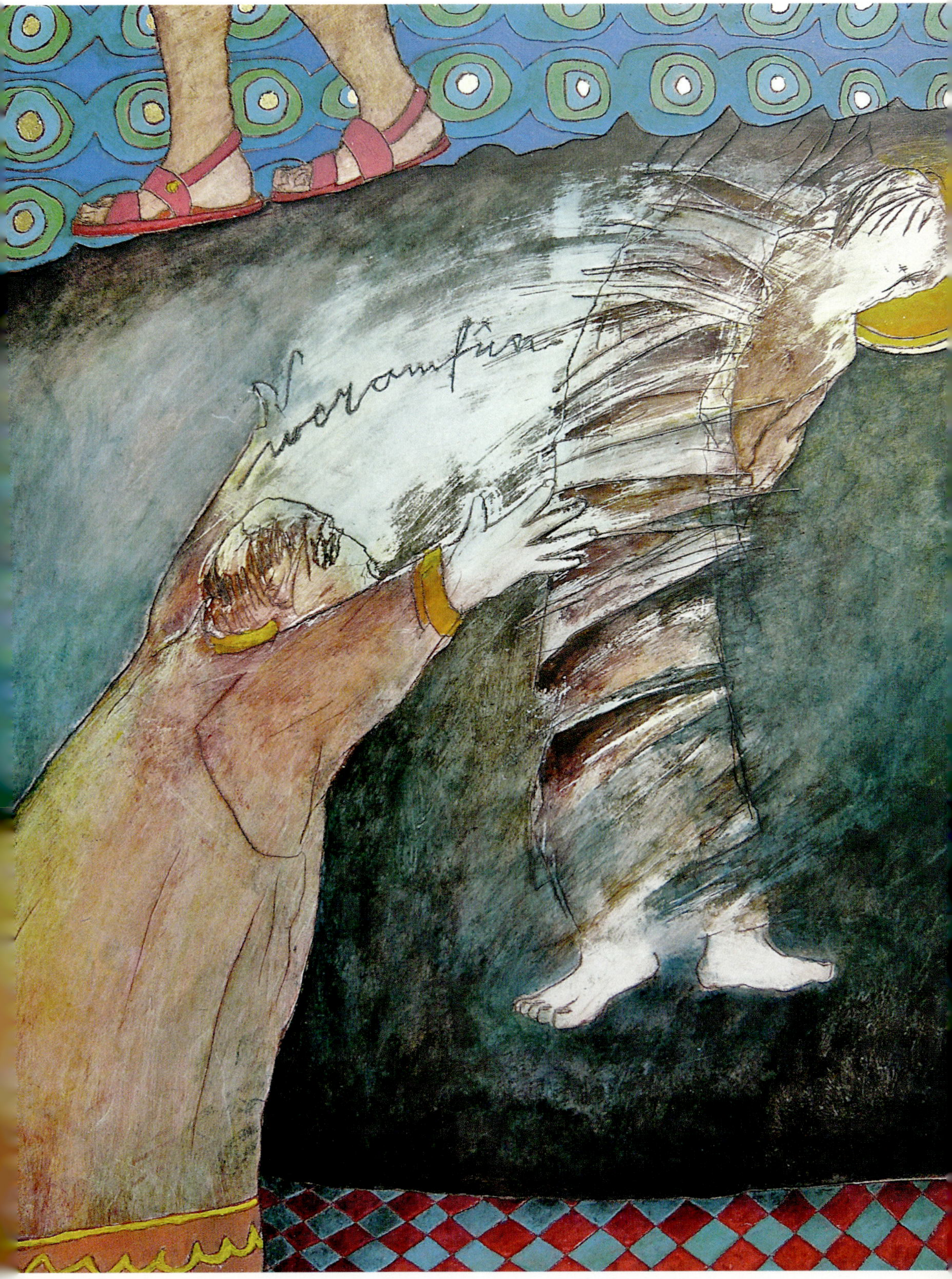

Een erg lucratief beroep in de dagen van Jezus was dat van tollenaar. Zo'n ambtenaar inde voor de Romeinse bezetter de belastingen. Om zijn eigen beurs te spekken deed hij er gewoon nog een portie bovenop. Het was een rijke beroepsgroep. Maar geliefd waren ze niet, deze gretig graaiende tollenaars. Ze werden beschouwd als collaborateurs en afpersers.

7 Zacheüs

Zacheüs heeft het gemaakt. Zijn glansrijke carrière heeft hem geen windeieren gelegd. Hij heeft het geschopt tot hoofdtollenaar in Jericho en was daarmee toegetreden tot de kleine kring veelverdieners in de stad.
Zacheüs hoort dat Jezus Jericho gaat aandoen. Hij is nieuwsgierig. Er doen zoveel wonderlijke verhalen over deze Jezus de ronde. Ik wil die man wel eens zien, denkt Zacheüs. Hij gaat naar buiten, de straat op, en zoekt een plekje langs de route. Maar het lijkt wel of de hele stad is uitgelopen, wat een drukte!

Lucas 19:1-10

De hoofdtollenaar heeft echter een groot probleem: hij is nogal klein van stuk. En niemand wil even plaats voor hem maken. Als hij een tijdje tegen de ruggen van de menigte heeft aangekeken, komt hij op een idee. Hij rent vooruit en verderop langs de route klimt hij in een vijgenboom. Een prima locatie, als je wilt zien zonder gezien te worden. Lage takken, dicht bebladerd. Daar zit Zacheüs onzichtbaar verscholen en met een prachtig uitzicht.

De meute komt langzaam naderbij, maar houdt halt bij de boom. Jezus kijkt omhoog, ziet Zacheüs zitten en zegt: 'Zacheüs, kom uit die boom, vandaag wil ik jouw gast zijn'. Stomverbaasd laat Zacheüs zich uit de boom zakken en opgetogen gaat hij Jezus voor naar zijn huis. Jezus wil zijn gast zijn! Dit wordt een feest!

Het wordt Jezus overduidelijk niet in dank afgenomen dat hij zichzelf heeft uitgenodigd bij Zacheüs. 'Moet je dit zien! Hij gaat aan tafel bij tollenaars! Zoiets doe je toch niet? Collaborateurs zijn het! Afpersers!'

Je bent gered, man, want ook jij hoort bij Gods volk!

Op straat is dit commentaar niet van de lucht. Maar binnen in het huis van Zacheüs gebeurt er iets bijzonders. De hoofdtollenaar staat op en zegt tegen Jezus: 'Heer, de helft van mijn bezit geef ik aan de armen. En iedereen die ik met het innen van belastingen heb afgezet betaal ik viervoudig terug.'
'Wat ik hoopte!' reageert Jezus enthousiast. 'Je bent gered, man, want ook jij hoort bij Gods volk! Je was erg ver afgedwaald, maar je bent nu gevonden.'

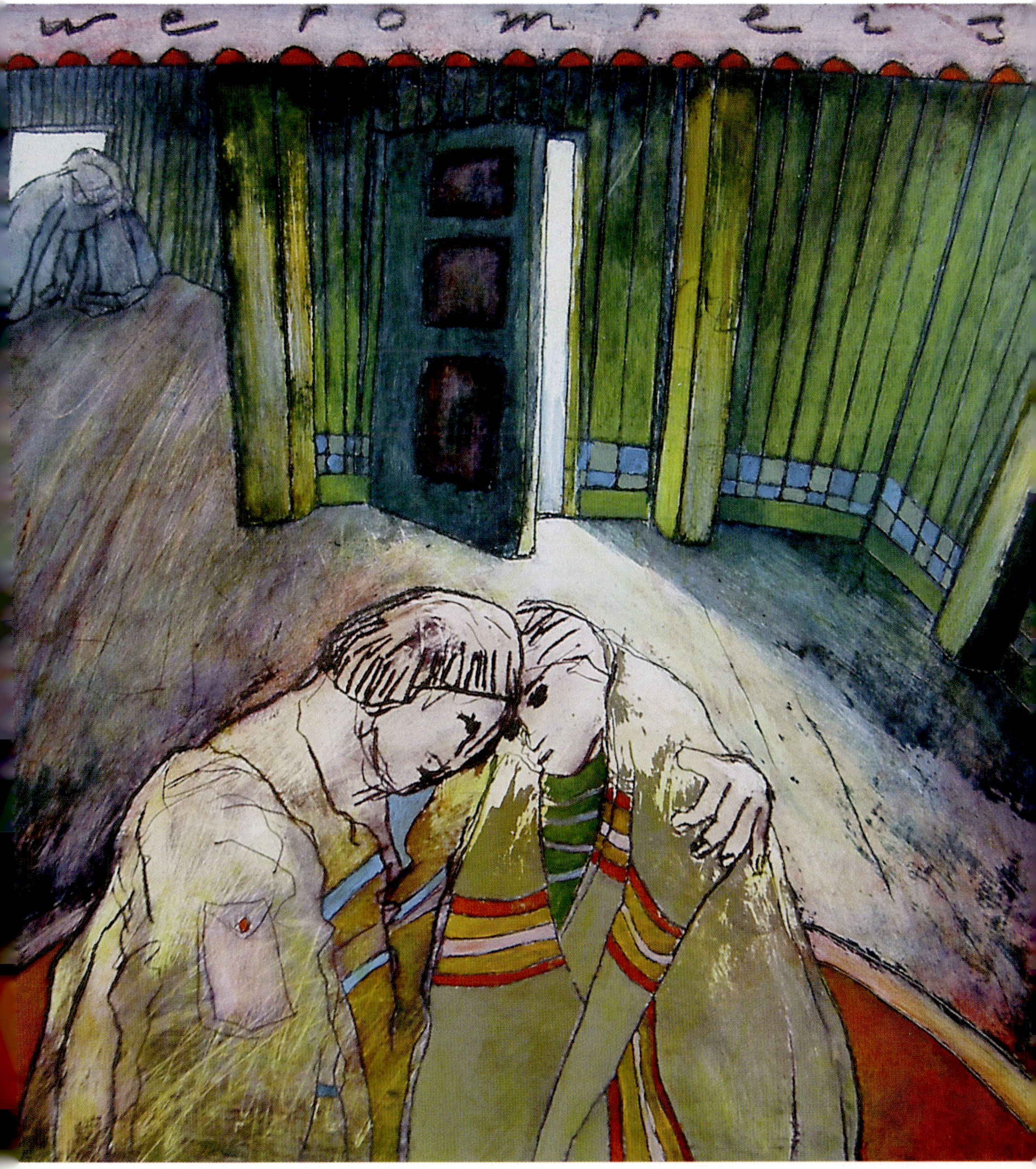
w e r o m r e i z

8 Wonderen als tekenen

Er is een bruiloft in Kana, een dorp in Galilea. Twee mensen, die elkaar voor het leven gevonden hebben, vieren dat te midden van familie, vrienden en bekenden. De ceremonie duurt, zoals gebruikelijk in die dagen, wel een week. Een prachtige ambiance, een goede sfeer, veel gasten, vrolijke muzikanten, kortom: feest.
Jezus is er ook te gast, samen met zijn leerlingen. De moeder van Jezus is ook uitgenodigd. Maar in de loop van de feestweek gaat er iets mis. De wijn raakt op. Wat is nu een bruiloftsfeest zonder wijn?

Johannes 2:1-11

De moeder van Jezus merkt het als eerste. 'Heb jij het ook al in de gaten? Dit gaat niet goed. Zo sneu voor het stel en de ceremoniemeester. Hun feest valt in het water. Kun je er wat aan doen?'
Wat moet Jezus doen? Met groot vertoon van macht dat probleem oplossen? Daar is het de tijd nog niet voor.

Afgezien van het moment, is dat zijn stijl ook niet. Die van God, zijn Vader trouwens ook niet. Daarom lijkt het soms alsof er maar weinig van God te merken valt.

Achter de schermen zegt Maria tegen de bedienden: 'Wat Jezus ook zegt, doe dat.'
Als Jezus hoort hoe het feest in het honderd dreigt te lopen, geeft hij opdracht een stuk of zes grote stenen vaten tot aan de rand te vullen met water.
'Schep er nu wat uit en breng het naar de ceremoniemeester.'
Ze doen het. Zodra de gastheer ervan proeft, roept hij de bruidegom. 'Iedereen zet toch eerst de beste wijn op tafel, daarna de mindere?' Maar ook hij snapt er niets van. Alleen de bedienden weten het.
Het wonder is geschied. Zonder poeha.
Water werd wijn. Het feest is gered.

In het evangelie lees je veel over Jezus' wonderen. Maar niet over tovertrucs. Geen kikkers die prinsen worden, geen beren die broodjes smeren. Geen hocus pocus. Je moet er oog voor hebben. 'Tekenen' worden die wonderen ook wel genoemd. Ze laten zien hoe het leven bedoeld is. De bruiloft in Kana is het eerste teken. Het begin, het principe. De bruiloft tussen twee mensen die elkaar liefhebben en trouw willen zijn. Dat wordt ook gebruikt als beeld voor God, die zijn volk liefheeft en trouw is. God is de God van relaties. Het feest gaat door.

Jezus is tijdens zijn leven op aarde regelmatig te gast in Betanië, een dorpje in de buurt van Jeruzalem. Daar wonen goede vrienden van hem. Twee zussen en een broer: Maria, Marta en Lazarus.

'Uw vriend Lazarus is ziek.'
Jezus is met zijn leerlingen aan de overkant van de Jordaan, als het bericht hem bereikt. Hij is erg gesteld op Lazarus en zijn zussen. Hoe vaak hebben ze hem en zijn leerlingen niet gastvrij onthaald? Toch maakt Jezus niet meteen aanstalten om naar

Johannes 11:1-53

de zieke in Betanië te gaan. Zijn leerlingen ontraden hem dat. 'Niet doen Heer, het is daar gevaarlijk, de leiders willen u oppakken', zeggen ze. 'Blijf liever hier. Hier is het tenminste relatief veilig.'

Maar Jezus is vastbesloten. 'Lazarus is ingeslapen en ik ga hem wekken.'
De leerlingen begrijpen er nu niks meer van. Prima toch, als hij slaapt? Dat zal de zieke goeddoen. Waarom gaan we dan toch? Ziet Jezus dan niet dat dit risico's met zich brengt?

Maar ze merken dat Jezus niet van zijn plan af te brengen is. 'Laten we dan ook maar gaan en met hem sterven', zegt Tomas mistroostig.
Als Jezus in de buurt van Betanië komt, horen ze dat Lazarus al vier dagen dood en begraven is. Het huis van Maria en Marta is vol met mensen die hen in de rouwperiode komen troosten en steunen.
Als Marta hoort dat Jezus dichtbij is, gaat ze hem tegemoet.
'Heer, als u nu eerder was gekomen, dan zou Lazarus niet gestorven zijn!'
Jezus antwoordt: 'Ik ben de opstanding en het leven, wie in mij gelooft, zal leven, ook al is hij gestorven. Geloof je dat?'
'Ja, ik geloof dat u de Zoon van God bent, de beloofde messias.'

Marta snelt naar huis en vertelt dat Jezus in aantocht is. 'Hij vraagt naar je, Maria.'
Intussen is Jezus aangekomen in de buurt van het graf van Lazarus, een soort grot in één van de heuvels. Maria ontmoet hem daar en ze begroet hem met precies dezelfde woorden: 'Heer, als u hier nu eerder was geweest, zou Lazarus niet gestorven zijn!'
Jezus ziet het verdriet van de zussen en de omstanders. Het raakt hem diep. Boos is hij, en verdrietig. Ook hij huilt. Hij hoort de mensen zeggen: 'Hij kan blinden weer laten zien, hij had toch kunnen voorkomen dat Lazarus doodging?'

Nu is het genoeg geweest. 'Haal die steen weg', gebiedt hij grimmig, terwijl hij voor de ingang van het graf gaat staan. 'Heer … de stank! Hij ligt er al vier dagen', roept Marta. Jezus wendt zich naar haar toe: 'Ik heb je toch gezegd dat je Gods grootheid zult zien als je gelooft?'

De steen wordt weggerold. Jezus slaat zijn ogen naar de hemel en zegt: 'Vader, ik dank u, dat u mij hebt gehoord. Ik wist dat wel, maar voor de mensen die hier om me heen staan, heb ik het gezegd, opdat ze zullen geloven dat u mij gezonden hebt.'
Dan schreeuwt hij het uit: 'Lazarus! Hierheen! Naar buiten!'

Het ongelooflijke gebeurt. Uit de donkere grot komt Lazarus tevoorschijn, zijn handen en voeten nog ingezwachteld, zijn hoofd nog bedekt door een zweetdoek. 'Maak dat allemaal los', zegt Jezus, 'en laat hem gaan'.

Lazarus! Hierheen! Naar buiten!

*Als de leiders en priesters hiervan horen is de maat vol. Dit kan zo niet langer. Deze Jezus doet te veel wonderen, we kunnen hem niet ongestraft zijn gang laten gaan. Straks gaat iedereen in hem geloven … dan is het met onze positie gedaan.
Intussen trekt Jezus zich terug uit de openbaarheid.*

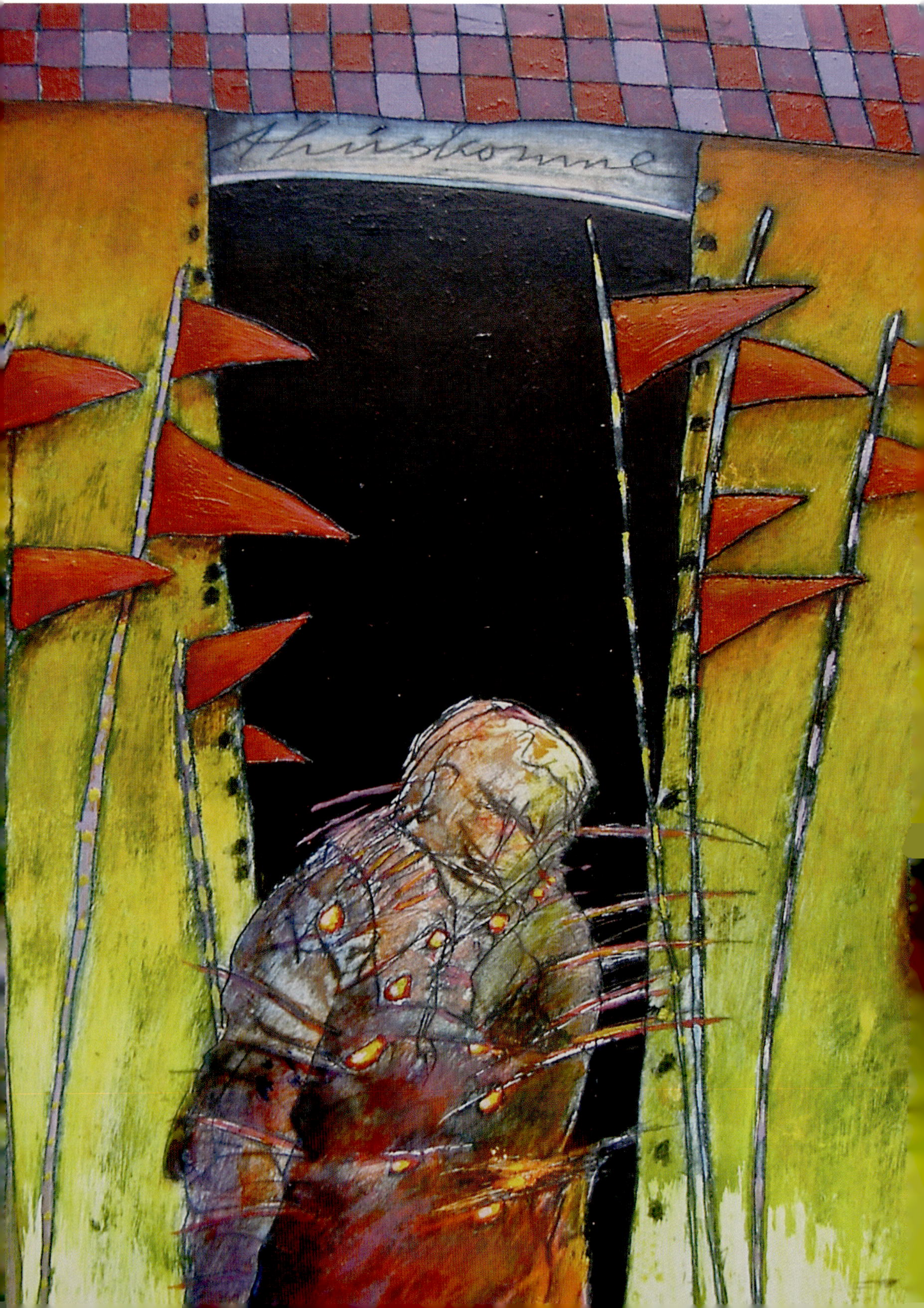
Thuiskomme

Alle vier de evangeliën in het Nieuwe Testament besteden veel aandacht aan het laatste stuk van de weg die Jezus ging: zijn uitlevering om gekruisigd te worden. Er is wel beweerd dat de evangeliën vooral over dat lijden willen verhalen en daar een uitgebreide inleiding bij geven.

9 Jezus' weg naar het kruis

Matteüs 26:20-25
'Eén van jullie zal mij uitleveren', zegt Jezus, terwijl hij de kring van zijn leerlingen rondkijkt.
Geen van hen is meer zeker van zichzelf.
'Ik toch niet, Heer?' vragen ze één voor één.
Jezus zit met zijn twaalf leerlingen aan tafel. Het is donderdagavond. De eerste avond van het Pesach, de jaarlijkse herdenking van de verlossing van het volk Israël uit Egypte.

De spanning loopt op. Buiten de zaal, elders in de stad, worden plannen beraamd om Jezus uit de weg te ruimen. En binnen wordt het er niet feestelijker op wanneer Jezus zegt te voorzien wat hem te wachten staat. Eén van jullie zal me verraden ... Het is alsof er een bom valt.
In die verwarrende gemoedstoestand vieren ze de gebruikelijke maaltijd. Met z'n allen. Ook met die ene die Jezus zal uitleveren.

Matteüs 26:26-29
Dan doet Jezus iets bijzonders. Hij neemt een brood, spreekt de zegen uit, breekt het en reikt het zijn leerlingen aan.
'Neem en eet, dit is mijn lichaam.'
Daarna pakt hij de beker met wijn en dankt God.
'Drink hier allemaal van. Dit is mijn bloed, het bloed van het nieuwe verbond dat vergoten wordt tot vergeving van zonden.'
Het pesachfeest krijgt een nieuwe lading. Jezus geeft zichzelf.

In de christelijke kerk worden wereldwijd deze woorden nog altijd herhaald als brood en wijn rondgaan. Bij rooms-katholieken heet dat de 'eucharistie', bij protestanten 'de Maaltijd van de Heer' of 'het heilig avondmaal'. (Ook al delen ze brood en wijn op zondagmorgen, ze noemen het 'avondmaal' vanwege die donderdagavond van toen.)

Matteüs 26:30-56
Jezus en zijn leerlingen sluiten de maaltijd af met het zingen van een loflied. Psalmen zingen ze. Zo hoort dat op de eerste avond van het pesachmaal. En goede gewoontes zijn niet verkeerd. Daarna gaan ze naar buiten. Naar de stilte en de rust van de Olijfberg. Jezus zoekt daar een plek om te bidden. Een plek om zich te kunnen richten op God en de moed te vinden voor dat wat God nu van hem vraagt.

Onderweg weer zo'n bom. 'Allemaal zullen jullie mij vannacht in de steek laten', zegt Jezus. Petrus reageert in alle staten. 'Dat nooit, Heer. Anderen misschien. Ik niet. Zeker weten!' 'Ach, Petrus ... Vóór de haan morgen in alle vroegte kraait, zul je drie keer ontkend hebben dat jij mijn leerling bent.'
Daar wil Petrus niet aan, dat nooit! Het gesprek zal hem z'n leven lang bijblijven.

Dan komen ze bij de stilte en rust op de Olijfberg. Jezus zoekt een tuin op die 'Getsemane' genoemd wordt. Daar wil hij zich afzonderen om te bidden. Drie van de twaalf leerlingen vraagt hij nog even een eindje mee te gaan, Petrus en de twee zonen van Zebedeüs, Johannes en Jakobus. Hij vraagt hun met hem te waken. 'Ik voel me dodelijk verdrietig, sta mij een tijdje bij, alsjeblieft! Blijf bij mij, waak en bid ...'
Maar ze vallen in slaap, die drie, nog voordat Jezus zijn eerste ronde bidden tot God heeft uitgevochten. Neem het ze eens kwalijk. Die ronde duurde maar liefst een uur! Maar Jezus kent zijn vrienden en hun zwakheid.
Jezus zondert zich weer af. Weer bidt hij, indringend. 'Heer God, Vader in de hemel, als het mogelijk is, laat dan deze beker van lijden toch alstublieft aan mij voorbijgaan, maar ik zal mij voegen naar wat u wilt!' Daarna gaat hij weer naar de drie leerlingen. Weer slapen ze. En dan gaat hij voor de derde keer in gebed. Biddend vecht hij hetzelfde gevecht. Weer treft hij de drie daarna slapend aan.
Dan vindt hij het goed zo. Hij strijdt vóór mensen, zonder mensen.

Dan verschijnt opeens Judas, één van de leerlingen, in Getsemane. Hij is in gezelschap van een groep soldaten, tot de tanden toe bewapend. Judas geeft Jezus een kus. Dat teken had hij afgesproken met de leden van de bende: degene die ik kus, moeten jullie gevangennemen. En dat doen ze.
Een kleine schermutseling volgt, maar Jezus wil geen vechtpartij. Hij laat zich gevangennemen zonder zich te verzetten. Want zo zou in vervulling gaan wat er over hem geschreven staat. De leerlingen maken allemaal dat ze wegkomen. Jezus gaat in zijn eentje met die gewapende mannen mee.

Hij wordt gebracht voor de Joodse Raad, het Sanhedrin. Die is voor deze gelegenheid voltallig bij elkaar gekomen. De opzet is om Jezus ter dood te veroordelen. En daarvoor zoeken ze naar een aanklacht, waar de doodstraf op staat. Er komt een aantal getuigen opdraven, maar die spreken elkaar tegen. Het lukt aanvankelijk niet om twee getuigen te vinden die hetzelfde beweren, en dat was een noodzakelijke voorwaarde in de toenmalige rechtspraak. Dus de eerste poging om tot een doodsvonnis te komen, mislukt.

Matteüs 26:57-75

Dan treedt de hogepriester naar voren en begint Jezus te ondervragen. Jezus doet er het zwijgen toe. De hogepriester neemt daar geen genoegen mee en blijft Jezus het vuur na aan de schenen leggen. 'Ik bezweer je bij de levende God, man, vertel op, ben jij de messias, de Zoon van God?' Dan zegt Jezus: 'Ja, dat ben ik.'
De hogepriester scheurt zichzelf de kleren van het lijf. 'Meer hoeven we toch niet te horen, dít is je reinste godslastering! Deze man moet dood!' Alle aanwezigen stemmen van harte met dat oordeel in.

Ondertussen is Petrus die gewapende bende heimelijk gevolgd. Stiekem heeft hij een plekje gezocht bij het vuur op de binnenplaats van het gerechtsgebouw. Onopvallend,

althans, dat hoopt hij. Maar het duurt niet lang of een vrouw vraagt: 'Hé, ben jij niet één van Jezus' leerlingen?'
'Jezus? Nooit van gehoord.' En Petrus draait zijn hoofd weg.
Even later zegt een ander meisje tegen de omstanders: 'Ik weet het bijna zeker, hij hoort ook bij die Jezus.'
'Nee hoor, ik ken die man niet.'
'Jawel', zeggen omstanders. 'Jij hoort wel degelijk bij de kring rond Jezus. Trouwens, je accent verraadt je.'
Petrus begint te vloeken en bezweert hun: 'Waar hebben jullie het over? Ik ken die man niet eens!'
Dan kraait er een haan. Petrus herinnert zich opeens wat Jezus gezegd had. Hij gaat naar buiten en huilt bittere tranen.

Het proces tegen Jezus

Donderdagavond is vrijdagmorgen geworden. 'Goede Vrijdag' heet deze vrijdag.

Matteüs 27:1-26

Zijn rug is opengehaald door de geselingen. Wat is hij toegetakeld! Zijn gezicht is bebloed, zijn lijf zit vol kneuzingen.
Vrijdagmorgen vroeg is de hele Joodse Raad weer in vergadering bijeen.
'Met deze man gaan we naar Pilatus', besluiten de aanwezigen.

Pilatus is in Jeruzalem de prefect, de vertegenwoordiger van de Romeinse keizer. Die Romeinse keizer heeft het in die dagen in Israël voor het zeggen. De Joodse Raad mag zelf geen doodsvonnis uitvoeren. De uitvoering van zo'n vonnis moet de Raad aanvragen bij de bezettende macht.

Jezus wordt in de boeien geslagen en overgebracht naar het paleis van Pilatus. Algauw heeft Pilatus in de gaten dat het bij deze gevangene speelt om een godsdienstige kwestie. Pilatus lijkt er verlegen mee. 'Wat weet ík als Romeinse militair nu van hún godsdienstige kwesties? Al die futiele, interne debatten tussen al die verschillende joodse stromingen! Daar kan ik alleen mijn vingers maar aan branden!'
Daar staat Jezus voor hem. Opgebracht door een indrukwekkende hoeveelheid godsdienstige leiders. Hun pleidooi is helder: 'Deze man verdient de dood!'
Pilatus hoort de verdachte. Of liever: hij probeert dat. Maar Jezus zwijgt vooral. Pas op Pilatus' vraag: 'Bent u de koning van de Joden?' komt er iets ten antwoord.
'U zegt het.'
'Heeft u verder niets ter verdediging aan te voeren? U hoort toch alle beschuldigingen, die tegen u geuit worden?'
Maar Jezus blijft zwijgen.
Pilatus snapt niets van die reactie. Wie reageert er nu met zwijgen als hij de ruimte krijgt om zich te verdedigen – nota bene in een proces over leven en dood?

Heeft u verder niets ter verdediging aan te voeren?

Het is de gewoonte dat de Romeinse bezetter op een joodse feestdag een gevangene vrijlaat. Pilatus grijpt die gewoonte aan.

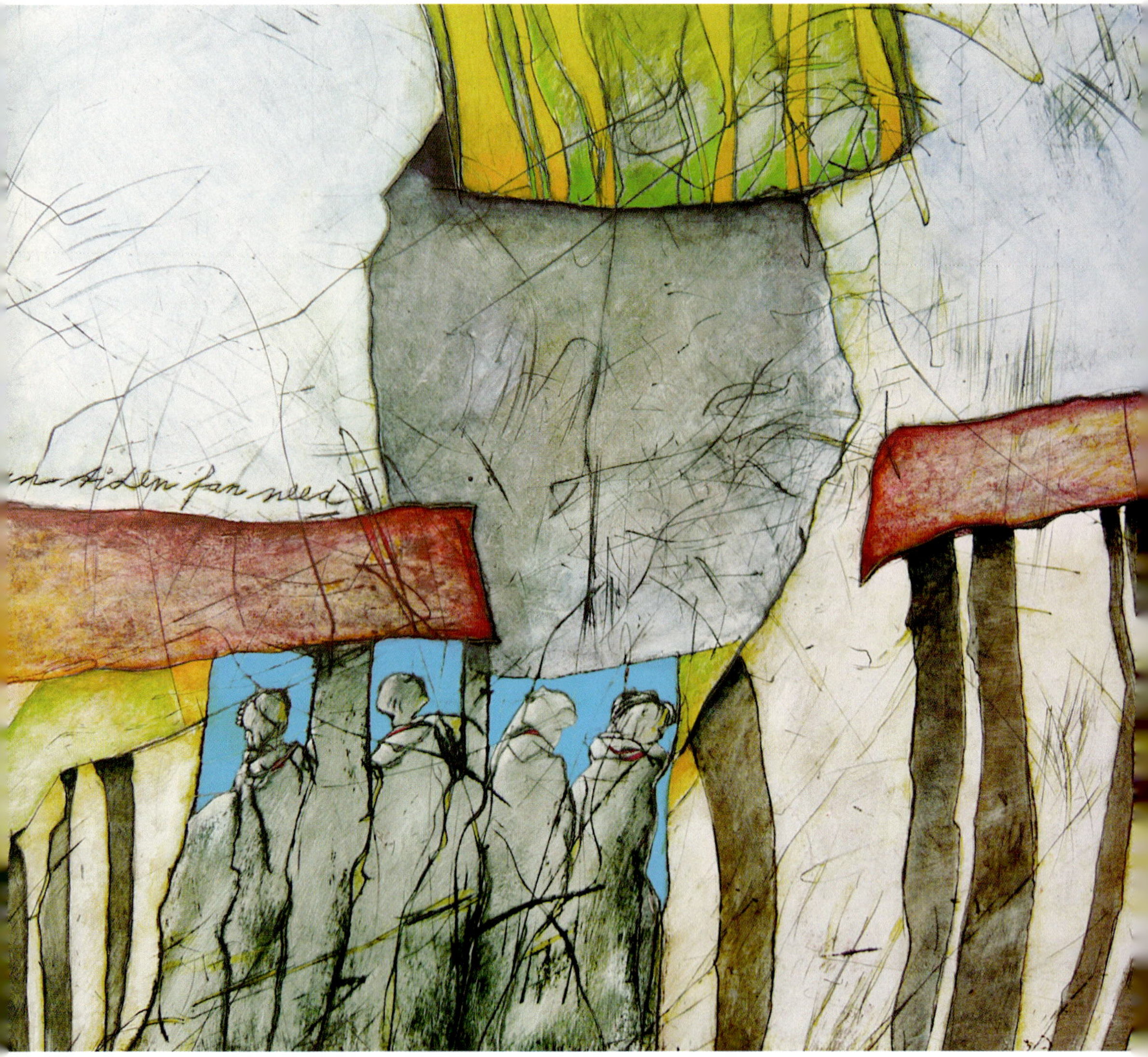

'Jullie vieren het paasfeest en ik weet van het gebruik. Ik laat jullie de keuze. Wie zal ik vrijlaten? Barabbas, die vastzit vanwege een politieke moord, of deze Jezus?'
Hij rekent erop dat het probleem daarmee snel de wereld uit zal zijn. Zo'n oproerling op vrije voeten zullen de mensen toch heel wat gevaarlijker vinden dan Jezus, in wie niets kwaads lijkt te steken. Maar hij wordt overdonderd door de reactie van de menigte op het plein voor zijn paleis.
'Barabbas! Barabbas! Wij willen Barabbas vrij!' scandeert de massa.
'Wat moet ik dan volgens jullie doen met deze Jezus?'
'Kruisig hem, kruisig hem!' galmt het over het plein.
'Maar wat heeft hij dan voor kwaad gedaan, dat hij de dood zou verdienen?' vraagt Pilatus nog. Maar één antwoord blijft galmen over het plein: 'Kruisig hem, kruisig hem, weg met hem, maak 'm af! Kruisig hem, kruisig hem, weg met hem, maak 'm af!'

Pilatus kan niet anders dan de brullende massa zijn zin geven. Hij voelt het dreigende gevaar van een volksopstand. Dat zou zijn carrière wel eens kunnen schaden. Stel je voor.
Met een gewichtig gebaar laat Pilatus een grote schaal met water aanrukken. Terwijl hij voor het oog van iedereen op zijn officiële zetel is gezeten, wast hij in dat water demonstratief zijn handen. 'Ik verklaar mij onschuldig aan het bloed van deze man. Ik vind geen schuld in hem, maar jullie je zin.'
Maar de massa blijft schreeuwen: 'Kruisig hem, kruisig hem, weg met hem, maak 'm af!'
Dan laat Pilatus Barabbas vrij. En Jezus levert hij uit om gekruisigd te worden.

Pilatus moest eens weten dat zijn naam in de Bijbel terechtgekomen is. Juist vanwege zijn rol in het proces van Jezus, al meende hij zijn handen daarvan schoon te kunnen wassen. Zijn naam is vanwege die vermelding in de Bijbel nog steeds wereldwijd bekend.

Bij de Romeinen was de kruisiging indertijd een veelgebruikte vorm van executie. Er waren dagen dat de bermen van de wegen onder hun bewind vol stonden met kruisen. De gruwelijke dood had een afschrikwekkende werking op voorbijgangers. Sterven aan een kruis is een marteling die enkele dagen kan duren.

10 De kruisiging

Het zijn gewone Romeinse soldaten; mannen die doen wat hun wordt opgedragen. Hoewel ... De prefect Pilatus heeft Jezus aan hen uitgeleverd met het bevel dat hij gekruisigd moet worden. Twee andere gevangenen zijn die dag ook aan de beurt. Ordinaire oproerlingen. Maar deze Jezus is een ander verhaal, begrijpen ze. Hij is de koning van de Joden, zegt men.

Matteüs 27:27-44

Een spotkoning maken ze van 'm. Tijd voor een verzetje. De hele afdeling wordt opgetrommeld, want dit gaat leuk worden. Ze trekken Jezus zijn kleren uit. Ze gooien een rood kleed over zijn schouders. Het rood van de koningsmantels. Ze vlechten een kroontje van stevige doorntwijgen. Dat drukken ze op Jezus' hoofd. Ze geven Jezus een riet als scepter in de hand. 'Heil u, o koning van de Joden!' smalen ze, terwijl ze lachend om hem heen staan. Ze raken helemaal in de stemming. Ze spugen Jezus in het gezicht, pakken hem zijn 'scepter' weer af en meppen hem daarmee op het hoofd.

Dan is het genoeg geweest. Er moet ook gewerkt worden. In optocht gaat het door de nauwe straten van Jeruzalem. Golgota, de executieplaats, ligt op een heuvel net buiten de muren van de stad. Daar aangekomen kruisigen ze Jezus en twee oproerlingen. De ene komt links van Jezus te hangen, de andere rechts. Aan het kruis in het midden spijkeren de soldaten een naambordje: 'Jezus, de koning van de Joden'.

Het wordt voor de soldaten een lange zit, want ze moeten de wacht houden tot de dood is ingetreden. Uit verveling dobbelen ze om de kleren van Jezus. Wat had hij een echt prachtig onderkleed aangehad! Dat was een kostbaar gewaad uit één stuk, geen naad in te bekennen. Dat hadden ze al gezien toen ze hun lol hadden met deze Jezus. Er is veel volk op de been, dit keer. Luidruchtig ook. Vooral die middelste gekruisigde moet het ontgelden.
'Ben jij de koning van de Joden? Als jij zegt dat je de Christus van God bent, laat dat dan maar eens zien en kom van dat kruis af!'
De Romeinse soldaten vallen de toeschouwers bij: 'Is dat nou jullie koning? Wat een lachertje! Moet je die man zien! Bespottelijk toch, hoe hij hangt aan een kruis!'

Bespottelijk toch, hoe hangt hij aan een kruis.

136 Sterke verhalen

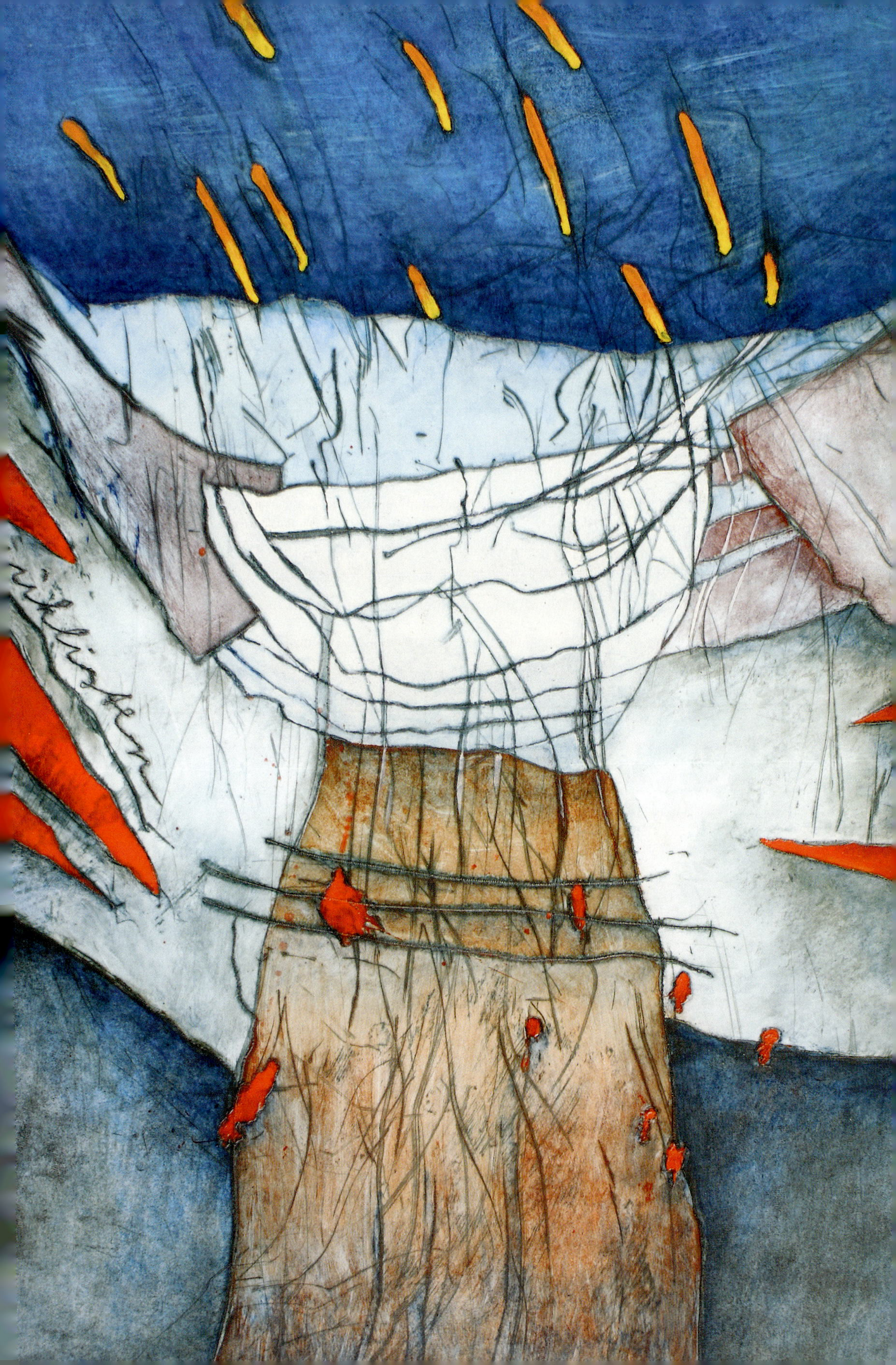

Lucas
23:33-49

Het is een helse marteling. De misselijkmakende pijn, de spot. Maar Jezus houdt het uit. Hij hangt. Hij draagt. Hij verdraagt. Opeens begint ook één van de medegekruisigden Jezus te beschimpen. 'Ben jij de Christus? Verlos jezelf dan en ons!' De oproerkraaier die aan de andere kant van Jezus hangt, wordt er boos van en wijst hem terecht. 'Hou toch je bek! Heb je zelfs op dit moment geen ontzag voor God? Wij hangen hier terecht, maar híj niet!'
'Denk aan mij, wanneer u in uw koninkrijk komt', vraag hij plots aan Jezus.
'Vandaag nog zul je met mij in het paradijs zijn.'

Dan wordt het helemaal donker. Midden op de dag. Een zonsverduistering, die maar liefst drie uur duurt. Wat gebeurt hier?
Jezus begint een vertrouwde psalm op te zeggen. 'Mijn God, mijn God, waarom hebt u mij verlaten?'
Eén van de omstanders heeft een vochtige spons. Die steken ze op een stok om Jezus wat te drinken te geven. Maar dan is het hem genoeg. Met zijn laatste adem roept Jezus uit: 'Vader, in uw handen leg ik mijn geest.'
De soldaten houden hun adem in. Hun commandant is diep onder de indruk. 'Werkelijk', zegt hij, 'deze mens was Gods Zoon.'

Mijn God, mijn God, waarom hebt u mij verlaten?

De vier evangelisten Matteüs, Marcus, Lucas en Johannes vertellen ieder op hun eigen manier van de kruisdood van Jezus. Het gevolg daarvan is dat er verscheidene, zogenoemde 'kruiswoorden' van Jezus worden doorverteld. Beroemd geworden zijn ook de woorden 'Het is volbracht!' Die kun je lezen in het evangelie naar Johannes.
Dat in de tempel op het moment dat Jezus sterft het voorhangsel, het gordijn dat voor het heiligste gedeelte hangt, scheurt van boven tot onder in tweeën, kun je lezen in de beschrijving van Matteüs. Dat gescheurd worden van boven naar beneden wil zeggen dat met de dood van Jezus tussen God en de mensen een nieuw tijdperk is aangebroken. De weg naar God ligt open.

De begrafenis

Alle evangelisten maken melding van de begrafenis van Jezus' lichaam.

Het is vrijdagavond geworden. De sabbat begint. Op deze heilige dag willen Joden liever niet dat er nog mensen hangen te sterven aan een kruis. Daarom vragen ze aan de prefect Pilatus om er een einde aan te maken en de lichamen van het kruis af te halen. Pilatus willigt dat verzoek in en geeft het bevel door. Voor de gekruisigden naast Jezus betekent dat een volgende marteling. Om de dood te bespoedigen, worden hun botten gebroken. Daarna worden hun lichamen van het kruis gehaald om te worden verbrand.

Johannes
19:31-42

Met Jezus gaat het anders. Hij is al gestorven. En hij blijkt een vriend met connecties in hogere kringen te hebben. Ene Jozef uit Arimatea. Uit veiligheidsoverwegingen had

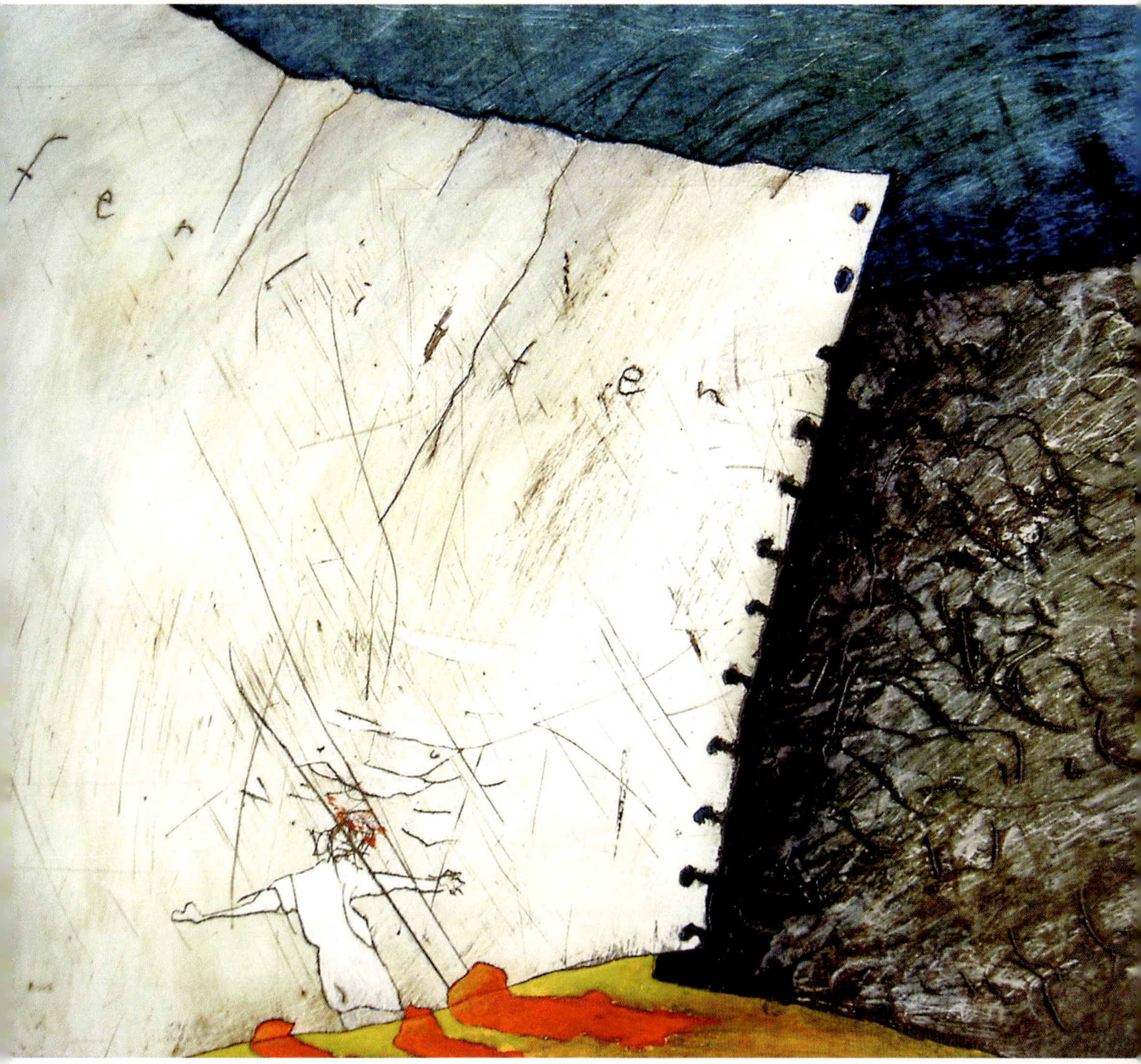

deze Jozef zich niet al te zeer gemengd in het proces tegen Jezus. Maar nu steekt hij dan toch zijn nek uit om zijn vriend de laatste eer te bewijzen. Hij gaat naar Pilatus en vraagt of hij het lichaam van Jezus mag ophalen om het te begraven. Ook dat verzoek willigt Pilatus in. Jozef gaat naar de executieplaats, wikkelt het lichaam van Jezus in een linnen doek en brengt het naar een graf in de buurt. Vermoedelijk had Jozef dat graf voor zichzelf gekocht. Daar legt hij nu het lichaam van Jezus in, in een holte in de rotswand. Een drietal vrouwen die Jezus liefhadden staat erbij.

Er wordt een grote steen voor de ingang van de holte gerold. De rust keert weer. De sabbat kan beginnen.

Het paasfeest is het hart van het christelijk geloof. Sterker nog, zonder Pasen zou er geen christelijk geloof geweest zijn. De dood van Jezus zou alleen het trieste einde markeren van een groot mens, genaamd Jezus van Nazaret. Misschien dat nog een tijdje gesproken was over de wonderen die hij deed, of over zijn rake, wijze woorden. Maar een generatie verder zou hij ten prooi zijn gevallen aan de vergetelheid.

Het ging anders. Nog altijd komen wereldwijd christenen op zóndag bij elkaar, want dat is de dag van Pasen. En het vreemde verhaal dat over de Eerste Paasdag te vertellen valt doet nog altijd de ronde. Dat verhaal wordt tot op de dag van vandaag vol vreugde geloofd. En het zet aan tot het uitbundig zingen van opgetogen liederen!

Pasen - de opstanding van Jezus

Matteüs 27:62-28:15

'Met uw welnemen, sta ons toe nog één verzoek te doen. We zouden heel graag willen dat u een aantal soldaten op wacht zette bij het graf van Jezus.'
De leiders van het volk nemen liever het zekere voor het onzekere. Ze weten dat Jezus bij zijn leven gesproken heeft over zijn opstanding uit de dood. En ze vrezen dat zijn leerlingen 's nachts zullen komen om het lijk van Jezus te stelen. Stel het je voor! Dan staan die leerlingen morgenvroeg op de pleinen van de stad te kraaien: 'Zie je wel, Jezus is opgestaan'. Ze moeten er niet aan denken!
Ze vragen Pilatus om de bewaking van het graf. De prefect gaat zonder veel discussie akkoord. Kan het nu eindelijk eens afgelopen zijn met dat hele gedoe rond die Jezus?

Een groepje militairen betrekt hun post bij het graf van Jezus. Geen zware klus. Doden roeren zich immers niet. In deze stille graftuin is niemand in de buurt om hen op scherp te zetten. Ze dobbelen wat om de tijd te doden. Daarna vechten ze tegen de slaap, de hele lange nacht.
Totdat de vroege morgen aanbreekt van de eerste dag van de nieuwe week. Plotseling beeft de grond onder hun voeten! Ze zijn allemaal meteen klaarwakker.
Een engel uit de hemel rolt de steen van de ingang van het graf van Jezus. Het licht van zijn verschijning verblindt de soldaten. Ze beven van angst en vallen als dood op de grond.

In het vroege ochtendgloren, op de dag na de sabbat, is Maria met een aantal vrouwen op pad gegaan om het lichaam van Jezus met geurige olie de gepaste eer te bewijzen.

'Heb jij enig idee hoe we die steen van dat graf van Jezus weg moeten krijgen?' vraagt Maria. 'Geen idee', antwoordt één van de vrouwen. Maar dat weerhoudt hen er niet van om toch door te lopen in de richting van het graf.
Als ze daar aankomen, zien ze de kolossale steen aan de kant gerold. Een blinkend witte gestalte zit erbovenop.
'Wees niet bang!' zegt de engel. 'Ik weet dat jullie Jezus zoeken, maar hij is hier niet meer. Hij is opgestaan! Kijk maar in het graf; je kunt nog zien waar hij heeft gelegen … Maar snel, ga naar Jezus' leerlingen en vertel hun dat hij is opgestaan uit de dood!'
Ontdaan en opgetogen gaan de vrouwen zo snel als ze kunnen terug naar de stad, naar Jezus' leerlingen. Dít moeten zij zo snel mogelijk weten!
Onderweg staat hij opeens voor hen.
'Vrede voor jullie.'
Zij vallen op hun knieën. Dit is hun Heer!
Hij wil zijn leerlingen niet langer in spanning laten.
'Ga en vertel hun dat ik leef!'

Kijk in het graf, je kunt nog zien waar hij heeft gelegen …

Als de soldaten van de wacht zijn bijgekomen, gaan een paar van hen naar de Joodse leiders in de stad. Niet allemaal, want niet iedereen heeft de moed om over hun afgang als grafwachters te rapporteren. 'Wat ons nu toch is overkomen! U wilt het niet geloven!' zeggen ze. De leiders van het volk schrikken zich rot. Dit verhaal moet koste wat kost geheimgehouden worden! Ze betalen smeergeld om het verhaal in de doofpot te stoppen.
'Zeg dat jullie in slaap zijn gevallen en dat de leerlingen van Jezus zijn lijk hebben gestolen.' 'Maar als dat Pilatus ter ore komt? Dan kost ons dat de kop!'
'Maak je geen zorgen. Dat regelen wij wel met Pilatus. Hier, neem dit geld en houd verder je mond.'

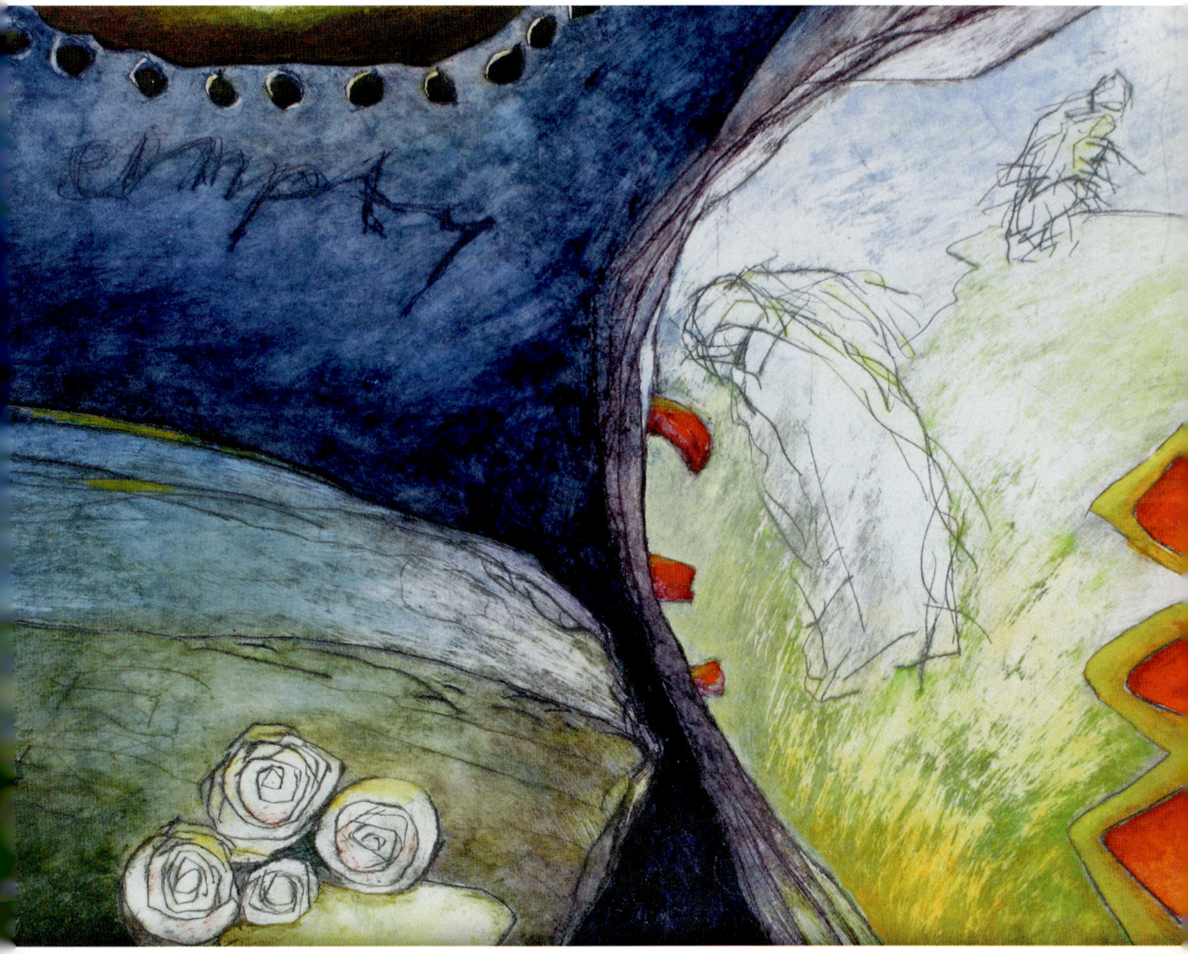
empty

Op de dag van Pasen zijn twee mensen onderweg. Ze lopen van Jeruzalem naar Emmaüs, een klein dorpje in de buurt. Het zijn leerlingen van Jezus, die naar hun huis terugkeren. De ene heet Kleopas, van de andere weten we de naam niet. Onderweg bespreken ze de gebeurtenissen van de afgelopen dagen.

De Emmaüsgangers

'Waar hebben jullie het over?' vraagt iemand belangstellend. Ach ja, ze zijn ook zo met hun aandacht bij het gesprek, dat ze niet in de gaten hebben dat een reiziger zich bij hen heeft gevoegd. Hij wil een eindje met hen oplopen. Die man is Jezus, maar de twee herkennen hem niet. Hun ogen zijn vertroebeld. Ze zijn vol van hun verdriet.
Op de vraag van die man blijven ze somber staan. 'Weet u het dan niet? Bent u soms een vreemde hier?' begint Kleopas. 'Weet u niet wat er de afgelopen dagen in Jeruzalem gebeurd is?'
'Wat dan?'
Dan beginnen ze opnieuw. Ze vertellen. Over Jezus van Nazaret. Over hoe geweldig hij was, een profeet, een man van God. En nu, nu is hij dood, gekruisigd. 'We hadden zó gehoopt … We droomden ervan dat hij Israël zou bevrijden, dat het nu eindelijk allemaal goed zou komen. Maar het is afgelopen, hij is dood, het is al drie dagen geleden. Ja, er zijn wel vrouwen die zeggen dat ze engelen hebben gezien, die zeggen dat hij leeft. Te raar om waar te zijn, toch? Het graf is inderdaad leeg, maar Jezus hebben we niet gezien. Allemaal ontzettend verwarrend. We begrijpen er helemaal niks van.'

Lucas 24:13-48

'Begrijpen jullie er echt helemaal niets van?' vraagt Jezus. 'Een beetje meer begrip had ik van jullie toch wel verwacht.' Dan is het zijn beurt om te vertellen. Hij legt uit hoe alle gebeurtenissen samenvallen met dat wat er bij Mozes en de profeten geschreven staat. Dat de messias moest lijden, en dat zijn dood niet het einde is …
Al pratende komen ze in Emmaüs aan. Jezus doet net alsof hij verder wil gaan. Maar de twee dringen sterk bij hem aan om te blijven eten. 'Het is al bijna avond, de dag is voorbij, wees welkom in ons huis.' Zo gaan ze met z'n drieën aan tafel.

Dan gebeurt het. Daar aan tafel. Jezus neemt het initiatief. Hij gedraagt zich als de gastheer, breekt het brood en spreekt de zegenbede uit. Mét dat hij het brood deelt, breekt hij als het ware de schellen van hun ogen. Ze herkennen hem. Hij is Jezus.

Meteen is hij ook weer weg, maar die twee zijn niet meer te houden. 'We begonnen het al steeds meer te vermoeden onderweg! Alsof we warmer en warmer werden. Weet je nog, toen hij vertelde over Mozes en de profeten! De Schriften gingen open! We begrepen het helemaal … Jij voelde het toch ook gewoon branden in je binnenste?

Jij voelde het toch ook branden in je binnenste?

144   Sterke verhalen

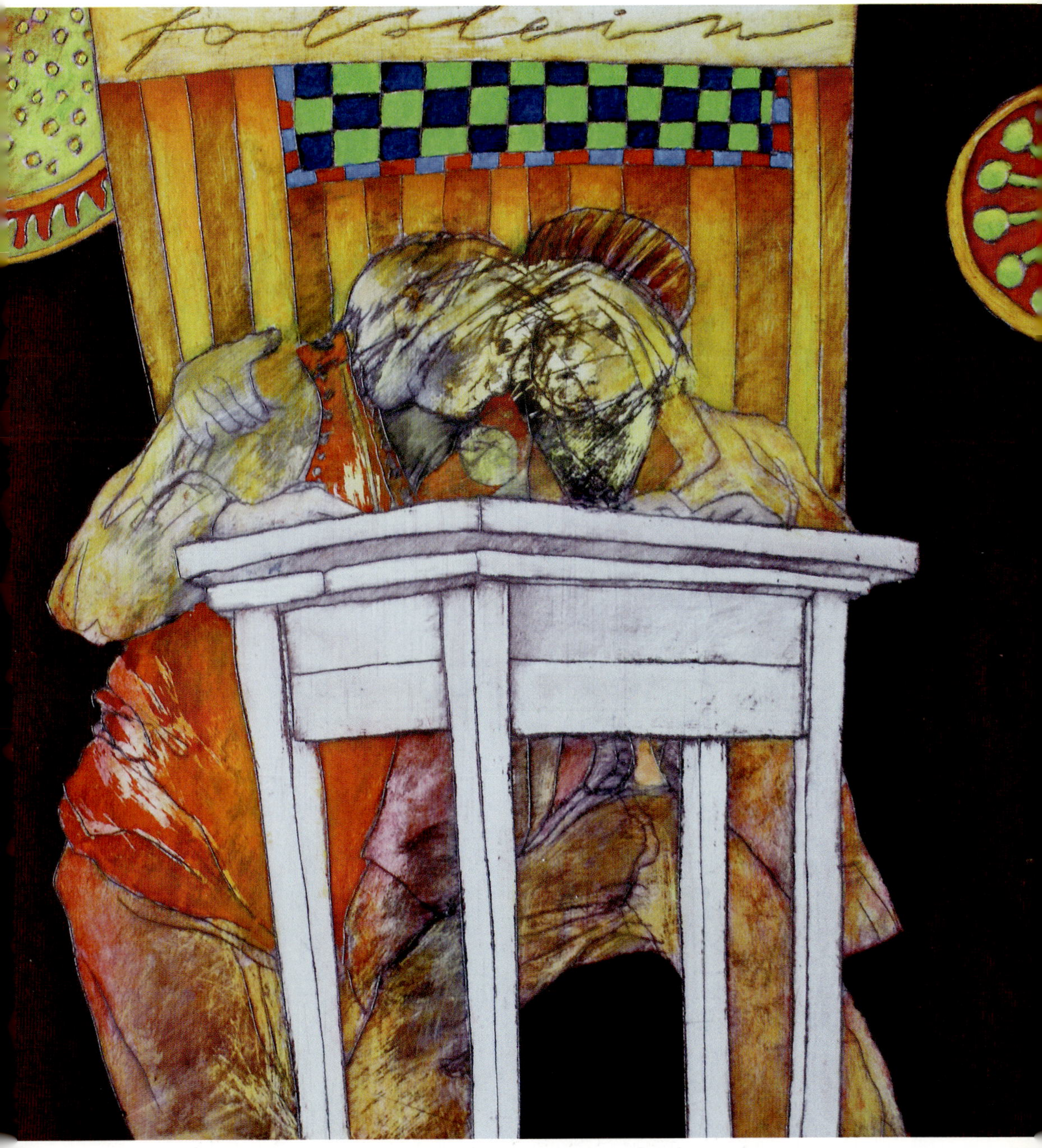

Nu weten we het zeker: hij leeft!'
Ze staan op en lopen nog diezelfde avond terug naar Jeruzalem. Want dít moeten de andere leerlingen horen!

Als ze aankomen in Jeruzalem, in het huis waar de leerlingen van Jezus samen zijn, krijgen ze eerst niet eens de kans om te vertellen wat hun is overkomen. Want als ze daar binnenkomen, roepen alle leerlingen het al uit: 'De Heer is werkelijk uit de dood opgewekt, Simon heeft hem gezien!'
'Wij ook!' zeggen de twee. 'We herkenden hem toen hij het brood brak.'
Enthousiasme alom. Wat een vreugde!

Terwijl ze zo spreken, verschijnt Jezus zelf in hun midden.
'Vrede voor jullie', zegt hij.
Ze schrikken opnieuw. Is het echt, is hij het? Is het geen spook? Een geest?
Jezus ziet hen denken. 'Waarom kijken jullie zo verschrikt, waarom twijfel je nog? Kijk dan, mijn handen en mijn voeten ... Kijk, raak me aan, ik heb vlees en botten, en als je het nog steeds niet wilt geloven: geef me dan maar iets te eten.' Ze reiken hem een stuk vis aan en Jezus eet het voor hun ogen op. 'Ik heb het jullie toch al gezegd, toen ik bij jullie was. Alles moest in vervulling gaan wat bij Mozes en de profeten geschreven staat. De messias moet lijden en sterven, maar hij zal opstaan uit de dood. Dat hebben jullie nu gezien, ga en vertel het aan alle volken, begin in Jeruzalem!'

Van nog veel meer ontmoetingen tussen Jezus en zijn leerlingen wordt in de Bijbel verteld. De ontmoeting tussen Tomas en Jezus heeft onze Nederlandse taal twee markante zegswijzen opgeleverd: 'ongelovige Tomas' en 'eerst zien, dan geloven'. Je kunt over hem lezen in het evangelie naar Johannes, hoofdstuk 20.

Pinksteren is het derde grote feest van de christelijke kerk, na Kerst en Pasen. Voor veel mensen is Pinksteren minder bekend. Waar gaat het over? Het woord 'Pinksteren' komt van het Griekse woord 'pentecoste', dat vijftig betekent. Op de vijftigste dag na Pasen volgt Pinksteren, oorspronkelijk het oogstfeest. Maar het werd het feest van de uitstorting van de heilige Geest.

13 Pinksteren - de geboorte van de kerk

Handelingen 2

Het is feest in Jeruzalem. De oogst is binnen en de mensen zijn opgetogen. Vijftig dagen na het paasfeest is het weer een drukte van belang in de stad. Van heinde en verre zijn mensen naar de stad gekomen, zelfs uit de omringende landen.

De leerlingen van Jezus zijn bij elkaar gekomen bij één van hen thuis. Dat doen ze dagelijks sinds Jezus is opgestaan. 'Jullie moeten wachten', heeft hij gezegd. 'Wacht op de Geest, die ik aan jullie zal geven.' En dat doen ze nu al een paar weken. Ze komen bij elkaar, ze bidden samen en halen herinneringen op. Vreemd is het wel. De Geest, die ik aan jullie zal geven …? Wat moeten ze zich daarbij voorstellen?
De situatie is bovendien best gespannen, de Joodse leiders staan nog steeds op scherp. Jezus is dan wel uit de weg geruimd, maar er doen vreemde geruchten over hem de ronde. 'We moeten koste wat kost voorkomen dat die beweging weer opleeft', hebben ze elkaar beloofd. 'Dat geeft te veel onrust.'

Op de dag van het feest gebeurt het. In de zaal waar de leerlingen bij elkaar zijn, klinkt opeens het geluid van een harde wind. Alsof er zomaar ineens een storm opsteekt. En er is vuur! Het verspreidt zich spontaan, als vlammen op de hoofden van de leerlingen. Iedereen in de kamer wordt vervuld met de heilige Geest, de Adem van God, de Geest van Jezus. Dit is waar ze op hebben gewacht.

Op de dag van het feest, gebeurt het.

Plotseling gebeurt er van alles. Ze beginnen te spreken in vreemde talen. Alle omstanders horen ervan op, voorbijgangers blijven staan, ze drommen samen. Wat is daar aan de hand? 'Wij horen onze taal', zeggen een paar Egyptische gasten. 'Wij ook', zeggen mensen uit Mesopotamië. 'En wij!' roepen enkele Grieken. 'En wij! Hoe is het mogelijk!'
Die eenvoudige vissers, ze spreken opeens alle wereldtalen van die dagen. Verbazing alom. Wat gebeurt hier, wat heeft dit te betekenen? 'Zouden ze niet te diep in het glaasje hebben gekeken?' vragen anderen zich af.

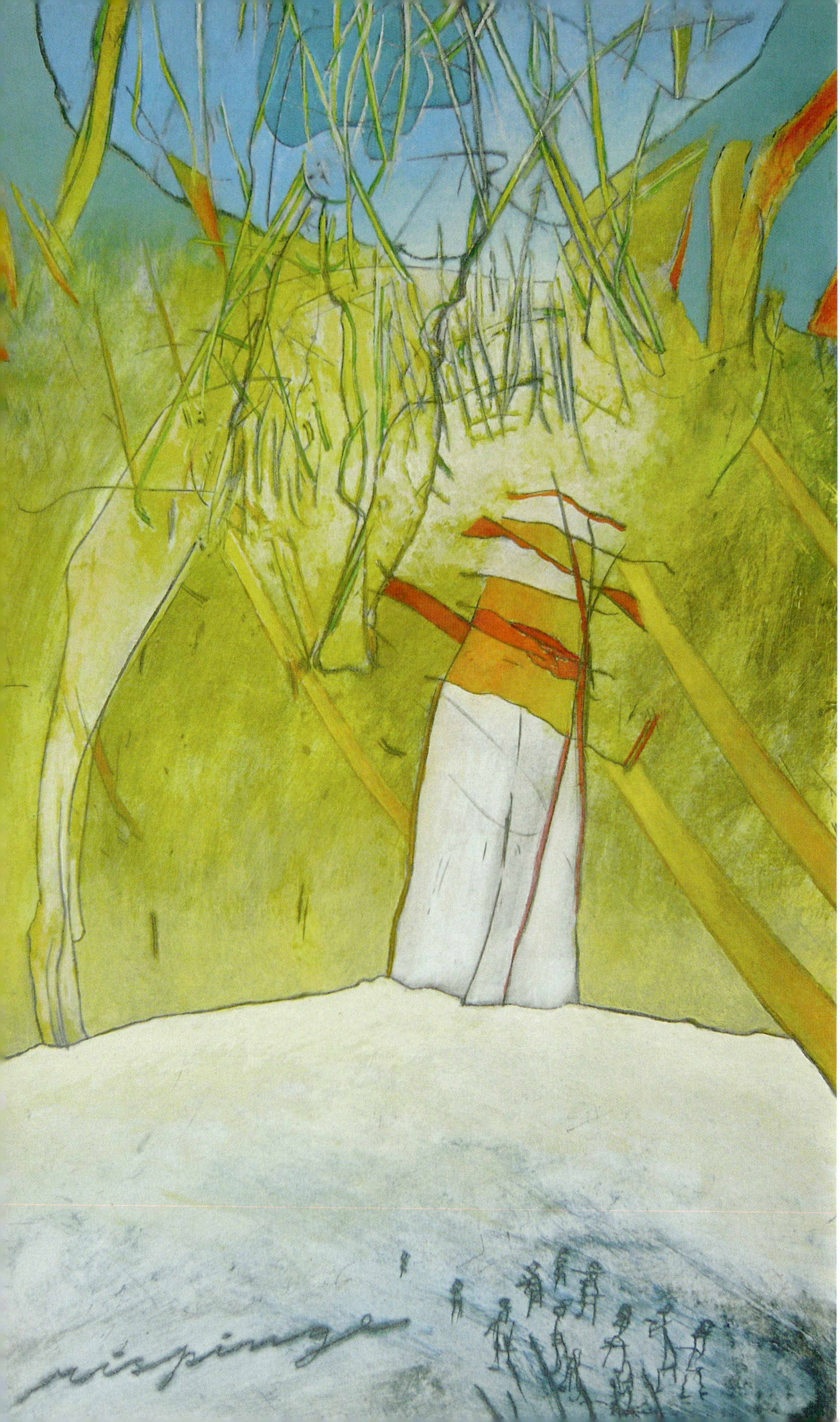

Op dat moment neemt Petrus het voortouw. Hij spreekt de mensenmassa toe. 'U vergist zich. Niemand van ons is dronken', zegt hij. 'Tenslotte is het nog maar vroeg in de ochtend. Nee, dit heeft te maken met wat al eeuwen geleden is aangekondigd door de profeet Joël. God zal zijn Geest geven aan alle mensen, jongeren en ouderen, mannen en vrouwen, slaven en vrije mensen.'
Vrijmoedig spreekt Petrus de menigte toe, hij is nergens bang voor. Rustig legt hij uit wie Jezus is en wat er allemaal met hem gebeurd is. Hoe hij is gestorven, en weer is opgestaan. De mensen zijn diep onder de indruk. 'Wat moeten wij doen?' vragen ze aan de apostelen. 'Bekeer u en laat u dopen in de naam van Jezus Christus, tot vergeving van uw zonden, en u zult óók de gave van de heilige Geest ontvangen.'
Het wordt een echte feestdag. Zo'n drieduizend mensen komen tot geloof. Ze laten zich allemaal dopen.

En daar blijft het niet bij. De mensen die vol raken van de Geest, kunnen het niet laten anderen over Jezus te vertellen. Er ontstaat een echte Jezusbeweging: het begin van de kerk. Bevlogen zijn ze, aanstekelijk enthousiast, in vuur en vlam. Je kunt de Geest niet zien of 'vastpakken'. Hij is zoals de wind, onzichtbaar; maar aan het geritsel van de bladeren van de bomen en het gekraak van de takken merk je zijn aanwezigheid. Zo kun je het werk van de Geest zien in de levens van mensen.

Handelingen 8:1

Pinksteren is het begin. De beweging groeit snel, dagelijks komen er nieuwe mensen bij.
Een belangrijke groep van de Joodse leiders ziet het met argusogen aan en doet er alles aan om de nieuwe gemeenschap de kop in te drukken. Er breken vervolgingen los. De mensen die Jezus volgen, moeten vluchten, ze verspreiden zich over het hele land. Onbedoeld werkt dat de groei van de beweging in de hand. Want waar de mensen ook komen, vertellen ze over Jezus, komen mensen tot geloof en laten zich dopen. Het gaat vanuit Jeruzalem als een lopend vuurtje door het land. En het zal gaan tot het einde van de aarde, zo kondigde Jezus al aan.

Over die vroege geschiedenis kun je lezen in het boek Handelingen. 'De handelingen van de apostelen' heet het boek voluit. De daden van de 'mensen die uitgezonden zijn'. Je zou het boek ook 'Handelingen van de heilige Geest' kunnen noemen; de Geest die mensen vervult en inschakelt.

In het Nieuwe Testament is Paulus een belangrijke figuur. Hij heeft vele brieven op zijn naam staan en ook in het boek Handelingen is een flink aantal hoofdstukken aan zijn leven en werk gewijd. Eén van die hoofdstukken vertelt hoe Paulus (ook Saulus genoemd), tot geloof in Christus Jezus komt en apostel van het evangelie wordt. In zijn latere leven blikt hij in toespraken terug op die indrukwekkende gebeurtenis in zijn leven; daardoor wordt in het boek Handelingen wel driemaal hetzelfde verhaal verteld. Blijkbaar vindt de schrijver het heel belangrijk!

14 De roeping van Paulus

Een heel konvooi trekt in galop richting Damascus. Aan het hoofd van de troepen, Saulus. Hij heeft aanbevelingsbrieven van de joodse autoriteiten in Jeruzalem op zak. In die documenten verlenen ze hem toestemming om in Damascus alle leden van die verderfelijke sekte te arresteren. Mannen, vrouwen, kinderen, iedereen die zich volgeling noemt van Jezus, die joodse rabbi, die kort geleden is veroordeeld en ter dood gebracht. Met de dag groeit het aantal aanhangers van Jezus' leer. Saulus, een vrome jood, is vastbesloten om de sekte uit te roeien. Daar gaat hij. Fier en zelfverzekerd. Hij zal zijn bijdrage leveren in deze strijd! Met de toewijding en ijver die hem eigen is. Op het fanatieke af.

Handelingen 9

Plots is er een licht. Als een bliksemflits. Op hetzelfde moment ligt Saulus op de grond.
Er klinkt een stem: 'Saul, Saul, waarom vervolg je mij?'
'Wie… wie bent u, Heer?' stamelt Saulus verward.
'Ik ben Jezus, die jij vervolgt.'

Saulus kan daarop geen woord uitbrengen. De lichtflits heeft hem verblind. Zijn medestanders moeten hem bij de hand nemen. Ze snappen er helemaal niets van; want zij hebben wél de stem gehoord, maar niets gezien. Het is een eenzaam avontuur, deze ervaring, voor Saulus. Ze bereiken de stadspoorten van Damascus, maar zo anders dan ze zich hadden voorgesteld.
De reisgenoten geleiden Paulus naar het huis van ene Judas. Daar verblijft hij drie dagen lang, in het donker, want hij kan niets zien. Eten en drinken weigert hij.

En dan, vreemd, bezoek. Er is een man aan de deur, die Ananias heet. Een leerling van Jezus. Ze willen hem zeker te grazen nemen, nu hij blind is … Maar Ananias zegt heel verrassend: 'Saul, broeder, de Heer heeft mij naar jou toe gestuurd. Jezus, die onderweg hiernaartoe aan jou verschenen is, heeft me gezegd dat ik je de handen moet opleggen, zodat jij weer zult kunnen zien en deel krijgt aan de heilige Geest.'

Ananias was niet zomaar op Paulus afgestapt. Hij had tegengestribbeld toen de Heer hem die opdracht gaf. Want ook Ananias kende de reputatie van Saulus. 'Heer, u zegt nu wel dat ik naar dat huis moet gaan om Saulus de handen op te leggen. Maar ik heb veel over die man gehoord, hoe fanatiek hij in Jeruzalem uw leerlingen heeft vervolgd. U weet wat hij in Damascus van plan is. Hij is echt levensgevaarlijk voor iemand zoals ik!' 'Ga!' had de Heer gezegd, 'want deze man heb ik uitgekozen om mijn naam bekend te maken onder alle volken.'

En Ananias was gegaan, met knikkende knieën. Doodeng vond hij het. Het voelde alsof hij naar het schavot liep. Maar hij ging. Hij begroette de man als een broeder en legde hem zegenend de handen op. Geen donderpreek, geen verwijten. Maar een woord en een gebaar die de eenzaamheid van Saulus op dat moment nederig én meesterlijk doorbraken. Typisch een opdracht van Jezus.

Mét dat Ananias Saulus de handen oplegt is het alsof de schellen van diens ogen vallen. Hij kan weer zien! Hij staat op, maakt meteen zijn keuze en laat zich dopen.
Zodra hij gegeten heeft, gaat hij de stad in, naar de plaats waar de Joden in Damascus samenkomen. Daar begint hij te vertellen over Jezus, die de Zoon van God is. De mensen daar reageren verbijsterd. 'Hè? Dat is toch Saulus? Die kwam ons toch juist helpen in de strijd tégen de volgelingen van Jezus? Wat is er met hem gebeurd? Moet je hem nu eens horen!'
Al snel verandert de toon van verbijstering in verontwaardiging. 'Dít kunnen we niet over onze kant laten gaan! Hij is een overloper! Dit kan zo niet langer.'

In plaats van anderen te vervolgen, is Paulus nu zelf niet meer zeker van zijn leven. Enkele Joodse inwoners van Damascus waken dag en nacht bij de poort om hem te vermoorden. Via een mand laten leerlingen hem 's nachts over de muur zakken en zo weet hij te ontkomen.

Het imago van christenvervolger schud je niet zomaar van je af. Als Paulus later terug naar Jeruzalem gaat, blijken de leerlingen van Jezus die daar wonen hem nog steeds voor geen cent te vertrouwen. Hij is toch die fanatiekeling die de christenen heeft vervolgd? Is híj nu een leerling van Jezus geworden? Onmogelijk!
Saulus probeert aansluiting te zoeken, maar elke poging breekt stuk op het wantrouwen dat hij ontmoet. Wie weet wat voor kwaad hij nog in de zin heeft! Hij wordt gemeden als de pest.

Hij wordt gemeden als de pest.

Eén man trekt zich het lot van Saulus aan.
Barnabas. Een man met een veelbetekenende naam: 'zoon die troost biedt'. Hij doet zijn naam eer aan en werpt zich op als pleitbezorger voor Saulus in de kring van de leerlingen van Jezus in Jeruzalem. Op zijn voorspraak wordt Saulus dan eindelijk in die kring als broeder in de Heer verwelkomd. Dat is thuiskomen voor Saulus. En hoe!

Thuiskomen om uitgestuurd te worden, dat wel. Immers, de Heer had Saulus gekozen om zijn naam onder alle volken bekend te maken. Daarover lees je in de volgende hoofdstukken.

walkers

In de wet van Mozes, in het Oude Testament, wordt onderscheid gemaakt tussen voedsel dat Israëlieten eten mogen en voedsel dat ze niet eten mogen. Het ene is rein, het andere onrein. Die zogenoemde 'spijswetten' werden (en worden nog steeds) door vrome joden gehouden.

Ook staat in die wet van alles en nog wat waardoor een Israëliet onrein kan worden. In de religieuze praktijk was daar eten met niet-Joden aan toegevoegd. Vanwege het verhoogde risico dat je daar onrein voedsel te eten kreeg.

15 Hoe Cornelius christen werd

Handelingen 10

Petrus heeft een visioen. Hij logeert in de stad Joppe. Vóór etenstijd heeft hij zich op het dak teruggetrokken om te bidden. Dan ziet hij een tafellaken met een gevarieerde schotel vol vlees, rein en onrein, uit de hemel neerdalen. Hij hoort een stem, die zegt: 'Eet smakelijk!' 'Nee', reageert Petrus onmiddellijk. 'Ik? Eten van deze schotel? Geen denken aan! Nooit van mijn leven!' Want Petrus is een vrome Jood. Hij houdt zich aan de regels van de wet.
Maar dat laken met die gevarieerde vleesschotel blijft maar aan Petrus voorbijkomen. Met die stem, die tot overmaat van ramp ook nog zegt: 'Hoe durf jij te weigeren wat de hemel je aanbiedt!' Petrus raakt er in verwarring van. Want wat heeft dit visioen te betekenen?

Intussen is er nog iemand die een visioen heeft gehad. Cornelius, een Romeinse hoofdman over honderd soldaten. Een officier. Geen kleine jongen dus. Een vrome man, die bidt en geld geeft aan de armen. Als gastlid leeft hij mee met de Joodse gemeenschap. Cornelius zag in zijn visioen een engel, die hem zei: 'Ga naar Joppe, naar het huis van een zekere Simon. Daar logeert Petrus. Die moet je laten komen, hij kan je meer over God vertellen.' Cornelius heeft aan één woord genoeg. Hij stuurt meteen mannen eropuit om Petrus te halen.

Petrus is er nog niet uit wat zijn visioen te betekenen heeft. Zo vreemd en verwarrend was het, wat die stem zei. Dan staan de mannen van Cornelius bij hem op de stoep. Zij vragen Petrus om mee te gaan. Maar bij een Romein thuis op bezoek gaan was voor een man als Petrus evenzeer taboe als het eten van onrein vlees. Dan eindelijk daalt het in, het kwartje valt. Wie is hij, Simon Petrus, om te weigeren wat de hemel hem aanbiedt?

Het wordt een feest van jewelste, daar in huize Cornelius! De mannen delen hun visioenen met elkaar en maken elkaar daarmee ontzettend blij. 'Zie je wel! Ik dacht het al, dit was de Heer! Nou en of hij van zich heeft laten horen!'
Petrus vertelt Cornelius van alles en nog wat over Jezus. Over Jezus' leven. Over zijn dood aan het kruis. Over zijn opstanding. En Petrus is nog midden in zijn betoog als hij moet ophouden omdat de heilige Geest als op de Pinksterdag met grote kracht begint te waaien. Iedereen overhoop en in extase. Het mag dan niet kloppen met de wet van Mozes over rein en onrein en zo. Maar wat een feest!

Het feest in huize Cornelius duurt een aantal dagen. Er wordt ook gedoopt. Want in Jezus' naam hoeft Cornelius geen gastlid te blijven maar mag hij helemaal en ten volle meedoen in de gemeente van Christus. Hij en al zijn huisgenoten die dat willen. Want God zelf heeft het onderscheid tussen Joden en niet-Joden opgeheven.

Terug in Jeruzalem wacht Petrus echter een koude douche. Er zijn daar geloofsgenoten die hem ter verantwoording roepen. 'Wat horen we nu, Petrus, ben jij bij een onbesneden niet-Jood op bezoek geweest en heb jij daar gegeten? Hoe kun je dat maken? Jij hebt ons wel wat uit te leggen!' Maar Petrus blijft rustig, begint bij het begin en zet zijn zaak uiteen. Eerst dat visioen, dan zijn verwarring, dan die afgezanten en ten slotte het grote feest in huize Cornelius. 'Als God deze niet-Joden vanwege hun geloof in Jezus Christus ook heeft willen laten delen in de gave van de Geest, had ik dat dan soms tegen kunnen houden?'

Handelingen 11

De geloofsgenoten daar en toen kunnen niet om het getuigenis van Petrus heen. Ze willen dat ook niet meer. Ze prijzen God. Want ze snappen: daar in huize Cornelius is geschiedenis geschreven! Ook niet-Joden krijgen voortaan de kans om zich te bekeren en voluit mee te doen in de kring rond Jezus de Heer!

Dit belooft een wereldwijde beweging te worden.

Maar die voorschriften in de wet van Mozes dan? God zelf mag die voorschriften over rein en onrein dan aan de kant gezet hebben op het feest in huize Cornelius, toch wil dat er niet zo snel in bij een aanzienlijke groep uit de gemeente te Jeruzalem. En best begrijpelijk. Die wet heeft zolang zulke goede dienst gedaan. Die kan toch niet opeens waardeloos geworden zijn! Dat is aan het begin van de kerkgeschiedenis echt een lastig probleem. Ook de eerste zendelingen lopen ertegen op. Jaren later vindt dan ook daar in Jeruzalem eenzelfde soort debat plaats.

Een grote groep gelovigen is bij elkaar gekomen. In Jeruzalem. Om het verslag te horen dat Paulus en Barnabas uitbrengen van hun zendingsreis. Ze vertellen van de vele niet-Joden die tot geloof in Jezus Christus gekomen zijn. Een massale toestroom! Van 'buiten' dus. Aan de ene kant brengt hun verslag grote vreugde. Aan de andere kant ook grote moeite. 'Ze moeten zich wel laten besnijden, hoor, al die niet-Joodse mannen in het buitenland, die tot het geloof in Jezus Christus gekomen zijn. En de wet van Mozes moeten ze ook gaan houden, geen varkensvlees en ander onrein voedsel eten en zo. Want er zijn grenzen!'

Handelingen 15:1-29

Verlegenheid alom. Want moet dat nu echt, die hele wet van Mozes opleggen aan niet-Joodse mensen van 'buiten'? Is dat wat God vraagt?
Er wordt een vergadering belegd. Petrus staat op en neemt het woord. Hij is overdui-

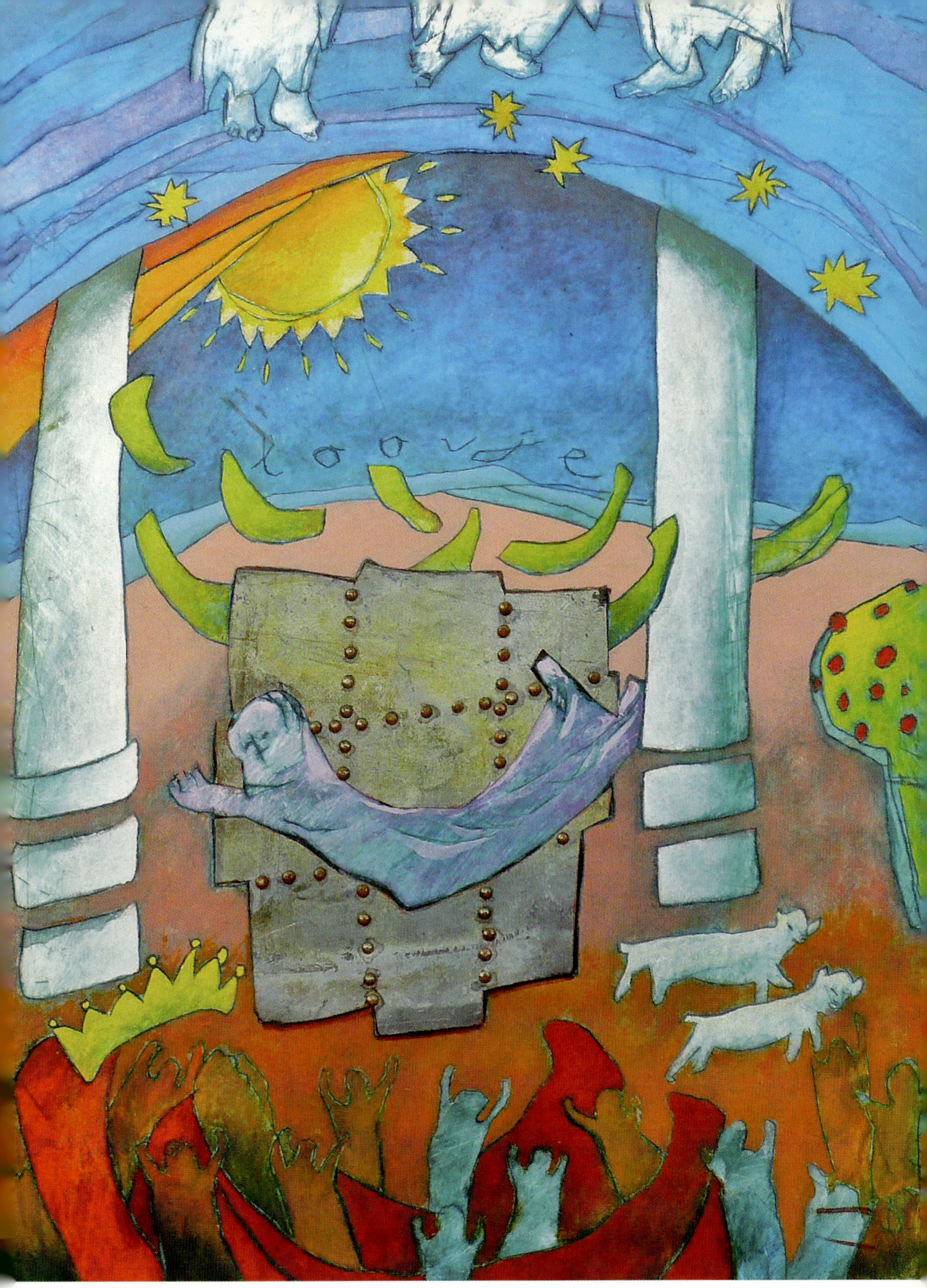

delijk het feest in huize Cornelius niet vergeten! 'Wie zijn wij om niet-Joodse leerlingen van de Heer Jezus het keurslijf op te leggen dat wij zelf niet eens naar de letter hebben kunnen dragen? We zijn toch allemaal zoals we hier zitten door Gods genade gered, die ons in het evangelie wordt toegezegd?'
De vergadering zwijgt stil en stemt toe. De hele wet van Mozes zal niet worden voorgeschreven aan niet-Joodse leerlingen van de Heer. Een paar basale regels maar. Je ver houden van alles wat riekt naar afgoden, geen ontucht plegen, geen bloed nuttigen en ook geen vlees eten waar het bloed nog in zit.
Dat besluit legt de vergadering vast. En er gaat een brief uit naar alle niet-Joodse leerlingen. Alle aanwezigen blij! Want dit is echt in de lijn van Jezus!

Maar de wet van Mozes zal nog een hele tijd een lastige rol blijven spelen. De Paulus die bij deze vergadering was krijgt er nog heftig mee te maken (zie het hoofdstuk over de brief aan de Galaten).

Paulus, die ook Saulus genoemd werd, weet zich door Jezus de Heer uitgekozen om diens naam bekend te maken onder alle volken. Aan die taak wijdt Paulus zijn verdere leven. Daarbij gaat hij voortvarend en baanbrekend te werk. Hij blijft niet binnen de grenzen van Israël, maar trekt de wijde wereld in. En hij richt zich dus niet alleen op de Joden die toen in groten getale verspreid woonden in de landen rond de Middellandse Zee, maar ook op leden van andere volken. Menig land en stad was toen ook al een smeltkroes van nationaliteiten.

Hij maakt drie 'zendingsreizen', waarbij hij, zeker voor die tijd, lange afstanden aflegt.

16 De zendingsreizen van Paulus

Handelingen 16:9-40

'Kom ons te hulp!' In een visioen ziet Paulus op een nacht een man. Een Macedoniër, aan zijn kleding te zien. 'Steek over naar Macedonië!' roept de man. 'Kom ons te hulp!'

Paulus probeert op dat moment in Asia het evangelie bekend te maken. Maar hij ontmoet daarbij veel hindernissen. Het nachtelijke visoen begrijpt hij als de stem van de Heer: hij moet Asia achter zich laten en overvaren naar Macedonië, om daar zijn werk voort te zetten. Meteen maakt hij aanstalten voor de overtocht.

Een voorspoedige reis wordt het, die Paulus en een aantal metgezellen brengt in de havenstad Filippi. Het eerste wat ze doen is op de sabbat de plek opzoeken waar de Joodse gemeenschap samenkomt om te bidden. Daar vertellen ze over Jezus. Eén van de vrouwen, Lydia, wordt diep in haar hart geraakt. Ze geeft zich gewonnen en laat zich dopen. 'Zolang jullie hier in Filippi zijn, logeren jullie bij mij, ik heb ruimte genoeg', zegt ze met klem. Daarmee zijn ze voorlopig onder de pannen.

Maar vanaf het moment dat Paulus die gebedsplaats bezoekt, worden hij en zijn medewerkers achtervolgd door een slavin die waarzeggende gaven heeft. 'Deze mensen zijn dienaren van de allerhoogste God en zij wijzen een weg om gered te worden', roept ze telkens luidkeels, terwijl ze hen dagenlang achternaloopt. Paulus krijgt er genoeg van. Hij draait zich om en zegt 'Wegwezen, jij geest die haar doet waarzeggen! Laat deze vrouw vrij!'

Dat gebeurt. Maar de eigenaren van de slavin zijn woedend! Want met haar waarzeggende geest was ze goud waard. Weg geest, weg winst. Ze grijpen en sleuren Paulus samen met Silas, een van Paulus' naaste medewerkers, voor de plaatselijke overheid.

'Deze mensen brengen de hele stad in rep en roer! Ze zetten ons op tegen de keizer van Rome!' luidt hun aanklacht. Het eigenlijke motief, dat ze kunnen fluiten naar hun inkomsten, verzwijgen ze wijselijk.

Het wordt een hetze van jewelste. Iedereen die in de buurt is, doet er gretig aan mee. Ze slaan Paulus en Silas met stokken en rukken hun de kleren van het lijf. Aan het eind van de dag belanden Paulus en Silas in de gevangenis. 'Streng bewaken, deze oproerkraaiers', krijgt de cipier te horen. Ze krijgen het zwaarste regime, deze twee: in de binnenste kerker worden hun voeten vastgezet in een blok hout.

's Nachts maken Paulus en Silas van hun kerker een kerk: ze bidden en zingen tot eer van God. Hun medegevangenen horen ervan op. Dit is niet normaal meer, deze geluiden, in dit hol onder de grond.

Dan opeens beeft de aarde en de fundamenten van de gevangenis schudden. Alle deuren springen open en de boeien schieten los. De cipier is radeloos. In blinde paniek pakt hij zijn zwaard om zichzelf van het leven te beroven. Want het lot dat hem wacht als zijn superieuren erachter komen dat er een massale ontsnapping heeft plaatsgevonden, zal vele malen erger zijn ...

'Doe uzelf geen kwaad!' schreeuwt Paulus. 'We zijn nog allemaal hier.' Trillend en bevend rent de cipier naar de cel waar Paulus en Silas zitten. Hij valt op zijn knieën. 'Wat moet ik doen om gered te worden?' vraagt hij.

'Geloof in de Heer Jezus en je zult gered worden, jij en je huisgenoten.'

> *'s Nachts maken Paulus en Silas van hun kerker een kerk.*

Die nacht wordt het feest in de gevangenis te Filippi. De cipier roept al zijn huisgenoten erbij. Ze luisteren naar wat Paulus en Silas over Jezus vertellen. Ze worden in hun hart geraakt en willen meteen gedoopt worden! Vreugde alom.

De volgende ochtend worden Paulus en Silas officieel in vrijheid gesteld. Het stadsbestuur erkent dat er procedurefouten zijn gemaakt. Na een kort bezoek aan Lydia en de andere leerlingen, vervolgen ze hun reis.

Op het eiland Malta kun je de baai nog steeds bewonderen. 'St. Paul's Bay' hebben ze 'm genoemd. De Maltezen zijn er trots op. Na een schipbreuk – de zoveelste – zou Paulus in deze baai op hun eiland zijn aangespoeld.

Handelingen 27-28

De scheepsramp vond plaats op zijn derde zendingsreis terwijl hij onderweg was naar Rome. Als gevangene. Als Romeins staatsburger had Paulus zich namelijk beroepen op zijn burgerrecht, om zijn zaak voor te leggen aan de keizer. Want Paulus was in conflict geraakt met de autoriteiten vanwege zijn prediking. Dat beroep vergde een lange reis, onder bewaking.

'Niet doen', zegt Paulus. 'Het is de verkeerde tijd van het jaar. Als je nu wilt uitvaren, is dat vragen om moeilijkheden.' Maar nee, er moet en er zal gevaren worden. Want ze worden in Rome verwacht. Met alle schepelingen. En al het graan. Duldt de keizer van Rome wel uitstel?

De zeelieden maken zich gereed voor vertrek. Nauwelijks zijn ze de haven uit of de weersomstandigheden veranderen. De zee wordt ruig, erg ruig.

De stormachtige wind en de huizenhoge golven sleuren het schip mee en maken het

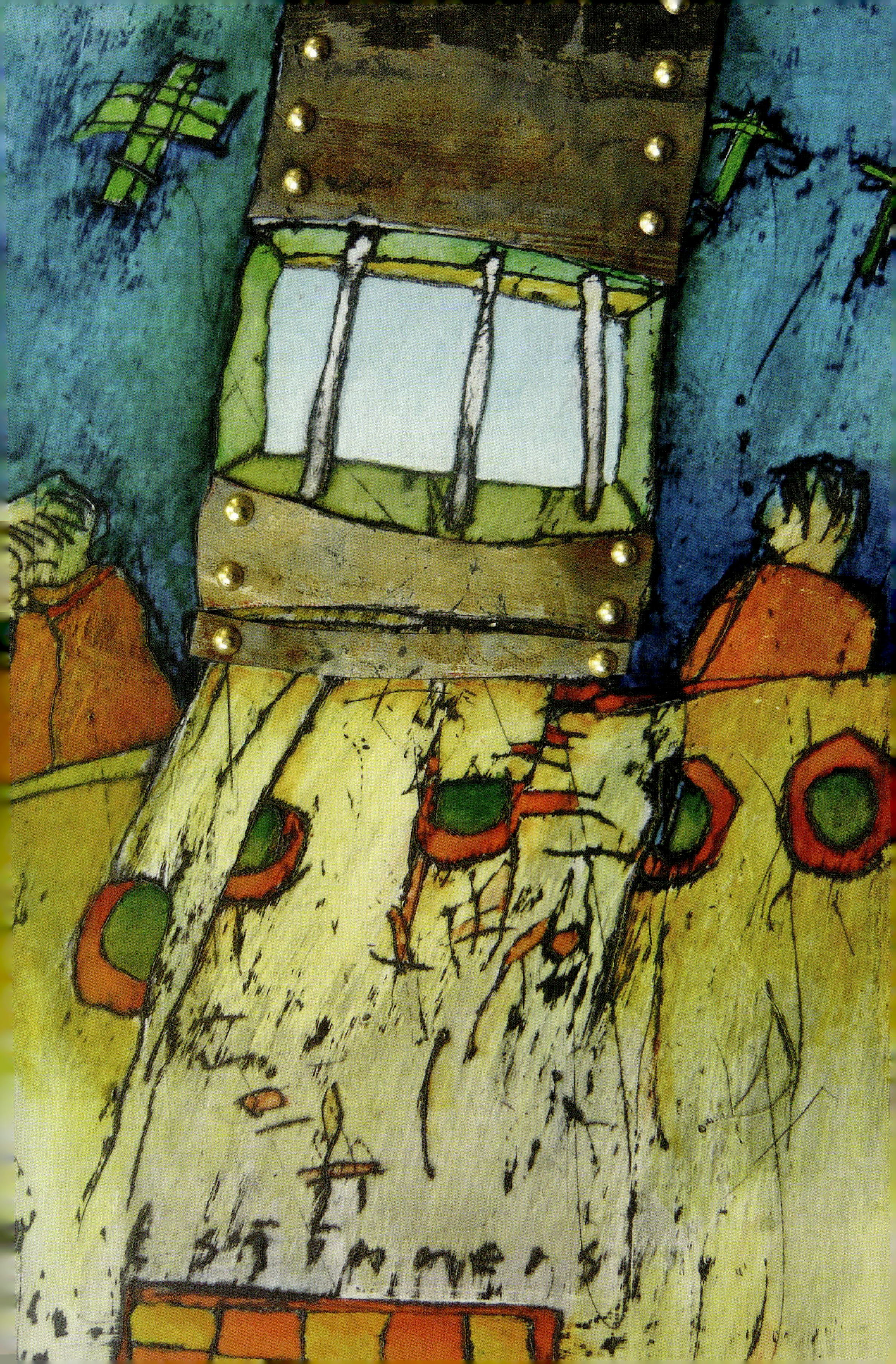

volstrekt onbestuurbaar. De lading is al overboord gezet. Een dag later de scheepsuitrusting. Veel heeft het niet geholpen. Het noodweer blijft aanhouden en de golven beuken op het schip dat in deze kolkende zee niet meer lijkt dan een tuimelend notendopje. 'Verscheidene dagen zon noch sterren', zou het scheepsjournaal melden. Twee lange, bange weken.
'Vrees niet, mensen! We koersen wel op een schipbreuk aan, maar we zullen het er allemaal levend van af brengen!' spreekt Paulus de opvarenden moed in. Hij heeft die nacht een engel van God op bezoek gehad. 'Paulus, jouw verhaal is nog niet af', had de engel hem duidelijk gemaakt. 'Jij moet naar de keizer van Rome en daarom gaat God iedereen op dit schip sparen.'
Paulus dringt erop aan dat allen goed eten. 'Geloof me: we zullen dit overleven, maar een beetje kracht kunnen we allemaal maar al te goed gebruiken.' De 276 mensen aan boord eten hun buik vol en dumpen daarna de rest van het voedsel om het schip lichter te maken.
In het zicht van land loopt het vaartuig een dag later op een zandbank en breekt in stukken. De soldaten willen de gevangenen doden, uit angst dat sommigen zwemmend zullen ontsnappen, maar Paulus verijdelt dat plan. Alle 276 opvarenden spoelen levend aan. Op de kust van Malta.

Meteen vuur maken, is het devies van de Maltezen. Want op dat eiland weten ze hoe je schipbreukelingen moet opvangen. En ze doen het graag. Er wordt een groot vuur aangelegd. Warmte is van levensbelang. Terwijl Paulus meehelpt om hout te sprokkelen voor het vuur wordt hij in zijn hand gebeten door een gifslang die zich in een takkenbos had verschanst.

'Vast een moordenaar, deze Paulus!' zeggen de Maltezen tegen elkaar, 'hij ontsnapt op het nippertje aan de zee, maar kijk, onze wraakgodin wil hem dood hebben! Daar kun je op wachten: straks zwelt zijn hand op, daarna valt hij stuiptrekkend neer!'
Niet dus. Paulus schudt de gifslang van zijn hand af. Die valt in het vuur. En Paulus blijkt niets aan de beet over te houden. 'Hij is een god!' zeggen de Maltezen nu tegen elkaar.

'Wees welkom, heer Paulus! Laat voorlopig mijn huis uw huis zijn!'
De gouverneur van het eiland, wiens landgoed in de buurt van de baai lag, ontvangt Paulus als een eregast.

'Mijn vader ligt ernstig ziek, dus neem me niet kwalijk als ik niet alles kan doen wat een goede gastheer betaamt.' 'Zou ik hem even mogen bezoeken?' vraagt Paulus.
Paulus legt de zieke man de handen op en bidt voor hem. De man geneest.
Binnen de kortste keren weten alle eilandbewoners van dit voorval. Veel zieke mensen komen naar Paulus toe en ze vinden genezing.

Malta staat voortaan vierkant achter Paulus. Ze helpen Paulus aan het nodige voor zijn reis naar Rome. Daar krijgt hij toestemming om onder bewaking een eigen woning te betrekken, waar hij bezoek mag ontvangen. Onvermoeibaar spreekt hij over het evangelie van de Heer Jezus. Het laatste dat Handelingen ons over Paulus vertelt is dat hij twee jaar onder bewaking vanuit dat huis werkt.

Paulus schreef een aantal brieven aan plaatselijke kerken. Vooral aan kerken die ontstaan zijn door zijn zendingswerk. Zo schreef hij een aantal brieven aan de kerk in Korinte. Daarvan zijn er twee bewaard gebleven. Korinte is een havenplaats. De kerk in die stad bestond toen uit mensen met heel verschillende achtergronden: rijk, arm, slaven, vrijen en vermoedelijk ook allerlei nationaliteiten.

Geen wonder misschien, dat er nogal wat conflicten waren. Paulus heeft er een hartig woordje over te zeggen tegen de Korintiërs. Dan, in hoofdstuk 12 van zijn eerste brief, begint een gedeelte waarin hij veel dieper afsteekt. 'Waar gaat het nu eigenlijk om, beste mensen?'

17 De eerste brief van Paulus aan de gemeente te Korinte

1 Korinte 12:12-31

Allereerst wil ik jullie iets duidelijk maken over de gaven van de Geest. We zijn allemaal één in Christus, verbonden door het geloof in hem.
Vervolgens zijn we wel verschillend. Die verschillen betreffen niet zozeer onze meningen of overtuigingen, maar zijn te danken aan de verscheidenheid in gaven van de Geest. De Geest van God geeft aan iedereen iets: de één is goed in het geven van onderwijs, de ander in dienen, weer een ander in leidinggeven. Er zijn mensen die in klanktaal kunnen spreken, mensen die profeteren, mensen die gaven hebben op het gebied van genezing. Niet iedereen krijgt alles. En we ontvangen niet allemaal hetzelfde. Helemaal Gods bedoeling, want dat betekent dat we elkaar nodig hebben.
Samen vormen we als het ware één lichaam, het lichaam van Christus. De één is bij wijze van spreken een oor, de ander een oog, de één een voet, de ander de hand. Verbeeld je dus niks: je bent niet alles in je eentje. Maar denk ook niet dat je niks voorstelt. Of dat je er net zo goed niet had kunnen zijn. Juist datgene wat wij vaak klein of onbelangrijk vinden, blijkt in de ogen van God van grote betekenis te zijn. Zo vullen de verschillende gaven elkaar aan. Prachtig, toch?

1 Korinte 13

Boven dat alles uit gaat het God om liefde. Zonder liefde stellen al die gaven helemaal niks voor, op hoeveel gaven je ook zou kunnen bogen. Veel geschreeuw en weinig wol. Zelfs al had ik alle gaven, zonder liefde was ik alleen maar heel veel kabaal. Al kende ik allerlei geheimen, bezat ik heel veel kennis en een geloof dat bergen kan verzetten, zonder liefde is het niks waard. Zelfs al gaf ik mijn leven in de martelaarsdood: zonder liefde heeft het geen betekenis.

De liefde is de hoogste weg.

De liefde kan alles dragen.

De liefde is geduldig en goed.
De liefde is niet jaloers, is niet blij met de ellende van een ander.
De liefde is niet grof en laat zich niet zomaar boos maken.
De liefde is niet uit op succes of eigenbelang.
De liefde kan alles dragen.

Vergis je niet. Besef dat wij met al onze gaven als kinderen zijn. Kinderen met een zak vol mooi 'speelgoed'. De Heer zij dank is dat ons einddoel niet. De belofte die ons gaande houdt is dat we kind af zullen worden en in Gods toekomst de volmaaktheid zullen bereiken. Al het mooie speelgoed heeft dan zijn tijd gehad en we zullen het echte werk voluit ervaren: God kennen zoals wij door God gekend zijn!

Denk dus hierom: het gaat om geloof, hoop en liefde, maar de liefde is het belangrijkste.

Dat betekent ook dat jullie iets aan jullie samenkomsten moeten doen. Die verlopen veel te rommelig en chaotisch. Laat de liefde waar het God om gaat, in jullie samenkomsten de boventoon voeren en niet het etaleren van jullie gaven. Liefde beoogt immers om niet zelf te schitteren, maar om voor anderen van betekenis te zijn.

Begin er in jullie samenkomsten eens heel gewoon mee om te luisteren naar elkaar! Nu praat iedereen, hoor ik, dwars door elkaar heen, want wat de één te zeggen heeft is zó belangrijk dat het ook meteen gezegd moet worden. Chaos. Luister naar elkaar en laat iedereen om de beurt haar of zijn bijdrage geven. Degene die een lied inzet, vindt dan vast goede bijval. Dat wordt een waardige lofzang! Degene die een bijbelgedeelte wil lezen en uitleggen, hoeft niet te schreeuwen. Dat wordt een mooie toespraak! Degene die een woord van de Heer heeft om te delen, kan dat woord dan delen, terwijl de rest van jullie luistert. En zo steekt iedereen er iets van op!

God is geen God van wanorde, maar een God van vrede!

Deze rake woorden van Paulus betekenden in Korinte helaas niet het einde van de zorgen en conflicten binnen de kerk. Want er doken meteen daarna weer nieuwe problemen op. Heel herkenbaar: er is altijd wel wat …

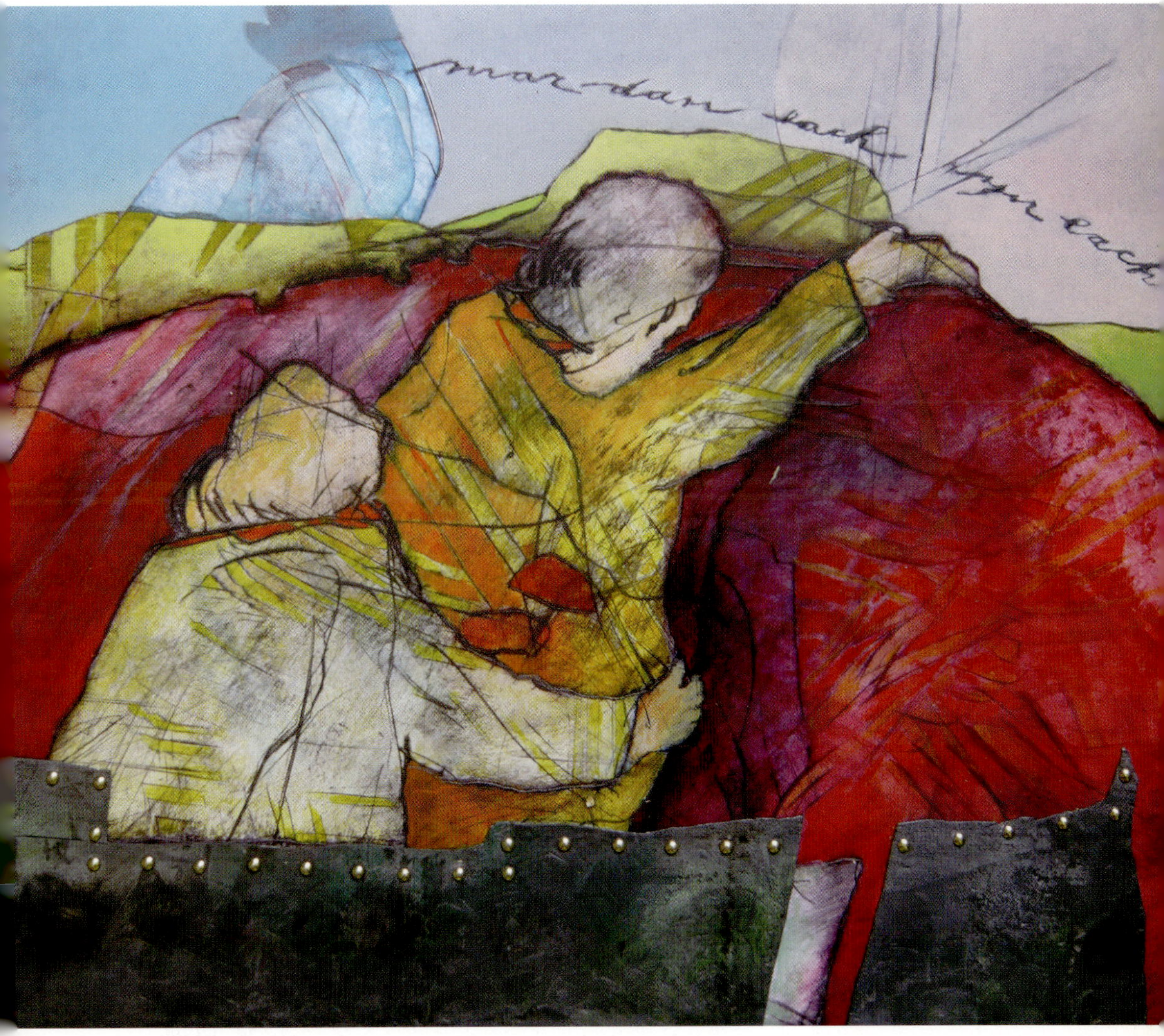

Op zijn zendingsreizen heeft Paulus ook een aantal keren de provincie Asia bezocht (het huidige Turkije). Daar heeft hij diverse christelijke gemeentes gesticht. Onder andere in een landstreek die toen Galatië heette. Nu Centraal Turkije. Als Paulus weer verder getrokken is naar andere streken om het evangelie van Jezus Christus te verkondigen, krijgt Galatië bezoek van andere rondreizende Joodse christenen. Die vinden dat alle christenen – Joden en niet-Joden – zich moeten houden aan de voorschriften van de wet van Mozes. Paulus is ziedend als hij dat hoort. Hij schrijft hun een brief op poten.

18 De brief van Paulus aan de Galaten

'Wat hoor ik nu toch over jullie! Hebben jullie je verstand verloren? Ik ben verbijsterd!' Galaten 1
Zo begint Paulus. Hij valt meteen met de deur in huis.
Hij houdt zich daarmee niet aan de opzet die toen gebruikelijk was voor een brief. Voordat je ter zake kwam, hoorde je eerst je lezers wat lof toe te zwaaien. En in alle andere brieven doet Paulus dat ook door minstens een alinea op te nemen met allerlei gepaste dank aan God voor de betreffende gemeente waar hij aan schrijft.

Zo niet in deze brief aan de Galaten. Het dondert en bliksemt ogenblikkelijk. En geen klein beetje ook. 'Vervloekt de mensen die jullie van het evangelie afbrengen!' En: 'Vervloekt iedereen die van het evangelie wat anders maakt dan ik jullie heb doorgegeven, al was het een engel uit de hemel!'
Overduidelijk dat Paulus in alle staten is. Maar waarom eigenlijk?

Er duiken daar in Galatië mensen op die tegen de gelovigen zeggen: 'Jullie denken nu wel dat jullie goede christenen zijn, maar Paulus heeft jullie nog maar het halve verhaal verteld. Die man is veel te laks waar het gaat om de onderhouding van de wet van Mozes. Als je echt bij Gods volk wilt horen en daarin ingelijfd wilt worden, dan moet je radicaal durven zijn en je aan Gods voorschriften houden. Die heeft hij aan Mozes geopenbaard. Dan moet je leren wat het verschil is tussen rein en onrein voedsel. Je moet weten welke feestdagen je moet vieren. Je moet de tafelgemeenschap zuiver houden en dus niet met niet-Joden eten, zelfs al geloven ze in Jezus op de gemakkelijke manier van Paulus. Mannen moeten zich laten besnijden, net als de Israëlieten van vroeger en van nu. Dat staat allemaal in de wet van Mozes, maar dat is ook de wet van Christus. Wie zich daaraan houdt, zal pas echt door God gezegend worden en zal pas echt de heilige Geest ervaren. Dat verhaal van Paulus over Gods grote liefde en genade, gratis en voor niets, en over het geloof in Jezus als enige voorwaarde, dat klopt niet, neem dat van ons aan! Je moet er wel iets voor overhebben, Jezus volgen kost ook iets.'

Die boodschap tast naar de overtuiging van Paulus het hart van het evangelie aan. Vanwege de extra barrière die deze eisen opwerpen voor mensen 'van buiten', mensen die niet als Jood zijn opgegroeid.
Paulus stelt het dan ook heel scherp: 'Als het nog steeds zo is dat een mens – dat álle mensen het voor God moeten hebben van het houden van de wet van Mozes, dan is het kruis dat Jezus heeft gedragen van geen enkele betekenis geweest en is hij voor niets gestorven.'

Galaten 5

Maakt het voor Paulus dan niets uit hoe gelovige mensen leven? Jawel, het maakt Paulus zeer zeker wel uit!
'Als christenen zijn we daarom geroepen om vrij te zijn, en Jezus Christus is het die ons vrijmaakt. Natuurlijk moeten we als volgelingen van Jezus ons aan Gods voorschriften houden,

... dat we in liefde met elkaar en met andere mensen omgaan ...

maar wat voor christenen geldt is heel eenvoudig: dat wij in liefde met elkaar en met andere mensen omgaan. Liefde, vreugde, vrede, geduld, vriendelijkheid, goedheid, geloof, zachtmoedigheid en zelfbeheersing: dat zijn de dingen die God van ons vraagt. Maar het wonder is nu juist dat hij die dingen door zijn Geest als een vrucht aan ons wil laten groeien. Dat is heel wat anders dan dat geruzie waartoe jullie je hebben laten verleiden. Jullie zijn eigenlijk alleen maar met jezelf bezig en niet met God. Jullie weten toch nog wel waarvoor ik jullie gewaarschuwd heb toen ik bij jullie was? Ik heb jullie gewaarschuwd voor zedeloosheid en losbandigheid, voor afgoderij en toverij, voor jaloezie en geruzie. Dat zijn de dingen waar God een hekel aan heeft. Maar als je je daarvan afkeert en elkaar accepteert en liefhebt, dan houd je je aan de wet van Christus. Die is veel eenvoudiger dan die verfoeilijke concurrenten van mij jullie hebben wijsgemaakt. Christus heeft ons van die oude voorschriften van de wet vrijgemaakt, vergeet dat nooit!'

De 'kwestie' waar Paulus in de brief aan de Galaten woedend over is, speelt in het huidige christendom eigenlijk nauwelijks meer een rol. Dat is dus aan Paulus te danken.

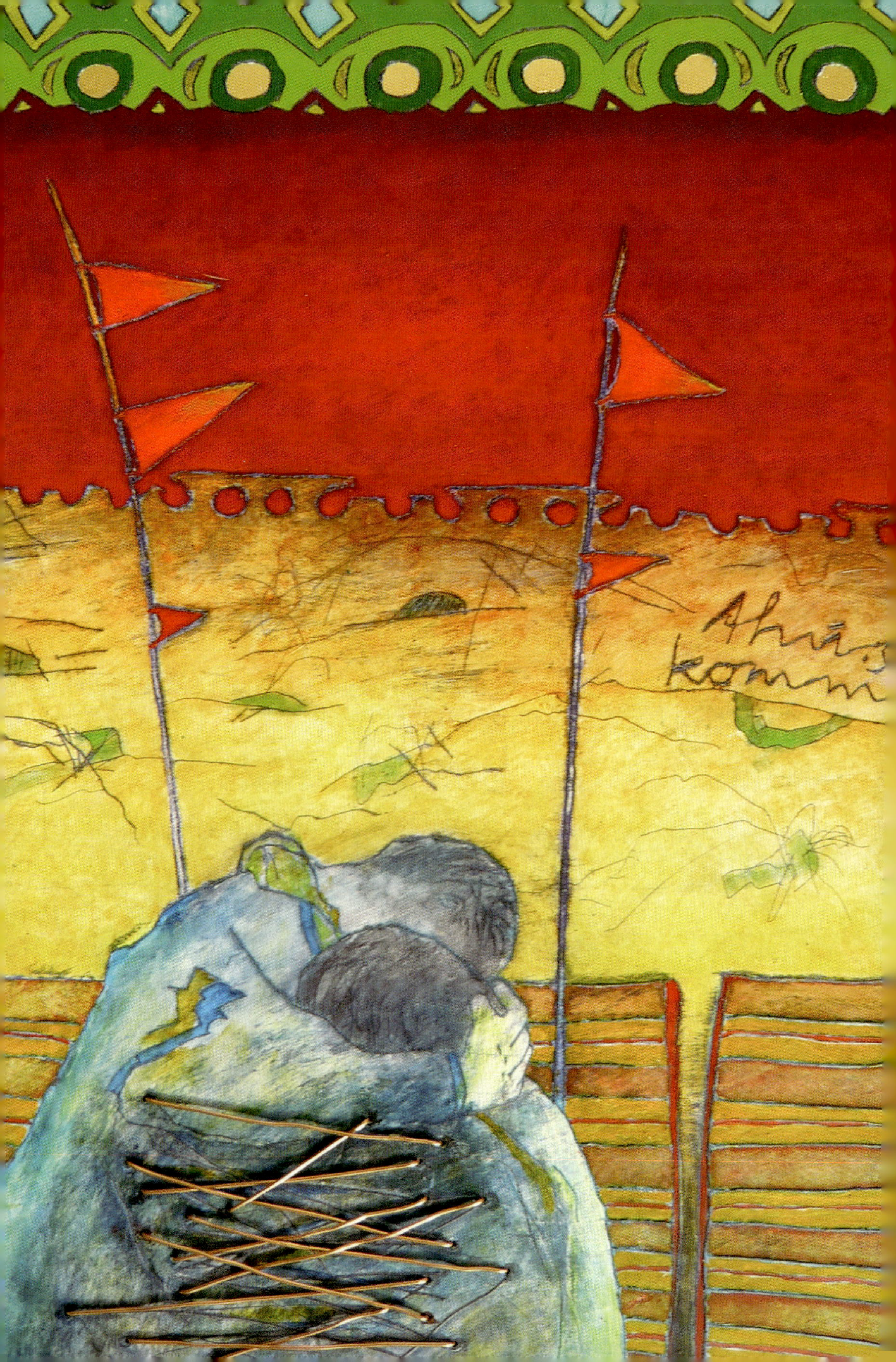

Dit geschrift staat in de Bijbel te boek als 'brief'. Maar het heeft meer weg van een preek, een verhandeling. Het geschrift werd ook nog geschreven voor ingewijden, die de babyvoeding achter zich gelaten hebben en nu toe zouden moeten zijn aan het eten van een stevige stamppot. Geen melkpapje dus, dat wat dit geschrift te melden heeft, is veeleer stevige kost. Om je tanden in te zetten.

Een grote hoeveelheid verbeeldingskracht heb je ook nodig als je Hebreeën lezen gaat, want de brief neemt je als lezer mee naar de hemel als de werkelijkheid waar God troont. Het staat vol met beelden van en verwijzingen naar de tempeldienst.

19 Hebreeën

Hebreeën 9:11-28; 10:32-34

'Houd het vooral toch vol!' Het gaat er in die dagen inderdaad voor christenen soms bar aan toe. Je hebt als christen ermee te rekenen dat je niet alleen mikpunt van spot bent, maar ook dat je vervolgd kunt worden. Straffeloos kunnen mensen je huis plunderen en jou in elkaar slaan.

Soms gaat het er in latere tijden voor christenen nog erger aan toe: je kunt dan voor de leeuwen gegooid worden. Dat worden shows die in de arena heel geliefd zijn bij het volk. En christenen in Rome lopen zelfs af en toe het risico te eindigen als een levende fakkel op een tuinfeest van de keizer.

'Houd het vooral toch vol!' Dat is de boodschap van Hebreeën. En met bemoedigende maar ook met strenge woorden en vooral met beeldrijke taal legt de schrijver die boodschap aan het hart van al zijn lezers.

Die beeldrijke taal schildert de tempel van de HEER in Jeruzalem en de dienst die daar destijds verricht werd. Die dienst in de tempel bestond uit het brengen van offers, vermoedelijk omlijst met veel zingen en bidden. Een veelheid aan verschillende offers werd er gebracht op een veelheid van verschillende altaren.

Het belangrijkste was het offer dat eenmaal per jaar op Grote Verzoendag gebracht werd door de hogepriester. Dat offer bracht verzoening voor alles waardoor heel het volk in het afgelopen jaar de trouw verbroken had met de HEER God. Voor het brengen van dat offer moest de hogepriester eerst zelf verzoening doen voor zijn eigen trouwbreuk. Immers, die hogepriester was ook maar een gewoon mens. Pas na dat offer kon hij doen wat er op Grote Verzoendag van hem gevraagd werd.

'Welnu, zie je die tempel vóór je en die hogepriester op Grote Verzoendag?' vraagt de briefschrijver aan zijn lezers. 'Ja? Denk je dan nu even goed in dat die tempel in Jeruzalem op aarde eigenlijk gebouwd is als kopie van het échte werk dat zich in de hemel bevindt!'

De schrijver verzint deze voorstelling niet zelf. Over het heiligdom voor de HEER op aarde als kopie van het heiligdom voor de HEER in de hemel kun je al lezen in het tweede boek van de Bijbel, het boek Exodus.

'Stel het je voor, laat het voor je geestesoog verschijnen, dat heiligdom voor de HEER in de hemel', daagt hij zijn lezers uit.
'Heb je dat beeld op je netvlies? Dan ga ik jullie nog een keer vertellen hoe Jezus in dat beeld past. Daarmee zal ik jullie nog een keer proberen uit te leggen hoe onvoorstelbaar rijk het evangelie is.'

Ook deze uitdaging van de schrijver aan zijn lezers dient geen ander doel dan de oproep het toch vooral vol te houden te ondersteunen. Want hij gebruikt het om het evangelie van Jezus Christus te tekenen als veel beter, veel rijker en van oneindig meer waarde dan al het andere wat er op aarde te vinden is.

'Die hogepriester, die op Grote Verzoendag eerst voor zichzelf verzoening moest doen, omdat hij net als de rest van het volk was – denk je dáár nu eens Jezus bij, wel een mens maar een die nooit zijn trouw tegenover God gebroken heeft. Jezus hoeft dus niet eerst een offer voor zichzelf te brengen. Daardoor kan hij meteen naar binnen, in het heiligste deel van de tempel. Hij brengt daar geen offer van dieren, maar hij geeft zichzelf. Hij geeft zijn leven voor ons, zodat het weer goed komt tussen God en de mensen. Dat is de grootste Verzoendag die de wereld ooit heeft gezien: Jezus' dood aan het kruis. En die grootste Verzoendag hoeft niet jaarlijks te worden herhaald, die staat eens en voor altijd!'

Die hogepriester ... denk je daar nu eens Jezus bij.

De schrijver van Hebreeën roept zijn lezers op dát steeds voor ogen te houden. Dé manier om het vol te houden is: kijken naar Jezus.

We lopen in dit leven een wedstrijd, als in een stadion. Op die renbaan gaat Jezus voorop. Wij rennen als het ware achter hem aan. Op de tribune om ons heen zitten al de mensen die ons zijn voorgegaan, onze voorbeelden in geloof. Abraham en Sara. Jozef, Mozes en koning David. Alle profeten. En iedereen die sinds heugenis omwille van de HEER God geleden en gestreden heeft. Het is een menigte van jewelste op die tribune om ons heen. En al die mensen moedigen ons aan. Let dus niet op je omstandigheden, op alles wat je bedreigt of bang maakt, luister naar die aanmoedigingen vanaf de tribune, en vooral: kijk naar Jezus en houd vol!

Hebreeën 11

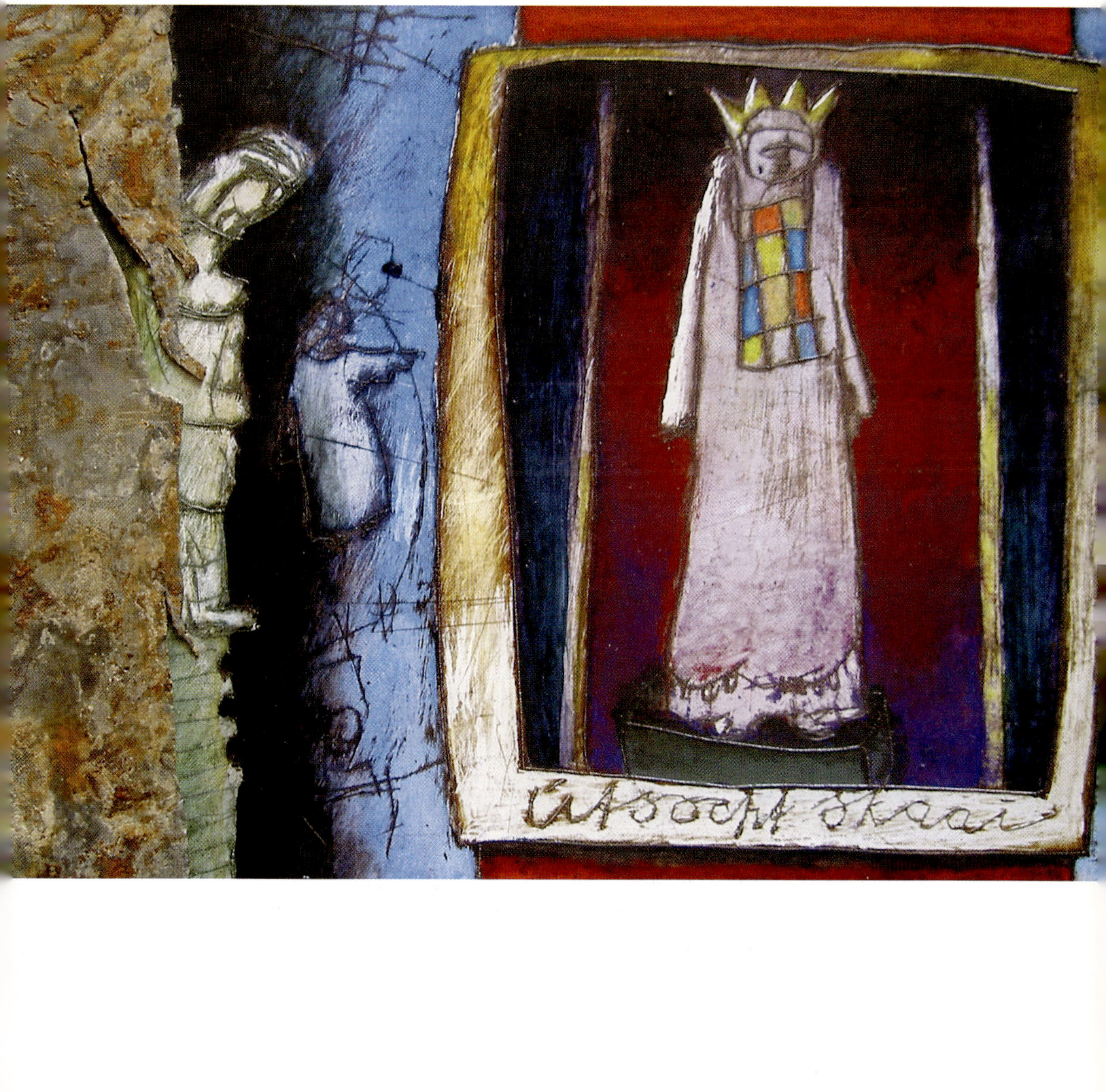

Een vreemde wereld stap je binnen, als je het bijbelboek Openbaring lezen gaat. Je belandt tussen draken en beesten, snuivende paarden en rivieren die overstromen van bloedvergieten. Je wordt al lezend omringd met heel veel liederen die Gods lof zingen. Maar het kan gebeuren dat die liederen aan je aandacht ontsnappen vanwege al het gebrul en geweld.

Er is nogal wat verschil van mening over het antwoord op de vraag waar Openbaring precies over gaat. Over toen (de tijd dat Johannes het boek schreef), over straks (het einde van onze wereldgeschiedenis), of vooral over nu (dat alles wat we steeds maar weer op het journaal te zien krijgen). In deze bundel wordt gekozen voor dat laatste.

Op het laatst: Openbaring

Johannes zit op Patmos. Een klein, kaal rotseiland voor de kust van het huidige Turkije. Als semigedetineerde: hij mag dat eilandje niet af maar zich op die paar vierkante kilometers wel vrij bewegen.

Openbaring 1

Daar op Patmos schrijft Johannes een boek vol visioenen. Een boek dat telkens weer in de geschiedenis van de wereld dynamiet zal leggen onder keizerrijken en dictaturen.

Op een zondag hoort Johannes een stem als een bazuin. Achter zijn rug. Hij keert zich om. En dan overvalt hem een visioen dat hem van de sokken slaat. Hij ziet licht en luister, één en al majesteit en pracht. Jezus de Heer verschijnt in volle glorie aan hem. Johannes wordt erdoor gevloerd.
Maar de Heer Jezus is niet van plan Johannes daar te laten liggen. Hij legt zijn hand op hem, en zegt: 'Wees niet bang, ik ben het'. Hij richt Johannes op en vertelt hem zijn opdracht: eerst zeven korte brieven schrijven aan zeven kerken in het toenmalige Klein-Azië. Daarna moet hij alle visioenen noteren die hij te zien zal krijgen. Visioenen over wat is en wat komen zal. Visioenen die de geschiedenis van onze wereld in Gods licht zetten.

De brieven aan de kerken en de visioenen die volgen zijn bedoeld om de christenen van alle tijden te bemoedigen. En dat licht van God waarin onze geschiedenis gezet wordt, is be-

moedigend! Want in dat licht zie je dat er niet alleen heel veel kwaad opereert, maar ook en meer nog dat God trouw is en dat er in 's hemelsnaam gewerkt wordt aan een goed einde.

Openbaring 4-5

De visioenen betekenen voor Johannes een groot avontuur. Hem wordt een blik in de hemel gegund. Niet om bij weg te dromen, maar om achter de schermen van onze wereldgeschiedenis te kijken.

Eerst is er de hemel, de werkelijkheid van God die Johannes te zien krijgt. Met in de hemel dat wat de hemel tot hemel maakt: de troon van God. Met ervoor iets als een zee van kristal. Om die troon heen een heerlijke hemelse eredienst. Engelen zingen, mensen knielen, wezens jubelen. Alles wat ademt, looft daar de HEER. Een feest van jewelste!

Maar dan gebeurt er iets waardoor iedereen stilvalt en de adem inhoudt. Een luide roep schalt in het rond: 'Wie komt het toe de boekrol aan te nemen en open te maken?'

God op zijn troon heeft een boekrol in zijn hand. Daarin staan Gods plannen voor zijn schepping. Die boekrol aannemen en openmaken staat gelijk met het uitvoeren van die plannen: Gods schepping thuisbrengen in het rijk van de vrede. Wie kan dat doen? Wie mág dat doen?

Johannes hoort de vraag daveren en hij voelt tot op zijn botten de stilte die daarna drukt. Want niemand in die hele werkelijkheid van God zegt iets. Niemand vindt zichzelf waardig om het antwoord op die vraag te geven. Johannes barst in tranen uit. Want als er niemand is aan wie dat toekomt, dan blijven die prachtige plannen alleen maar prachtige plannen en kunnen ze niet worden uitgevoerd. Dan kan niemand deze wereld redden. Weg hoop voor de toekomst. Alles zal moeten blijven bij het oude. Om te huilen, zo erg.

Maar iemand legt dan een hand op de schouder van Johannes en zegt: 'Niet huilen, kijk! Er is er één die de boekrol mag openen: de leeuw van Juda, de zoon van David!' En dan ziet Johannes midden voor de troon geen 'sterke man'. Hij ziet een lam staan. De sporen van zijn lijden en sterven zijn nog op zijn lijf geschreven. Maar het stáát en het neemt de boekrol aan uit de hand van God.

Het feest rond de troon knalt los, met een nieuwe vreugde en tal van nieuwe liederen! Dit was het moment waarop het lot van de hemel en de aarde beslist werd en nu komt het goed, helemaal goed! Gods plannen gaan uitgevoerd worden! Wat een heerlijkheid, dankzij deze ene!

Openbaring 6

En dan? Komt dan alles in één klap goed? Het lijkt er niet op. Het volgende visioen lijkt nog het meest op een paardenrace. In die race lopen nogal wat macabere exemplaren. Ze denderen voort in de wereldarena: het vuurrode paard van de oorlog, het pikzwarte paard van de honger en het lijkbleke paard van de dood. Ze snuiven en ze briesen en ze rennen verbeten. De oorlog raast rond, de honger jaagt hem in zijn kielzog achterna en de dood volgt hen beide op de hielen. Maar als eerste in die wedloop ziet Johannes een wit paard van start gaan, de overwinning tegemoet. Op dat paard een ruiter die al meteen de zegekrans op zijn hoofd heeft. Hij gaat voorop en hij blijft voorop. En die andere paarden in de race snuiven en briesen nog eens te meer, want ze kunnen het niet uitstaan dat deze witte als winnaar vooropgaat.

Dat beeld is herkenbare werkelijkheid voor heel veel mensen. En is dat de eeuwen door geweest. Het daverende gestamp van oorlog, honger en dood is en was nooit vreemd aan de wereld waarin we wonen. Maar dan dat witte paard met zijn ruiter voorop! Dat geeft oneindig veel hoop op een finish die niet eindigt in het donker, maar in het licht. Gegronde verwachting zelfs.
De beelden in de Openbaring tuimelen over je heen. Je hebt die paardenrace nog niet tot je genomen of je wordt getuige gemaakt van de roep om recht, van aardbevingen en een kosmisch drama dat zijn weerga nog nooit heeft gezien. Dan sta je opeens weer te midden van een ontelbare massa zingende mensen die Gods lof zingen en het lam prijzen met alle adem die in hen is.
Dan: het visioen van de draak. Godzijdank is hij de hemel uit geschopt. Niet zonder slag of stoot. Maar toch. Bij God mag die draak niet meer meepraten. Daar is hij woedend over. Hij gaat zijn gram halen op de aarde. Dat wordt geen vrolijk tafereel.

Een beestenbende wordt het op het wereldtoneel. De draak achter de schermen is zo pissig als wat! Hij er bij God uitgezet? Nou, dan zal hij zo veel mogelijk van Gods schepping meenemen in zijn eigen ondergang! Openbaring 13

De draak, bijgenaamd de duivel, roept twee adjudanten in het leven. Twee beesten. Het ene is het beest van de dictatuur. Dat beest ziet er afschrikwekkend uit: tien horens en zeven koppen, meer macht dan verstand. Het lijkt op een panter, maar dan met de poten van een beer en de bek van een leeuw. Het tweede beest heeft een liever gezicht: als een lammetje, maar met twee hoorntjes. Een zachte tong, maar als je goed luistert, praat het als de draak.

Samen veroveren deze twee beesten in opdracht van de draak de wereld. Zonder enig probleem. Het ene beest grijpt de politieke macht. Het andere maakt zich meester over dat wat mensen zien en horen en dus zullen geloven en vinden. Een monsterverbond. En iedereen trapt erin. Johannes ziet de mensen zich vol bewondering vergapen aan de macht van beest één. Daartoe worden ze, of ze zich ervan bewust zijn of niet, aangezet door de invloed die beest twee op hen uitoefent.

Maar een handjevol mensen loopt niet in het gelid. Dat moeten ze duur bekopen. Ze worden tot de dood toe vervolgd. Maar die prijs hebben ze ervoor over om niet mee te gaan met de waan. Want ze geloven dat de dood het ergste niet is dat een mens kan overkomen. Helemaal niet als je in verbondenheid met de Heer sterven mag. Dan ben je zelfs gelukkig te prijzen, geloven ze. Want dan wandel je gewoon Gods hemel binnen. Zo doodgaan is het einde niet. Zeker weten. Daarna begint het echte leven eigenlijk pas goed.

de troon van God.

Met ervoor iets als een

zee van kristal.

Door strijd en oordeel heen wordt die beestenbende op het wereldtoneel aangepakt. Sikkels hakken erin en schalen vol woede worden uitgegoten. Maar de liederen zingen in het rond. Want het gaat op naar Gods goede einde!
De strijd eindigt in een laatste confrontatie. Dan volgt in de visioenen die Johannes ziet, het laatste oordeel. Gods toekomst breekt aan.

Johannes ziet een nieuwe hemel en een nieuwe aarde. En op die nieuwe aarde woont God te midden van de mensen. Gewoon in een tent. Je kunt er zo binnenwandelen. En extra welkom ben je daar als je uit wilt huilen. God zelf zal dan je tranen drogen. Openbaring 2

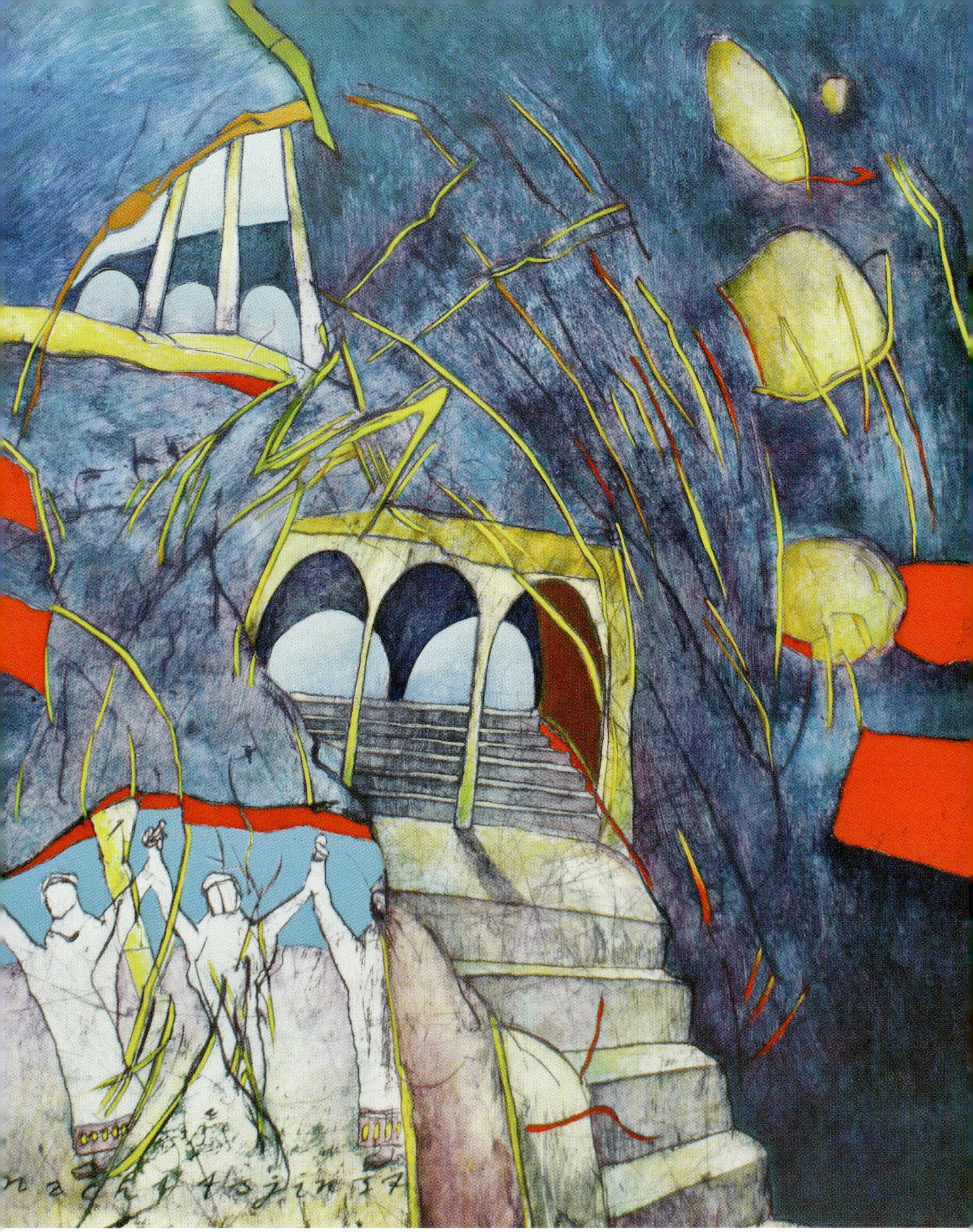

De bomen om die tent heen hebben bladeren, die genezing brengen. En iedereen ervaart het tot op het bot: eindelijk rust, eindelijk vrij, vrij van pijn, van onderdrukking, van ziekte en dood.

Als een stralende bruid zo mooi, die stad.

Gods hofstad heet 'het nieuwe Jeruzalem'. Als een stralende bruid zo mooi, die stad. Zij schittert door Gods heerlijkheid als een edelsteen. Het is een stad waar iedereen komen mag. Alle twaalf poorten – en wat voor poorten! Pure parels, die poorten! – staan dag en nacht open. Geen enkele deur is in die stad meer op slot. Niet meer nodig. En de handigste bestemming voor goud is om er de straten mee te plaveien. Dat staat goed en zo heeft iedereen er plezier van.

Het ziet er zwart van de mensen in die hofstad van God. Want het boek van het leven, het bevolkingsregister van die stad dat mensen toegang verleent, puilt uit van de namen. Alle mensen zingen en musiceren dat het een lieve lust is. Ze dansen uitbundig en ze vieren feest als nooit tevoren.

Het is een rijke stad, die hofstad van God, al speelt geld er geen enkele rol meer. Alle schatten uit de geschiedenis worden er binnengebracht. Alles wat echt van waarde was wordt als in een oogstfeest ingehaald.

Vreugde alom, want de schatten zijn onbeschrijflijk rijk. De schittering van diamanten blijkt erbij in het niets te vallen. Want de schatten in Gods hofstad hebben veel meer facetten dan een simpele diamant.

Je kunt het zo gek niet bedenken of dat wat uit liefde gedaan werd krijgt een plek in die hofstad van God. Een overrompelende overdaad en een verrassende veelzijdigheid. Timmeren, kinderen opvoeden en bejaarden verzorgen. Ook componeren, borduren, lesgeven, ontwerpen, tuinieren, brood bakken en bouwen. Schoonmaken, schrijven en schilderen. Strijden voor recht en vrede, politiek bedrijven. Zorgen en verplegen. Besturen en dienen. Uitvinden en straten maken. Muziek maken en dirigeren. Aan grote namen geen gebrek. Aan kleinere namen nog minder.

Het feest kan voorwaar beginnen!

Naar een kerkgebouw zoek je er trouwens tevergeefs. Compleet overbodig geworden.

Want God woont bij de mensen.

Voor altijd.

Amen.
De genade van onze Heer Jezus zij met jullie allemaal.

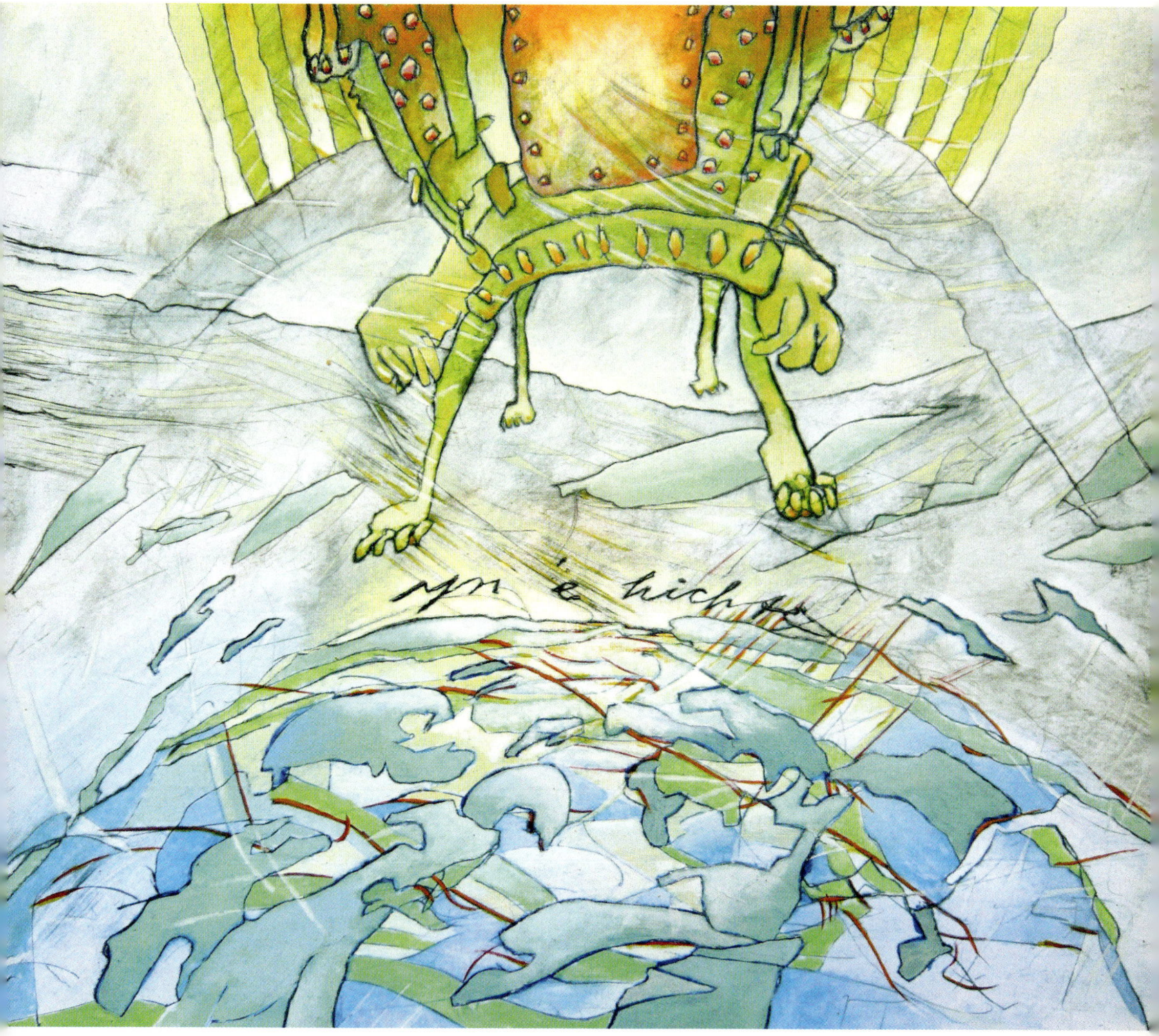

Beeldverantwoording

titel	techniek	afm. in cm.	blz.
waar ben je / wêr biste	acryl en gem. techn. op paneel	32 x 24	10
onenigheid / strideraasje	acryl op paneel	25 x 22	12
boven de wateren / boppe de floed	acryl en gem. techn. op paneel	30 x 32	15
onderweg / op wei	acryl en gem. techn. op paneel	16 x 21	17
in aantocht / op kommende wei	acryl op paneel	24 x 21	21
hoger (detail)	acryl op linnen	240 x 190	23
morgenrood / moarnsread	acryl op paneel	51 x 30	27
ziedaar / sjedêr	acryl op paneel	24 x 21	30
exultate deo / jubel voor god	acryl op paneel	30 x 24	37
met heel je hart / mei ynmoed	acryl op paneel	72 x 52	39
massa meriba	acryl op paneel	65 x 53	41
kapot / tebrutsen	acryl en gem. techn. op paneel	53 x 46	45
rustplaats / rêstplak	acryl op paneel	34 x 32	47
verlangen / langstme	acryl en gem. techn. op paneel	50 x 40	49
ontsnapt / ûntkommen	acryl en gem. techn. op paneel	50 x 43	53
heb erbarmen / wês my tewille	acryl en gem. techn. op paneel	49 x 64	57
mesech kedar	acryl en gem. techn. op paneel	58 x 49	60
ik zoek u / ik sykje jo	acryl op paneel	59 x 44	63
veilige schuilplaats / skûlplak en ferwar	acryl op paneel	50 x 60	66
met lof gesproken / pryslike dingen	acryl op paneel	47 x 52	71
miserere / heb medelijden	acryl en gem. techn. op paneel	24 x 30	75
pelgrim / pylger	acryl en gem. techn. op paneel	21 x 16	78
een nieuw lied / in ny liet	acryl en gem. techn. op paneel	47 x 52	81
ontzag / ûntsach	acryl op paneel	50 x 43	85
beschutting / beskûl	acryl op paneel	40 x 50	89
misar	acryl en gem. techn. op paneel	50 x 40	92

broeders / bruorren	acryl op paneel	69 x 52		95
diepe voren / lange fuorgen	acryl en gem. techn. op paneel	40 x 48		99
zwijgen / bedimje	acryl op paneel	42 x 63		101
wateren / wetters	acryl op paneel	49 x 35		105
aankondiging / anunziato	acryl op paneel	30 x 24		109
mijn zoon / myn soan	acryl en gem. techn. op paneel	26 x 18		113
volg mij / folgje my	acryl en gem. techn. op paneel	39 x 39		116
gegrondvest / grûndearre	acryl en gem. techn. op paneel	42 x 51		119
neerbuigen / delbûge	acryl op paneel	39 x 39		122
teruggevonden / weromfûn	acryl op paneel	45 x 37		125
terugreis / weromreis	acryl op paneel	39 x 39		127
thuiskomen / thúskomme	acryl en gem. techn. op paneel	30 x 24		130
in tijden van nood / yn tiden fan need	acryl op paneel	52 x 63		134
list en bedrog / mûklisten	acryl op paneel	20 x 37		137
verlaten / ferlitten	acryl op paneel	35 x 29		139
leeg / empty	acryl op paneel	34 x 42		143
volledig / folslein	acryl op paneel	39 x 39		145
oogst / rispinge	acryl op paneel	51 x 30		148
zwervers / swalkers	acryl op paneel	30 x 25		152
loven / loovje	acryl en gem. techn. op paneel	50 x 40		155
dienaars / tsjinners	acryl op paneel	25 x 19		159
oog in oog / each yn each	acryl op paneel	39 x 49		163
thuiskomen / thúskomme	acryl op paneel	48 x 43		166
uitverkoren volk / útsocht skaai	acryl en gem. techn. op paneel	21 x 29		169
nachtdienst / nachttsjinst	acryl op paneel	53 x 46		173
hoog in de hemel / yn 'e hichte	acryl op paneel	42 x 52		175

DE WERELD VAN HET OUDE TESTAMENT

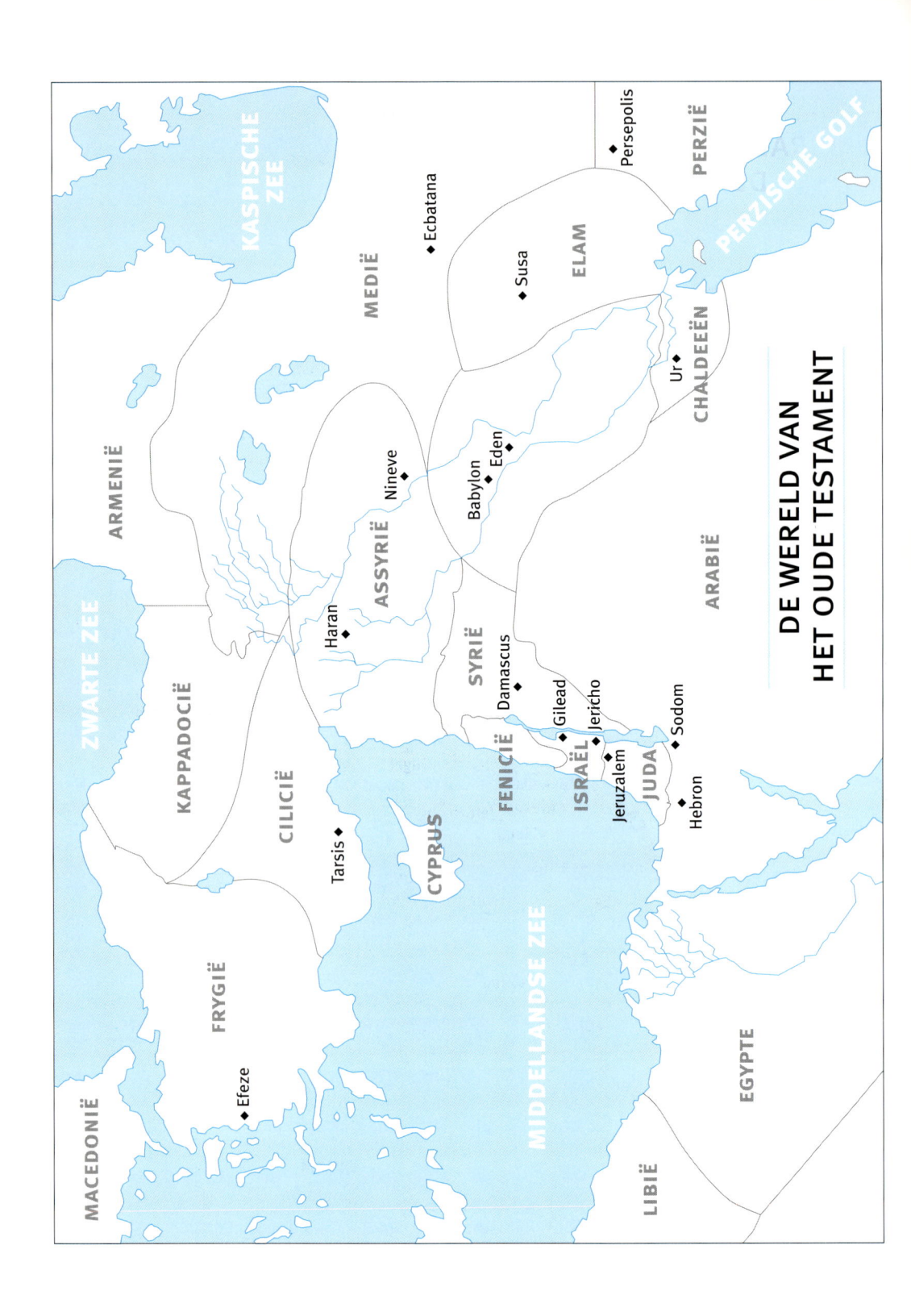

ISRAËL TEN TIJDE VAN DE INTOCHT

ISRAËL IN JEZUS' DAGEN

ZENDINGSREIZEN VAN PAULUS

Register Sterke verhalen

Aäron	35, 43, 44, 48, 50
Abel	9, 11
Abinadab	69
Abraham	16, 18-20, 22, 24, 34, 43, 51, 121, 168
Achab	51, 52, 83, 84
Adam	8, 9, 11
Amalek	67
Ammon/Ammonieten	65, 72, 82, 179
Ananias	150, 151
Andreas	115
Aram	87, 88
Arimatea	138, 180
ark van Noach	13, 14, 16
ark van het verbond	46, 48, 52, 70, 72
Asia (Turkije)	157, 164, 181
Assyrië	96, 100
Astarte	82
Baäl	55, 56, 83, 84, 102
Babel	100, 102, 103
Barabbas	135
Barnabas	151, 154
Batseba	72-74, 80
Benjamin	31, 32
Betanië	128, 129, 180
Betlehem	69, 108, 110, 180
Chananja	102, 103
Cornelius	153, 154, 156
Dagon	61
Damascus	150, 151, 178
David	64, 67, 69-74, 76, 77, 79, 80, 82, 108, 168, 171
Delila	59
Eden, lusthof van	8, 178
Egypte	29, 31-36, 38, 40, 42, 43, 51, 55, 67, 82, 131, 147
Eli	62, 64
Elia	83, 84, 86
Eliab	69
Elifaz	90
Elisa	84, 86-88
Elisabet	108
Elkana	62
Emmaüs	144, 180
engel(en)	18-20, 24, 44, 46, 55, 58, 97, 108, 110, 114, 141, 142, 144, 153, 160, 171
Esau	22, 24-26
Eva	8, 9, 11
farao	31-36, 82
farizeeën	120, 121
Filippi	157, 158, 181
Filistijnen	58-61, 65, 67-70, 179
Gabriël	108
Galatië	164, 181
Galilea	112, 115, 128, 180
Galilea, Meer van	114
Gaza	59, 179
Getsemane	132
Gideon	55, 56
Golgota	136
Goliat	67, 69, 70
Gomorra	19
Gosen	32
gouden kalf	43, 44

Grote Verzoendag	48, 50, 167, 168
Hagar	16, 18
Hanna	62, 64
heilige Geest	108, 112, 147, 149, 151, 154, 161, 165
herders	110
Herodes	112
Irak	16
Isaak	18, 20, 22, 24, 28, 34, 43
Isaï	69
Ismaël	18, 19
Israël (Jakob)	26, 27, 32
Israël (volk)	16, 25, 33-73, 82, 115, 120, 123, 131, 133, 144, 153, 157, 165
Israël (tienstammenrijk, noordelijke rijk)	82-88, 96, 100, 178
Izebel	83, 84
Jabbok	26
Jakob	22-34
Jakobus	115, 132
Jeremia	100-103
Jericho	51, 52, 123, 126, 178, 179
Jeruzalem	70, 72, 80, 96, 100, 102, 103, 108, 110, 114, 123, 128, 133, 136, 144, 147, 149-151, 154, 167, 168, 178-181
Jeruzalem, het nieuwe	174
Jesaja	96, 97
Jezus	6. 50, 52, 108-160, 164, 165, 168, 170, 174
Joas (vader Gideon)	56
Job	90, 91
Joël	149
Johannes (de Doper)	108, 111, 112, 114
Johannes (zoon van Zebedeüs), leerling en evangelist	111, 115, 132, 138, 146, 170-172
Jona	6, 104-106
Joppe	153, 180, 181
Jordaan	87, 88, 111, 112, 128, 179, 180
Jozef (zoon van Jakob en Rachel)	26, 29-33, 168
Jozef (man van Maria)	108, 110
Jozef uit Arimatea	138, 140
Jozua	51-54, 58
Juda (zoon van Jakob, stamvader van David en Jezus)	32
Juda (tweestammenrijk, zuidelijke rijk)	82, 96, 100, 102, 103, 171, 178
Judas, leerling van Jezus, die hem verraden heeft	132
Judas, bewoner in Damascus waar Saulus verblijft	150
Kafarnaüm	115, 180
Kaïn	9-11
Kana	128, 180
Kanaän	31, 51, 52, 55, 58, 67
Karmel	83
Kemos	82
Kis	65
Kleopas	144
Korinte	161, 162, 181
Laban	24, 25
Lazarus	128, 129
Lea	25
Leviet	123
Lot	16, 19, 20
Lucas	111, 138
Lydia	157, 158
Macedonië	157, 181
Malta	158, 160, 181
manna	40, 42
Mara	40
Marcus	111, 138
Maria (moeder van Jezus)	108, 110, 128
Maria (zus van Marta)	128, 129, 142
Marta	128, 129
Matteüs	111, 138

Mesopotamië	147
messias	112, 129, 132, 144, 146
Michal	70, 72
Middellandse Zee	157, 178-181
Midjan	34, 35, 55, 56
Milkom	82
Mirjam	33
Moab	82, 179
Moloch	82
Moria, berg	20
Mozes	33-46, 51, 62, 120, 144, 146, 164, 168
Mozes, wet van	117, 120, 121, 153, 154, 156, 164, 165
Naäman, generaal uit Aram	87, 88
Nachor	16
Natan	73, 74, 76
Nazaret	108, 120, 141, 144, 180
Nijl	33
Nineve	104, 106, 178
Noach	13, 14
Nod	11
Olijfberg	131, 132
Patmos	170
Paulus/Saulus	6, 150, 151, 154, 156-165
Peninna	62
Pilatus	133, 135, 136, 138, 140-142
Pniël	26
Potifar	29
Rachab	51, 52
Rachel	24-26, 29
Rebekka	22, 24
Rehabeam	82
Rehuël	34
Rietzee	36, 40, 51
Rome	108, 111, 158, 160, 167
Romeinen	126, 133, 136
Ruben	31
Sadduceeën	120
Salomo	74, 80-82
Samaria	87, 179, 180
Samaritaan (barmhartige)	123
Samma	69
Samuel	62-69
Sanhedrin (Joodse Raad)	132, 133
Sara	16-18, 20, 22, 168
Saul	64-70
Seba, koningin van	80, 82
Sidoniërs	82
Silas	157, 158
Silo	62, 64
Simeon	31
Simon (leerlooier)	153
Simon (Petrus)	115, 132, 133, 146, 149, 153, 154
Simson	58-61
Sinai (berg)	36, 38, 43, 117
Sinaiwoestijn	40
Sippora	34
Sodom	19, 178
Tarsis	104, 178
Terach	16
Tomas	129, 146
Ur	16
Uria	72, 73, 76
Zacharias	108
Zacheüs	126
zondebok	48, 50

Aaron   Abel   Abina
Adam   Amalek   Am
dreas   Aram   Barabe
Benjamin   Chanan
Delila   Eli   Elia
Elisabeth   Elkana
Gideon   Goliat   Ha
Isaak   Isaï   Ismaël
Jeremia   Jesaja   Je
Johannes   Jona